本书受闽南师范大学出版基金资助

Research on the Psychology and
Creation of Fujian Adherents in the Early Qing Dynasty

清初福建遗民文人心态及其创作研究

张小琴 ○ 著

中国社会科学出版社

图书在版编目（CIP）数据

清初福建遗民文人心态及其创作研究 / 张小琴著 . —北京：中国社会科学出版社，2024.3

ISBN 978 - 7 - 5227 - 3436 - 1

Ⅰ.①清…　Ⅱ.①张…　Ⅲ.①文人—人物研究—福建—清前期　Ⅳ.①K825.4

中国国家版本馆 CIP 数据核字（2024）第 073779 号

出 版 人	赵剑英
责任编辑	宋燕鹏
责任校对	李　硕
责任印制	李寡寡

出　　版	中国社会科学出版社
社　　址	北京鼓楼西大街甲 158 号
邮　　编	100720
网　　址	http://www.csspw.cn
发 行 部	010 - 84083685
门 市 部	010 - 84029450
经　　销	新华书店及其他书店
印　　刷	北京明恒达印务有限公司
装　　订	廊坊市广阳区广增装订厂
版　　次	2024 年 3 月第 1 版
印　　次	2024 年 3 月第 1 次印刷
开　　本	710×1000　1/16
印　　张	17.25
字　　数	245 千字
定　　价	98.00 元

凡购买中国社会科学出版社图书，如有质量问题请与本社营销中心联系调换
电话：010 - 84083683
版权所有　侵权必究

目　录

绪　论 ……………………………………………………………（1）

第一章　遗民群体价值取向的多样性 …………………………（22）
　第一节　闽中遗民文人群的抉择与品行 ………………………（22）
　第二节　闽南遗民群体的殉国与守节 …………………………（48）
　第三节　闽西遗民群的情怀与苦节 ……………………………（62）
　第四节　入台遗民群体的进取与困境 …………………………（82）

第二章　共时性与历时性的心态特征与嬗变 …………………（95）
　第一节　忠君复明思想与社会民生意识 ………………………（95）
　第二节　殉节气概与自我勉励的遗民品质 ……………………（100）
　第三节　历时性的多元化心态嬗变 ……………………………（103）

第三章　清初福建遗民群体的特殊性 …………………………（114）
　第一节　山海地域环境养成坚韧不屈形象的突出性 …………（114）
　第二节　南强北弱的华夷观促成叛逆意识的深刻性 …………（122）
　第三节　毗邻江南发达地区具有互动交流的优势性 …………（126）

第四章　与历代遗民相比的渐进性与时代性 …………………（139）
　第一节　历代文士的心理积淀造就文化立场的坚定性 ………（139）

第二节　战乱迁徙与时移世变促成家国意识的悲剧性………(154)
第三节　隆武政权与实学风尚助推救亡图存的执着性………(161)

第五章　遗民代表性著作的思想蕴含与艺术风貌………(177)
第一节　黄道周的绝笔之唱——《石斋逸诗》………(178)
第二节　黄景昉"旦气之学"解读………(189)
第三节　许友书画诗文中的遗民境界………(203)
第四节　遗民文学书写的艺术风貌………(215)

第六章　记忆、认同与离散书写的传播意义………(221)
第一节　以园为寄，传承宴游风尚………(221)
第二节　记忆、认同与文学传衍………(231)
第三节　离散书写的跨境传播意义………(243)

结　语………(256)

参考文献………(260)

后　记………(270)

绪　　论

甲申国变后，大明宗室分立政权。黄道周、曹学佺等 300 多位福建遗民志士，在福州拥立隆武帝。他们希望在隆武帝的带领下全力以赴迎战清军，以恢复大明王朝的统治秩序。福建遗民士人多以事功兼学术创作，在漂泊离散的被弃置感中，在对历代遗民文化心理结构的共同体认中，寻求遗民的身份归属。福建山海结合的地理特征，为遗民士人形成坚毅不屈、勇于开拓进取、敢于冒险犯难的精神品质创造了先天的地域文化环境。即使抗清之势成为强弩之末，他们仍坚持遗民的操守，身体力行，表达坚贞不渝、以身殉节的家国情怀与鲜明的遗民立场，体现出对儒家"立功""立德""立言"传统思想的认同与传承。

传统诗文成为遗民士人见证家国离散、书写海外争战悲剧、铭刻离散心路历程的载体，尤为独特地体现时代剧变中的遗民身份处境及其家国情怀。他们不同向度的离散，跨越了华夏内陆视野，抗清版图从大陆延展向边陲海岛，也迁往海外，为传统文学生产拓展了心灵寄托的版图，为中国传统文学的传播开创了一条特殊的文化地理轨迹。"易代之际之所以成为历史上的特殊时间段落，根源于易代本身既是巨大的变迁，同时也是引发进一步变迁的动力。"① 在明末清初这一特殊的时代变迁中，福建遗民文人思想心态及文学创作

---

① 张勃：《精神返乡与历史记忆：易代之际的民俗书写》，《文化研究》2016 年第 4 期。

在南明史上，在清代文学史及闽台文化交流史上，发挥着举足轻重的影响，对促进闽台两岸民族文化认同具有积极的现实意义，值得我们关注与研究。

一 研究现状

清代以来，许多学者开始关注明末清初遗民文人的生存境遇与文学创作。20世纪80年代以来，有关明遗民文人的创作生活及其生存心态等，逐渐受到学术界关注。目前，与本书相关的研究成果主要集中在以下五方面。

（一）文献汇编

清朝以来，各家所编明遗民传、遗民录、遗民诗词、遗民剧作（邵廷寀[①]、黄容[②]、陈伯陶[③]、朝鲜佚名[④]、孙静庵[⑤]、陈去病[⑥]、卓尔堪[⑦]、谢正光、范金民[⑧]、陈旭东[⑨]）等陆续问世，为本书的开展提供了第一手文献资料。

（二）清初遗民文人文学本体研究

这方面的成果主要集中于对清初遗民诗词、戏曲、小说的研究和探讨。

第一，清初遗民诗词研究。有对清初遗民诗词整体性研究（潘承玉[⑩]），对遗民诗人、词人群的诗史观念、内心境界、艺术追求、

[①] （清）邵廷寀：《明遗民所知传》，清康熙间刻思复堂文集本。
[②] （清）黄容：《明遗民录》，日本东京东洋文库藏清初钞本。
[③] 陈伯陶：《胜朝粤东遗民录》，聚德堂丛书本1916年。
[④] [朝鲜]佚名撰：《皇明遗民传》，北京大学影印本1936年。
[⑤] （清）孙静庵：《明遗民录》，浙江古籍出版社1985年版。
[⑥] 陈去病：《明遗民录》，国粹学报本。
[⑦] （清）卓尔堪选辑：《明遗民诗》，中华书局1961年版。
[⑧] 谢正光、范金民编：《明遗民录汇辑》，南京大学出版社1995年版。
[⑨] 陈旭东编纂：《闽台明遗民传录》，福建人民出版社2018年版。
[⑩] 潘承玉：《清初诗坛：卓尔堪与遗民诗研究》，中华书局2004年版。

诗词风格差异的研究（洪茂宁①、吴可文②），也有对具体遗民诗人、词人及遗民诗词作品的个案研究，主要立足于对遗民诗人、词人生平、人格品质、创作理论、创作内容与艺术特色及交游等方面进行论述（陈庆元③、李文静④、敖运梅⑤、邱亚萍、徐国华⑥、潘浩正⑦）。

第二，明末清初遗民戏曲、小说研究。戏曲方面，专家学者多从明遗民剧作创作背景、体制、题材、风格变化等进行研究，审视剧作的成因，客观评价遗民戏曲创作在清代乃至中国戏曲史上的特殊贡献（杜桂萍⑧、张宇、张翼⑨）；同时也有学者透过剧作论述遗民作家的正统文化意识、遗民身份认同和价值危机等（赵天为⑩、闫慧⑪、朱夏君⑫）。小说方面，主要探讨清初遗民文化所折射出的时代观念意识、社会心理，阐述小说家们共同的遗民思想与对明王朝

---

① 洪茂宁：《清初遗民叙事诗研究》，硕士学位论文，浙江师范大学，2013年。
② 吴可文：《遗民诗与清初福建诗风的嬗变》，《东南学术》2016年第2期。
③ 陈庆元：《曹学佺生平及其著作考述》，《福州大学学报（哲学社会科学版）》2016年第2期。
④ 李文静：《清初遗民诗人阎尔梅研究》，硕士学位论文，苏州大学，2008年。
⑤ 敖运梅：《清初东渡视域下的胜朝书写——浙东遗民张斐的文学审视》，《宁波大学学报（人文科学版）》2016年第6期。
⑥ 邱亚萍、徐国华：《论清初诗人陈允衡的诗歌创作》，《东华理工大学学报（社会科学版）》2021年第1期。
⑦ 潘浩正：《清初明遗民徐芳佚作辑释》，《图书馆研究》2022年第2期。
⑧ 杜桂萍：《遗民心态与遗民杂剧创作》，《文学遗产》2006年第3期。
⑨ 张宇、张翼：《论明遗民心态与文学创作——以李世熊文学创作为例》，《三明学院学报》2021年第1期。
⑩ 赵天为：《〈牡丹亭〉续作探考——〈续牡丹亭〉与〈后牡丹亭〉》，《东南大学学报（哲学社会科学版）》2010年第3期。
⑪ 闫慧：《从元曲到清曲——论清初遗民散曲的艺术开拓》，《西安文理学院学报（社会科学版）》2019年第2期。
⑫ 朱夏君：《遗民心绪与道德重构——论陈轼与〈续牡丹亭〉》，《中华戏曲》2021年第2辑。

的文化认同（赵红娟①、杨剑兵、郁玉英②、蔡亚平、程国赋③）。

第三，易代之际的书写模式研究（左东岭④、张吉⑤）。此方面的成果主要以易代之际的时代背景为视角，研究各地遗民之间的层级互动关系及其影响意义。

（三）清初遗民文人学术、政治思想研究

第一，学术思想研究方面的成果较为丰富。学术界对顾炎武、王夫之、黄宗羲等三大儒的学术思想进行较为深入的个案研究。何冠彪⑥、陈祖武⑦、梁启超⑧等一批专家学者的论著，以明代遗民思想为研究角度，对推进遗民学术思想研究做出很大贡献。

第二，政治思想研究方面，从总体上对明遗民的党社运动进行考察（谢国桢⑨、何宗美⑩）；或在满汉异质文化视野下考察清初遗民变迁互动的基本规律，展示遗民与清初政治、文化的多层内在牵连（孔定芳⑪）；或从政治伦理观、夷夏之别等方面研究遗民文化思想之异同（陈义报⑫、蔡杰、卢珊⑬）；或从思想传承与接受的角度

---

① 赵红娟：《明遗民董说研究》，上海古籍出版社2006年版。
② 杨剑兵、郁玉英：《论清初遗民小说中的人文思潮》，《明清小说研究》2023年第1期。
③ 蔡亚平、程国赋：《论明清小说命名的文化内涵》，《暨南学报（哲学社会科学版）》2023年第3期。
④ 左东岭：《易代之际子书的文学书写观念》，《中山大学学报（社会科学版）》2021年第6期。
⑤ 张吉：《明清易代之际寿序文研究——以吴伟业的寿序文为例》，《河南工程学院学报（社会科学版）》2021年第6期。
⑥ 何冠彪：《明末清初学术思想研究》，学生书局1991年版。
⑦ 陈祖武：《清初学术思辨录》，中国社会科学出版社1992年版。
⑧ 梁启超：《中国近三百年学术史》，山西古籍出版社2001年版。
⑨ 谢国桢：《明清之际党社运动考》，中华书局1982年版。
⑩ 何宗美：《明末清初文人结社研究》，南开大学出版社2003年版。
⑪ 孔定芳：《清初遗民社会：满汉异质文化整合视野下的历史考察》，湖北人民出版社2009年版。
⑫ 陈义报：《日暮乡关何处是：民初清遗民诗歌中的故乡书写》，《湖州师范学院学报》2020年第3期。
⑬ 蔡杰、卢珊：《从"君臣之义"到"夷夏之防"：黄道周与吕留良政治伦理观异同》，《山东青年政治学院学报》2021年第6期。

加以研究（葛亚杰①）。

（四）清初遗民群体特征研究

第一，特殊群体研究。有对女性遗民群进行研究（乔玉钰②、夏爱军③、朱雯④）；有对遗民僧人进行探索（廖肇亨⑤、暴鸿昌⑥、杜春媚⑦、孙宇男⑧）；有对遗民社团进行研究（彭志⑨）；有以遗民家族生活为研究视角进行研究（郑珊珊⑩、侯晶⑪）。

第二，以地域性为研究视角。目前，学术界对扬州、泰州、岭南、江南、闽南等地遗民文人群进行较多研究（孙新华⑫、张兵⑬、李婵娟⑭、周银华⑮）；也有学者对滇南遗民文人群加以关注（冯丽

---

① 葛亚杰：《明末清初遗民士人对屈原精神的诠释——以王夫之、钱澄之、屈大均为例》，《湖南工业大学学报（社会科学版）》2020年第5期。

② 乔玉钰：《性别语境下的家国书写——明清之际女遗民创作的精神特质论析》，《文学遗产》2015年第6期。

③ 夏爱军：《由明末才女叶小鸾之死引起的思考》，"明长陵营建600周年学术研讨会论文"，2009年5月。

④ 朱雯：《明清易代之际的女性诗歌——个人与家国命运的自我书写》，《北京大学学报（哲学社会科学版）》2016年第5期。

⑤ 廖肇亨：《高泉与温泉：从高泉性激看晚明清初渡日华僧的异文化接触》，《长江学术》2017年第3期。

⑥ 暴鸿昌：《明季清初遗民逃禅现象论析》，《江汉论坛》1992年第3期。

⑦ 杜春媚：《从归庄看明遗民多样性的生存选择》，《清史研究》2001年第4期。

⑧ 孙宇男：《明清之际诗僧研究》，博士学位论文，吉林大学，2014年。

⑨ 彭志：《遗民结社：假我堂诗会及其文学活动》，《天中学刊》2020年第5期。

⑩ 郑珊珊：《明清福建家族文学研究：以侯官许氏为中心》，社会科学文献出版社2017年版。

⑪ 侯晶：《明末清初莱阳姜氏家族诗歌研究》，学士学位论文，渤海大学，2019年5月。

⑫ 孙新华：《清初扬州遗民诗人研究》，硕士学位论文，扬州大学，2007年。

⑬ 张兵：《清初泰州遗民诗群的社会结构与创作特征》，《西北师大学报（社会科学版）》2005年第5期。

⑭ 李婵娟：《清初岭南遗民诗群的社会结构与群体心态》，《广西社会科学》2014年第1期。

⑮ 周银华：《闽籍寓闽明遗民及其著述研究》，硕士学位论文，福建师范大学，2015年。

荣①、周雪根②）。

第三，从社会建构、互动交游层面对明遗民进行研究。有关于遗民社会建构研究（蒋东玲③、朱昌荣④）；遗民与贰臣之间的互动交游研究（蒋寅⑤、谢正光⑥）；遗民群体网络之间的互动交游研究（方勇⑦、潘承玉⑧）。

有关遗民群体特征的研究成果主要以单篇论文为主，还缺少系统周全的论述，且对其形成的多元因素论述还不够深入。而福建遗民文人群却仅有零星学者加以关注。福建遗民文人心态及其创作，在明末清初遗民文学史中乃至在当今闽台文化交流发展中，同样具有不可忽视的重要作用，这方面的成果相当薄弱，具有很大的研究空间。

（五）清初遗民文人生存处境及其心态研究

第一，对清初遗民文人生存处境的研究。专家学者们对明遗民的贫困化问题、处世方式、意义和价值等进行了深入探讨（何冠彪⑨、赵园⑩、孔定芳⑪）；也有学者提出不同的观点，指出清初遗民文人也有娱乐活动，他们故意享乐生活，以表达对明朝的忠贞之情

---

① 冯丽荣：《清初滇遗民文学研究》，硕士学位论文，西南大学，2010年。
② 周雪根：《选择的艰难与艰难的选择——论明清之际滇云遗民诗人涌现及其生存方式》，《信阳师范学院学报（哲学社会科学版）》2021年第2期。
③ 蒋东玲：《明清之际文人的集群关系变异及其诗界影响》，《苏州大学学报（哲学社会科学版）》2017年第4期。
④ 朱昌荣：《异曲同工：明遗民与清初社会重建》，《殷都学刊》2020年第4期。
⑤ 蒋寅：《遗民与贰臣：易代之际士人的生存或文化抉择——以明清之际为中心》，《社会科学论坛》2011年第9期。
⑥ 谢正光：《清初贰臣曹溶及其"遗民门客"》，《明清论丛》2002年第3辑。
⑦ 方勇：《"非庄子当如是解"——明遗民借解〈庄子〉以摅其意》，《湖南工程学院学报（社会科学版）》2021年第1期。
⑧ 潘承玉：《清初散文中枢：从李世熊看明遗民散文创作网络》，《浙江大学学报（人文社会科学版）》2013年第5期。
⑨ 何冠彪：《明末清初学术思想研究》，学生书局1991年版。
⑩ 赵园：《明清之际士大夫研究》，北京大学出版社1999年版。
⑪ 孔定芳：《清初明遗民的身份认同与意义寻求》，《历史档案》2006年第2期。

(谢正光①)。

第二，对清初遗民文人心态与身份意识的研究。专家学者们均注意到遗民群体的共性特征，并多角度论述遗民文人"失身暮年"的悔恨心态及其对身份认同的焦虑，也有学者以文学、心理学、社会学等多学科融合的方法，对遗民的文化意识、心态变迁等加以关注和研究（周明初②、罗宗强③、李瑄④、孔定芳⑤、陈水云、江丹⑥）。

目前，学术界从社会政治、文学及学术思想等多角度对明清遗民文人进行研究，但仍有不足之处：第一，研究广度和深度不够，空间还很大。以地域文学的视角对清初福建遗民文人群加以研究的成果很鲜见，对清初由闽赴台的遗民文人群的整体性研究也很少。第二，系统、深层次的学理性研究较少。虽然已有不少论著对晚明士人心态加以研究，但系统、深入地论述明清遗民群体思想心态的论著并不多。第三，研究思路较单一。多数研究局限于单一学科的研究视角，跨学科综合研究的较少。第四，有关遗民文人心态多以静态共时性研究为主，缺乏动态、历时性的研究。有鉴于此，明清福建遗民文人群的心态嬗变及其文学创作，应成为我们研究闽台文化交流史、闽台遗民史、福建遗民文学乃至中国古代文学必须重视的切入点之一。

二 "清初"的时间范畴

"清初"在整个中国历史上是一个极特殊又极重要的时间段。"清初"往往与"明末"相提并论，是因为这两个时代在政治、思

---

① 谢正光：《清初诗人与士人交游考》，南京大学出版社2001年版。
② 周明初：《晚明士人心态及文学个案》，东方出版社1997年版。
③ 罗宗强：《明代后期士人心态研究》，南开大学出版社2006年版。
④ 李瑄：《明遗民群体心态与文学思想研究》，巴蜀书社2009年版。
⑤ 孔定芳：《明清易代与明遗民的心理氛围》，《历史档案》2004年第4期。
⑥ 陈水云、江丹：《清初遗民诗歌的民族立场》，杜桂萍主编：《明清文学与文献》第三辑，社会科学文献出版社2014年版。

想、文化上具有明显的差异性，又有深刻的延续性。研究清初遗民文人，必须追溯其出生时期的"明末"社会政治风貌、文化背景和生活经历。目前，学术界对"清初"时间范畴的解释不一。甚至同一学者也可能因论题范围的需要而对"清初"的时间界定持有不同的看法。谢国桢先生认为，清初起自1644年清朝入关，结束于1701年，即康熙四十年。① 他在另一论著《明清之际党社运动考》中，则持与陈祖武先生相同的观点，认为清初的结束时间应在1722年，即康熙朝终结。孔定芳先生认为"清初"的起讫时间应是1644年即顺治元年，至1683年即康熙二十二年，也就是清初四十年。由此，将1644年作为清初的起始时间是较为普遍的观点。而1644—1683年期间，在不少有关遗民论述中，也常与明末、南明、明郑时期等相联系。其中，明末的时间范畴包含南明与明郑时期。根据《增订晚明史籍考》所收录有关明清史论著，多数学者认为明末的时间范畴上起崇祯朝，下迄南明覆灭。

本书所讨论之"清初"，涉及的时间范围较为广泛，因此，拟以1644年（顺治元年）清朝入主中原，到1722年（康熙朝终结）为研究的时间范畴。同时，也根据研究的需要与遗民生命存续时间的具体情况，略作研究范畴的前后延伸。为体现学术研究的包容性，在实际研究中，本书所讨论之"清初"与"明末""南明""明郑政权"等时间概念，往往具有重合之处，在此加以解释说明。

三 "遗民"概念阐释

关于遗民概念的认识和阐述，学术界已有颇为深入的研究。从古至今，人们对"遗民"概念的认识与阐释，经历了一个由早期的基础性、表象性、单一化的认识逐步向明清时期深刻性、本质性、专业化方向认识的发展过程。著名的遗民研究专家孙克宽、赵园、谢明阳、谢正光、何冠彪、张兵、严迪昌、方勇、杜桂萍、李瑄等，

---

① 谢国桢：《明末清初的学风》，上海书店出版社2004年版，第1页。

对遗民概念的内涵进行深入系统的论述，也根据各自的研究领域与研究范畴的需要，对遗民概念的外延加以延伸论述。

从遗民概念的发展历程上看，目前所见，最早提及"遗民"的文献，可以追溯到春秋时期《左传》。"为之歌《小雅》，曰：'美哉！思而不贰，怨而不言，其周德之衰乎？犹有先王之遗民焉。'"① 这里所说之"遗民"，可理解为王朝覆灭或时代动荡之后遗留下来的人民。可以说，这是春秋时期人们对遗民概念基础性、单一性的认识。

隋唐时期，"遗民"的含义兼具前代遗留下来之人与隐士即逸民的意思。很明显，此时人们对遗民概念的认识具有双重性的特征，不少作家对"遗民"作为隐士的含义多有抒发。如韦应物《答裴处士》："遗民爱精舍，乘篚入青山。来署高阳里，不遇白衣还。礼贤方化俗，闻风自款关。况子逸群士，栖息蓬蒿间。"② 耿湋《送崔明府赴青城》："清冬宾御出，蜀道翠微间。远雾开群壑，初阳照近关。霜潭浮紫菜，雪栈绕青山。"③ 齐己《江寺春残寄幕中知己》（二）："社莲惭与幕莲同，岳寺萧条俭府雄。冷淡独开香火里，殷妍行列绮罗中。秋加玉露何伤白，夜醉金缸不那红。闲忆遗民此心地，一般无染喻真空。"④

宋代以来，"遗民"一词被赋予政治色彩的倾向逐渐明显，具有故国之思与不仕新朝的强烈意识。因此，遗民是"在易代之后因坚持故国的忠诚而拒绝与新朝合作者"⑤ 的释义产生了。这一认识为明清时期遗民概念往纵深方向发展奠定了基础。

到了明末清初这一特殊的易代环境，遗民群体的道德倾向与政治思想十分强烈。是否忠于故明王朝，是否出仕新朝，成为衡量、

---

① （战国）左丘明：《左传》，岳麓书社1990年版，第249页。
② （清）彭定求编：《全唐诗》卷一九〇，三秦出版社2008年版，第1950页。
③ （清）彭定求编：《全唐诗》卷二六八，三秦出版社2008年版，第2977页。
④ （清）彭定求编：《全唐诗》卷八四四，三秦出版社2008年版，第9549页。
⑤ 李瑄：《明遗民群体心态与文学思想研究》，巴蜀书社2009年版，第16页。

判断一个人是否为明遗民的标准。可以说，对遗民在道德标准上的要求比对"忠义之士"的要求，有过之而无不及。明遗民黄宗羲说："遗民者，天地之元气也。然士各有分，朝不坐，宴不与，士之分亦止于不仕而已。"① 在黄宗羲的思想意识中，遗民不仅具有"士"的人格意识，且比"士"还要更高一等。可见，明遗民对自身的要求极为严格，对遗民的理解也较前代更为深刻，更具本质性。谢正光教授《明遗民传记索引·叙例》说："而遗民者，则处江山易代之际，以忠于先朝而耻仕新朝者也。"②"（遗民）必须是生活于新旧王朝交替之际的士人，且在新朝不应科举、不出仕。……最早的遗民当为商周之际的伯夷、叔齐，但作为一个完整的、较大规模的社会阶层和文人群体而出现，则是在宋金元之际和明清之际。遗民尽管明显地体现出隐士的人格特征，但又绝不游离于社会政治之外，以至于越到后来政治倾向越鲜明。"③ 严迪昌先生指出："从深层意义言，真遗民大抵以心志人格之自我守持与完善为旨归。"④ 赵园先生指出："'遗民'一词的界定，应该包含政治态度、价值立场、生活方式、情感状态、时空知觉等。"⑤ 对明遗民的定义尤其注重其不仕新朝，表明民族文化立场，表现政治思想意识及其人格品质等因素。

不少专家、学者指出，遗民概念的理解应从思想心态、精神归属、身份认同上进行阐释。"遗民身份的界定，除了大家都认同的不仕新朝之外，还应该有一个核心因素，就是'遗民意识'。拒不仕新朝，'遗民意识'这两个条件，考虑不同的人在复杂情况下人生不同阶段的表现，给予个别的判断，或者更符合于遗民群体的复杂性与

---

① （清）黄宗羲：《南雷文约》卷一《谢时符先生墓志铭》，民国扫叶山房《黎洲遗著汇刊》本。
② 谢正光编：《明遗民传记索引》，上海古籍出版社1992年版，第3页。
③ 张兵：《遗民与遗民诗之流变》，《西北师大学报》1998年第4期。
④ 严迪昌：《归"奇"顾"怪"略说》，《古典文学知识》2001年第4期。
⑤ 赵园：《明清之际士大夫研究》，北京大学出版社1999年版，第289页。

丰富性。使遗民身份的界定，既不悖于其基本的准则，而又更富于弹性。"① 可见，随着时代的发展，人们对遗民概念的理解，已不止于其从外界因素，如朝代更迭、沦陷等导致人们被动性地成为前朝遗留者的含义，而是从遗民群体集体潜意识的文化心理结构以及其内心的坚守自持等意识上进行理解、评判。这说明，遗民概念随着历朝历代遗民本身、遗民研究专家知识水平和思想意识的进步，经历了由表象到本质、由单一到多元、由外在到内在的发展历程。因此，我们在研究遗民文化时，对遗民概念的理解，应根据时代的变迁，遗民本身思想意识、道德品质、文化心态、人生处境、身世经历的差异性，洞察遗民的本质特征和深刻属性，分析其是否具有鲜明的家国情怀、遗民身份意识与价值认同，从中阐述遗民的内在蕴含。

四　研究内容

（一）研究对象

本书以明末清初闽地遗民文人为研究对象，主要以曹学佺、许友、林古度、陈轼、黄晋良、黄道周、李世熊、王命璿、黄景昉、郑成功、郑经、卢若腾、王忠孝等一批活动于闽台之间的遗民志士为研究对象；同时，也涉及鼎革之际留寓他乡的遗民士人的生命轨迹，如陈伯驺、余怀等；由于以徐孚远、沈光文、张煌言等为核心的海外几社与福建遗民文人之间的往来十分密切，因此，在研究过程中，也将此际入闽、入台抗清的江南遗民士人列为研究对象。本书主要以上述遗民群体共时性的多元化心态特征与历时性的心态嬗变为线索，着眼于闽台山海结合的地域文化视角，围绕遗民士人的著述、创作，对清初福建遗民士人在历史记忆与身份认同意识下的遗民气节与家国情怀进行研究论述，探讨易代之际遗民士人离散书写的传播意义。

---

① 罗宗强：《李瑄〈明遗民群体心态与文学思想研究〉序》，《晚学集》，南开大学出版社2009年版，第418—419页。

谢正光在20世纪90年代所编《明遗民传记索引》收录80多位闽籍明遗民。周银华《闽籍寓闽明遗民及其著述研究》，进一步对闽籍寓闽明遗民进行统计，共列有172位。近年来，又有陈旭东广泛搜集相关文献史料，编成《闽台明遗民传录》，编录有史可按之闽台遗民二百余人。今笔者将上述文献资料所涉及遗民名录进行汇总整理，并参考相关史料著述，共搜集整理清初福建遗民385人，情况如下：

闽东遗民25人：王赓、刘思沛、刘中藻（进士）、李跃龙（诸生）、李先春（诸生）、周鼎臣（诸生）、周鸣铎、林东向、林春芳（诸生）、高瑞伯、郭奇（诸生）、郭彦、陈志遴（诸生）、游时祺、黄士举、黄文焕（进士）、黄士举（举人）①、邓逊（诸生）、郑国佐（诸生）、蓝倬默、五泉庐逸士（五人）②。

闽中遗民102人：曹学佺（进士）、林古度、陈轼（崇祯庚辰进士）、黄晋良（诸生）、高兆、许友（诸生）、林之蕃（进士）、陈伯驺、林天友、林平山、邓绪卿、王孝廉、邵长倩、翁恭人、孙学稼（进士）、徐延寿、陈达（诸生）、陈鸣石（贡士）、陈名宾（廪生）、陈希文、陈希友、林大乾（武举）、高飞声（举人）、林逢经、马思理（进士）、刘沂春（进士）、石魁（诸生）、郑允成（进士、何其伟（举人）、何师亮、林垈（进士）、何玉成（进士）、林汝翥（举人）、翁白、翁冠英（进士）、薛镕（起明经）③、石镜（恩贡

---

① 黄士举事迹见陈旭东编纂：《闽台明遗民传录》，福建人民出版社2018年版，第374—375页。

② 道光《重纂福建通志》卷二一五《明忠节·古田县·古田樵夫传》载："有五泉庐逸士者五人，结庐偕隐，问其姓名，笑而不答。邑人余天民诗云：'城北有五人，明季之逸士。国运当阳九，因独行其是。遁迹五泉庐，终身远城市。诗酒尽余年，至今无姓氏。'"（参见陈旭东编纂《闽台明遗民传录》，福建人民出版社2018年版，第445页）

③ 薛镕，字子燮，福清人，尝游越中。甲申国变后，薛镕抱道守节，拒不征辟，以著述创作为生，有《南窗草存》六卷、《南窗草又存》十卷、《存存草》十卷、《草腴》二卷、《筠阳诗集》一卷、《籀书》十卷、《先儒语录钞》十卷、《礼经微解》十卷等。乾隆《福清县志·卷一四·明文苑》记载："薛镕，字种茂，福清人，以名诸生授经，中丞黄公嘉其教泽，称曰'盛世经师'。孙士玑、士衡、士中，继登科第。"（参见陈旭东编纂《闽台明遗民传录》，福建人民出版社2018年版，第414页）

生）、薛敬孟（贡生）、黄师先、崔相（诸生）、张利民（崇祯庚辰进士）①、陈发曾（诸生）、蔡又新（诸生）、陈亨（进士）、陈一元（进士）、陈鸿、陈燕翼（进士）、陈兆藩（贡士）②、黄士尊（诸生）、胡上琛（武举）、曾熙丙（举人）、黄谦吉（进士）、徐英、杨维熊、郑瑄（进士）、林迪（贡生）、林铸禹（进士）、林先春（进士）、林迪、吴楷（诸生）、郑羽仪（进士）、周之夔（进士）、曾灿垣、曾祖训、张纶（恩贡生）、方润、毛元吉、王珽、王继褒（诸生）、吴孔锜、李维垣、林英、林雍、林潭、邵璋（庠生）、胡舜发（诸生）、夏春晖（举人）、夏绍芳（诸生）、高士侣（诸生）、张振玉（诸生）、梁春晖（诸生）、梁珪（梁春晖子，恩贡）、陈匡生（诸生）、陈兆鼎、陈廷煃、陈有祐、曾人翰（诸生）、黄见泰（举人）、董养河、董谦吉（董养河子）、鄢正亨（诸生）、鄢正几、鄢正蓟、鄢正重③、鄢正衡（诸生）、刘桓、欧琪、齐巽（诸生）、江不空（僧人）、张留（儒士）、项元（诸生）④、郑心开（诸生）、谢昊（谢肇淛季子）。

闽南遗民 171 人：黄道周（进士）、黄骧陛（举人）、黄寅陛（诸生）、程之正（廪生）、黄景昉（进士）、李茂春（举人）、沈佺

---

① 张利民，字能因，侯官人。崇祯十三年进士，任桐城令。张献忠攻城凡十四昼夜，能因挥涕激众，登陴死守，以总兵黄得功之援而围解。考选授户科给事中。唐王隆武时，为太常寺少卿。闽不守，不甘仕进，乃遁迹自悔，祝发称田中和尚。集名《野衲诗略》，乃其子贞教汇编者，朱竹垞曰："能因诗多行道后作，情辞凄庚，惜其未醇耳。"盖身遭亡国之惨变，故为诗多苍凉感喟之语，自是遗臣志士之本色。（参见孙静庵《明遗民录》卷十六，浙江古籍出版社 1985 年版，第 247—248 页）

② 陈兆藩，字卫公，侯官人。崇祯乙卯举与乡，时主试刘理顺、吴甘来，房考夏允彝后皆死节者也。会试两中副榜，唐王时授刑部主事晋员外郎。踰年，唐王败。又迹年，鲁王入闽，改御史。上亟旌诸臣及恢复机宜疏。鲁王败，屏迹不出。病不服药，语少子夔曰："今而后吾得为完人矣！"含笑卒。（参见李厚基等修，沈瑜庆、陈衍纂《福建新通志》，1922 年福州通志局刻本，《北京大学图书馆藏稀见方志丛刊》，国家图书馆出版社 2013 年版，第 141 页）

③ 鄢正衡"死国"三兄："正几、正蓟、正重。……乾隆《永福县志》卷八《明义烈》均有传。"（参见陈旭东编纂《闽台明遗民传录》，福建人民出版社 2018 年版，第 369 页）

④ 齐巽、江不空、张留、项元等人事迹见陈旭东编纂《闽台明遗民传录》，福建人民出版社 2018 年版，第 374 页。

期、王忠孝、卢若腾（进士）、郭贞一①、李瑞和（进士）、林迈佳、王仍辂、王仍缙、江于修、杨履圜、郑垒阳、张若化（举人）、张若仲（进士）、张士楷（张若化子）、黄润中（进士）、黄汝良（进士）、陈国㥜（贡士）、李光龙、赖垓（进士）、何家驹（进士）、陈洪谧（进士）、刘子葵、张正声（进士）、郭承汾（进士）、郭符甲（进士）、陈显谟（诸生）、何楷（进士）、何九说、何九云（进士）、何梦骏（举人）、洪淯鳌（贡生）、林欲楫（进士）、林允昌（进士）、蒋德璟（进士）、苏文昌（举人）、刘鳞长（进士）、许吉燝（进士）、王观光（进士）、杨元锡（进士）、吴载鳌（进士）、曾化龙（进士）、周廷鑨（进士）、张维机（进士）、诸葛斌、诸葛昺、庄鳌献（进士）、陈天定（进士）、洪思、方进（诸生）、吴公布、洪承畯（诸生）、陈学孝（太学生）、黄维璟（举人）、黄正昇、黄元勋、徐永泰（武举）、黄鸣俊（进士）、黄鸣乔（进士）、黄起雒（举人）、方舆（诸生）、林佳玑、林峒（进士）、林铭几（进士）、林衍培（贡生）、林说（乡荐）、余飑（进士）、许璟（进士）、郑郊（诸生）、郑郏（诸生）、郑邵、郑云锦（起明经）、曾世衮（举人）、周婴（特赐进士）、周霶、朱继祚（进士）、黄文照、洪有桢、纪文畴（诸生）、纪许国（诸生）、纪保国、庄潜（纪文畴弟子）、林霍、林志远（进士）、叶翼俊、阮文锡、叶翼云（进士）、叶启蕤（乡荐）、叶迎、叶后诏（诸生）、林炅、林兰友（进士）、王志章、杨瑞凤（武进士）、唐恫倦（诸生）、唐朗恒（诸生）、唐显悦（进士）、涂伯案（举人）、涂仲吉（太学生）、方文耀、方垓、王垣京、甘惟、朱山、黄起有、林尊宾、江上、李树官、阮旻锡、超全②、

---

① 崇祯庚辰进士，丙戌后，归隐厦门，寻渡台湾卒。（参见陈旭东编纂《闽台明遗民传录》，福建人民出版社2018年版，第275页）

② 阮旻锡，字畴生。父伯宗，字一峰，世袭千户裔，世居海上。……甲申国变，旻锡方弱冠，慨然谢举子业。……出览名山大川，北抵京华，讬处十数载。后乃逃于释氏，名超全，以教授生徒自给，实郑所南、谢皋羽之流。著有《夕阳寮诗集》《诗论》行世。林佶谓其诗冲微澹远，一以正始为宗。（参见陈旭东编纂《闽台明遗民传录》，福建人民出版社2018年版，第118页）

林峒（进士）、林向折、林明顺（崇祯庚辰进士）、林宗仁（庚辰特用进士）、林承霖（诸生）、林高骏（举人）、林嘉采（林应翔次子，举人）、林转亨（贡生）、孙宾利（举人）、张灏（举人）（庚申渡台）、张瀛（庚申自厦门至台）、张士楩（国亡遁迹台湾）、梁玉蕤（崇祯庚辰进士）、许智、陈有度、陈重器、陈彝器、李廷熙、陈履贞（进士）、陈骏音（黄道周弟子）、黄期铭、黄道景（进士）、黄寿徵、黄贤京（举人）①、黄钟选（诸生）、杨棋（诸生）、杨天宰（贡生）、杨必祐（诸生）、杨乔岳（诸生）、杨期远（举人）、杨秉机（诸生）、刘祖谦（贡生）、刘尧章（诸生）、刘应璋②、蔡鼎（诸生）、蔡谦、蔡国光（进士）③、郑垂青（诸生）、诸葛羿、诸葛倬（诸葛羿子，贡生）④、诸葛璐（诸葛倬子）、诸葛晃（诸葛倬子）⑤、卢澜⑥、薛铨（诸生）⑦、谢世昌、戴贞会、戴扬烈、严飘香、华师、顾招（诸生）、朱赞（孝廉）⑧、超弘（诸生）、刘若、

---

① 黄贤京与同年沈佺期相契好结姻。甲申明社为墟，隐处海滨，终身不仕。（民国《南安县志·卷三六·明隐逸》，参见陈旭东编纂《闽台明遗民传录》，福建人民出版社2018年版，第336页）

② "（刘应璋）及王没（唐王朱聿键），遂隐于兴泰里之仙岩仑下。乙未海寇发，应璋奉母入城。城陷，应璋慨然自刃。其母与女见应璋死，亦死焉。……族人莆田尧章为之立传。尧章字陶九，甲申后隐于百原溪底，自号百原居士。同邑郑邵字勉仲，亦隐于九鲤湖，太史方以智扁其居曰：'庸斋'。……后有康泰，字淑彬，读书不仕，著《四书笺疏》、《隐山学语》、《历代统论》、诗古文诸集，盖世有隐德云。"（乾隆己巳《仙游县志》卷二七《人物志·明隐逸》，参见陈旭东编纂《闽台明遗民传录》，福建人民出版社2018年版，第374页）

③ 蔡国光，同安金门人，同中崇祯甲戌进士，见陈旭东编纂《闽台明遗民传录》，福建人民出版社2018年版，第383、242页。

④ 诸葛倬，隆武朝亡，移居两岛，依郑成功。永历帝进光禄寺卿，后卒于台湾。（民国《同安县志》卷二七《思明州人物录》，参见陈旭东编纂《闽台明遗民传录》，福建人民出版社2018年版，第411页）

⑤ "二子璐、晃，从父羁栖，俱能诗。"（《留庵文集》，民国《金门县志》卷二〇《明流寓》，参见陈旭东编纂《闽台明遗民传录》，福建人民出版社2018年版，第406页）

⑥ 卢澜，渡海依卢若腾，居七载卒。（《留庵文集》，民国《金门县志》卷二〇《明流寓》，参见陈旭东编纂《闽台明遗民传录》，福建人民出版社2018年版，第406页）

⑦ 薛铨，原籍莆田，居侯官。民国《福建通志·明高士传》《福建通志·明艺术传》两收其传，民国《闽侯县志》卷九二《明隐逸》亦收录，均同道光《重纂福建通志》。（参见陈旭东编纂《闽台明遗民传录》，福建人民出版社2018年版，第414页）

⑧ 华师，严姓，别号秋此，莆田儒家子。学问渊博……与遗民朱赞、顾招作方外交。

曾异撰①。

闽西北遗民66人：李世熊（诸生）、画网巾先生②、王命璿（进士）、王思沂（进士）、朱国汉、黄大鹏（进士）、余思复（诸生）、林浤（举人）、李向旻、李向奎、李大戴（诸生）、闵时、张兆凤（武进士）、王加封、吴世安（诸生）、谢国煊、邱义（诸生）、巫如衡（太学生）、谢祥昌、邱梦彩（庠生）、陈之美（进士）、李鲁（举人）、李翱（乡贡）、吴懋中（庠生）、熊兴麟（进士）、丁之贤、王镜、丘义（诸生）、丘嘉彩（举人）、任元忠（诸生）、伊勳（诸生）、伍日望、伍行、江兆兴（诸生）、江兆京（诸生）、艾逢节、艾敏、艾如藻、吴一瀚（贡生）、吴之兰（武举人）、徐谦、高宗礼、连经芳、陈有祚（举人）、陈希瑾（庠生）、黄徵之、温梦良（诸生）、雷元明（诸生）、雷骏鸣、巫日如（诸生）、伍福绥（诸生）、王之麟、王某③、雷民望（诸生）、雷羽翀（诸生）、雷羽上（举人）④、潘晋台（贡生）、赖良任、赖楫（赖良任子）、赖寄道（赖天祚⑤子）、黄戴玄⑥、谢九晃、谢之迁（诸生）、谢宫锦（诸生）、罗如奎⑦、车丁当。

---

① 《明史》卷二八八《曹学佺传》载："曾异撰，字弗人，晋江人，家侯官。"（参见陈旭东编纂《闽台明遗民传录》，福建人民出版社2018年版，第477页）

② 李世熊《寒支初集》卷九《画网巾先生传》载："画网巾先生，名位、乡里皆不可稽。初同二仆潜迹邵武光泽山寺中，作苦观变，衣冠俨然。"（参见陈旭东编纂《闽台明遗民传录》，福建人民出版社2018年版，第462页）另有《皇明遗民传》卷七、文德翼《求是堂文集》卷一二、戴名世《南山集》卷八、道光《光泽县志》卷二八《明寓贤录》等，载有《画网巾先生传》。

③ 雷元明，字左青，宁化诸生。明亡，元明偕弟骏鸣同弃诸生，与李世熊同志，交相得也。……时同邑巫日如、伍福绥、王之麟、王某，俱终隐不出。（道光《重纂福建通志》卷二二三《明隐逸·汀州府》，参见陈旭东编纂《闽台明遗民传录》，福建人民出版社2018年版，第352—353页）

④ 雷羽上与李世熊同隐于泉上之阳迟山。参见陈旭东编纂《闽台明遗民传录》，福建人民出版社2018年版，第355页。李世熊有《雷孝廉墓表》录于《寒支初集》卷八。

⑤ 赖天祚为四川行都司宁番卫，卒于官。（康熙《宁化县志》卷四《明逸行》，参见陈旭东编纂《闽台明遗民传录》，福建人民出版社2018年版，第412页）

⑥ 黄戴玄，附《赖寄道传》后，参见陈旭东编纂《闽台明遗民传录》，福建人民出版社2018年版，第412页。

⑦ "罗如奎，字奎之。明邑庠生。值沧桑，不试。与将乐余思复字不远，同以高尚见志。时有咏画网巾赴义者，如奎与思复歌诗和之，其志节可想见云。"（康熙《沙县志》卷一〇《人物志·明隐逸》，参见陈旭东编纂《闽台明遗民传录》，福建人民出版社2018年版，第425页）

另有籍贯未详或留寓他乡的遗民 21 人：余怀①、陈允元、胡元琚②、胡克己③、唐复思④、徐起鸿⑤、曹秋岳、纪伯紫⑥、许鸿⑦、萧伦⑧、道盛⑨、宋珏⑩、黄居中⑪、谢天驹⑫、寿安逊庵、毛亶鞠、吴蓼堪、杨鸣玉、赵止安、千呆性安、南源性派。

---

① 余怀（1616—1696），莆田籍，布衣终生，童年时便由故乡移居金陵且未曾返乡，曾自署"江宁余怀""白下余怀""旧京余怀"，他在身份认同方面是福建诗人中较为特殊的，今人辑有《余怀全集》。

② 陈允元、胡元琚，参见陈旭东编纂《闽台明遗民传录》，福建人民出版社 2018 年版，第 288 页。

③ 胡克己，万历庚申进士，自登州漂至朝鲜之凤山郡，因流落北关。（参见陈旭东编纂《闽台明遗民传录》，福建人民出版社 2018 年版，第 198 页）

④ 唐复思，不知其出处，或言闽人。（参见陈旭东编纂《闽台明遗民传录》，福建人民出版社 2018 年版，第 199 页）

⑤ 徐起鸿，夏绍芳之门人。（参见陈旭东编纂《闽台明遗民传录》，福建人民出版社 2018 年版，第 207 页）

⑥ 黄晋良入清，毁车束马，匿迹戢光，独肆力于诗文字，同时名流如曹秋岳、纪伯紫皆为知己。（民国《闽侯县志》卷九二《清隐逸·退菴金石书画跋》，参见陈旭东编纂《闽台明遗民传录》，福建人民出版社 2018 年版，第 320 页）

⑦ 许鸿，子子羽，福建人。明末宦滇，后遭鼎革之乱，卜居太和古生。能诗，兴至则携一觞于水边柳下，吟咏自适。先是遇兵，被贼断其右掌，遂以左腕书。能作怀素大草，人因称为左腕云。（《云南通志·大理县志·明季滇南遗录》卷下，参见陈旭东编纂《闽台明遗民传录》，福建人民出版社 2018 年版，第 171 页。关于许鸿生平事迹，另见著录于雍正《云南通志》卷二三《明留寓》，乾隆《大理府志》卷二四《国朝留寓》，民国《大理县志稿》卷二二《明寓贤》。福建省府县志均未收录许鸿传，待查访）

⑧ 萧伦，字彝叙，福建人，贾于芜湖。（嘉庆《芜湖县志》卷一五《人物志·明留寓》，参见陈旭东编纂《闽台明遗民传录》，福建人民出版社 2018 年版，第 404 页。又有《小腆纪年》卷一一引魏禧《江天一传》曰："有闽人萧伦者，贾客也。"）

⑨ 道盛，字觉浪，闽人。住金陵天界寺，与明盂、弘储并以忠孝名天下。（参见陈旭东编纂《闽台明遗民传录》，福建人民出版社 2018 年版，第 427 页。另有康熙丙午《建宁府志》卷四九《明释家》、董天工《武夷山志》卷一八《释子》载有相关传记史料。刘余谟《传洞上正宗三十三世摄山栖霞觉浪大禅师塔铭并序》，载《天界觉浪盛禅师语录》卷一二）

⑩ 宋珏，亦作毂，字比玉，莆田人。为诸生，负笈入太学，后侨寓武林、姑苏、金陵，以诗歌书画名于时。

⑪ 康熙《福建通志》卷四六《人物》载："黄居中，字海鹤，晋江人。举万历乙酉乡试。博通坟典，得未见书，必手自校录。授上海教谕，率以经术著称。累迁南国子监，侨居金陵，因家焉。著述积数十卷，所藏书甚富，学者称海鹤先生。"（参见陈旭东编纂《闽台明遗民传录》，福建人民出版社 2018 年版，第 481 页）

⑫ 谢天驹，参见陈旭东编纂《闽台明遗民传录》，福建人民出版社 2018 年版，第 168 页。

(二) 总体框架

一个核心。以遗民文学研究为核心，各交叉学科为辅助。重点研究福建遗民文人群由明入清后的历时性心态嬗变，研究他们作品特殊的思想性、艺术性与史学、文学价值。

双重遗民群网络结构的共性与个性比较。重点探讨清初福建遗民文人群的共性与个性特征；从横向的空间场域研究，以闽中、闽南、闽西北、台湾为地域结构划分，探究清初福建遗民群体多元化的心态特征及其群体特殊性的成因。从纵向的时间轴线研究，将清初福建遗民群体置于特殊的时代背景，探讨其与历代遗民群体相比的渐进性与时代性，形成双重遗民群网络结构的研究模式。

串联式问题。该书稿从清初福建遗民文人群的生平家世与交游情况、思想心态、文学创作价值等三大方面展开研究。具体问题包括：清初政治、文化思潮对福建遗民文人有何影响？具有较大影响力的清初福建遗民文人有哪些？清初福建入台遗民有哪些？他们的家世、生平经历及交游情况如何？他们的处世方式及思想心态是否随着时局变化而不同？这些情况如何影响他们的文学创作？他们的思想心态及文学创作对促进闽台文学的融合与发展，对推动中华传统文化的跨境传播，对增强民族凝聚力，促进民族统一事业的发展，有何积极作用？

具体章节如下：

绪论：对清初福建遗民及与之相关的研究成果、研究现状与有待完善之处进行概括论述。以相关文献资料为支撑，对"清初"的时间范畴进行阐述说明。对当前学术界有关"遗民"概念的解释进行综合论述。简要概括该选题的研究对象，对清初福建各地遗民概况进行统计，并对具有代表性的遗民作家生平思想、创作情况加以论述。与此同时，阐述研究该选题的学术价值与现实意义。

第一章，遗民群体价值取向的多样性。本章以闽中、闽南、闽西北以及入台遗民为地域结构划分，结合福建各地代表性遗民在抗清斗争中的价值取向及其文学创作所体现的遗民身份认同意识，进行综合论述。福建遗民群体的价值取向既具有共同的身份认同意识，又具有多样化的趋势特征。

第二章，共时性与历时性的心态特征与嬗变。清初福建遗民文人具有强烈的匡复之志和浓厚的社会民生忧患意识，甚至以身殉国体现坚定的遗民气节。随着社会局势的变化，遗民士人在抗清行为上也出现历时性的心态变迁。

第三章，清初福建遗民群体的特殊性。福建山海结合的地域环境、南强北弱的华夷观以及毗邻江南发达地区具有与江南先贤互动交流的优势性，促成清初福建遗民群体具有明显的特殊性。本章从横向的地域环境与社会思想变迁、地域交流等客观因素对形成清初福建遗民身份认同思想的特殊性进行研究论述。

第四章，与历代遗民相比的渐进性和时代性。相较于历代遗民，清初福建遗民群体在抗清斗争中，文化立场更具坚定性，家国意识更具悲剧性，救亡图存的思想更具意识性。这与历代遗民心理积淀、社会战乱迁徙、隆武政权在福州的支撑作用、时代变迁以及实学风尚等因素密切相关。本章对清初福建遗民思想所体现的渐进性与时代性形成的原因加以深入研究，有利于为进一步挖掘遗民文人群体特征拓宽研究视野。

第五章，遗民代表性著作的思想蕴含与艺术风貌。本章以黄道周、黄景昉和许友等代表性著述为研究对象，论述遗民作家作品中所蕴含的遗民精神境界与坚定的遗民文化立场；同时，对清初福建遗民文人群的著述创作的艺术风貌进行研究阐述，探讨他们在不同时期的创作境界的转变。

第六章，记忆、认同与离散书写的传播意义。遗民个体的离散经验同时也伴随着群体的交流与互动，因此，离散书写、交游书写往往交织在一起。本章从记忆和认同的视角，对清初福建遗民及入台遗民忠贞不渝的家国思想和书写传承进行论述，探讨遗民文人离散书写的跨境传播意义。

五 研究的学术价值与现实意义

"政治格局的变化与士人选择的多元、文化价值的重估与思想观念的活跃,以及文学风格的多样与审美形态的趋新,赋予了易代之际以独特的研究价值与学术魅力。"① 左东岭先生以简练且深刻的语言,概述了易代之际士人的文化思想与文学生产的价值意义。本书以清初福建遗民文人及其文学作品为研究主体,研究他们的群体特征、思想心态,分析他们的文学作品的学术价值、传承意义以及对促进闽台文化交流与融合的积极意义。

(一) 学术价值

第一,挖掘闽台文化同根同源的学术内涵,提高两岸文化认同感。福建曾是抗清斗争的重要阵地。台湾明郑政权时期,一大批福建遗民文人与郑氏赴台参与抗清斗争。福建遗民文人进入台湾,促进了闽文化在台湾的传承与发展,促进了中华文化在台湾的传播。本书可进一步挖掘闽台文化同根同源的学术内涵,提高文化认同感,促进两岸学术文化的融合与发展。第二,丰富并拓展了闽台遗民文学、文化理论。清初福建遗民文人思想心态因地域性特征和时局变化而复杂多变。本书旨在丰富并拓展研究的深度和广度,开阔理论视野,拓展闽台遗民文学、文化理论。第三,促进闽台遗民文学的传播。本书所涉及的大部分清初福建遗民文学作品尚未在学术界得到广泛传播。借助本书的研究,意在一定时空上促进清初福建遗民文学的传播。第四,努力促进多学科交叉发展。本书综合运用社会学、文学、历史学、传播学、心理学和比较文学等学科理论研究方法,可促进学科之间交叉发展。

(二) 现实意义

第一,为同行研究者及相关部门提供参考。本书力求对清初福

---

① 左东岭:《易代之际研究的学术价值与难点所在——兼及张晖之〈帝国的流亡〉》,《中国文化研究》2014年第1期。

建遗民文人创作及其心态进行全面、系统的探讨，提出新观点，形成专著出版，提供研究参考。

第二，进一步弘扬闽台优秀传统文化精神，提高国民文化素质。清初福建遗民文人的作品，聚焦忠孝、仁义、爱国等优秀传统文化主题，透过这些遗民作品之美，寻找文化基因，加以传承和弘扬。

第三，为当代知识分子保持独立的人格精神，追求高远的人生境界提供借鉴。清初福建遗民文人能在艰难处境下坚守节操，以自身特有的方式表达忠君爱国的遗民心志。这对当代知识分子处世具有借鉴意义。

处于明末清初的遗民文人心态及其所呈现出来的文学风貌，是经过选择、修正的。在明末清初这一十分重要的历史转折点上，对遗民文学所反映的遗民心态、文学风貌的变迁进行研究，是极有价值的。

第一章

遗民群体价值取向的多样性

明清易代,国家危亡之时,富有建功立业理想的文人志士面临新朝与旧主之间的取舍,如何抉择,成为士人共同面临的困境。坚决拥护大明王朝的统治或求仕新朝,成为评判遗民士人忠奸与否的重要标准之一。清初福建遗民文人遍布闽中、闽南、闽西、闽北以及海峡对岸的台湾岛上。本章以上述地域遗民为地域特征,结合福建各地代表性遗民在抗清斗争中的价值取向及其文学创作所体现的遗民身份认同意识,进行综合论述。福建遗民群体既具有共同的身份认同意识,又在价值取向上呈现多样化的趋势特征。

第一节 闽中遗民文人群的抉择与品行

闽中遗民文人有感于朝代鼎革,有感于朱子的道义呼声,他们互相标榜侠义气节,以各自的行为方式标明遗民身份意识。以曹学佺、林古度、许友、林之蕃、陈轼、薛镕、徐延寿、孙学稼等为代表的闽中遗民志士,关心国家民族命运,敢于反抗清朝统治。他们在痛苦与矛盾中抉择,极力展现遗民志士不屈的人格品行。

一 曹学佺的人生抉择

曹学佺(1574—1646),字能始,号雁泽,又号石仓居士,福建侯官人。自幼好学,博学洽闻,精通诗词、天文、音律、禅理、地理、诸子百家等，藏书万卷，著述千卷，被誉为闽中十才子之首。弱冠，举万历乙未进士。会试时，曹学佺被问"车战"，曹学佺答："臣南人也，不谙车战，请以舟战论。"① 考官张位同意其论舟战。曹学佺论战卓杰周全，张位惊奇不已，拟定曹学佺为桂冠。而又有认为"部属房公中元，久无此例……遂于卷面一字加竖，为第十名"②。曹学佺不因此而懈怠，且加倍专心问学，才华出众。张位极力推崇，授其户部主事。万历二十六年（1598），张位被奸佞小人排挤，蒙受贬谪之辱，门人皆不敢亲近。曹学佺不忘知遇之恩，精心准备粮食骏马，亲往送行。朝廷反对势力因此迁怒于曹学佺，将其调任南京大理寺正，又累迁南京户部郎中。这两个均为无用武之地的官衔，曹学佺的仕途才华被闲置。但曹学佺也正好在这段时间广交善友，他与焦竑、李贽、谢肇淛等往来唱和，互相交流切磋，结下深厚的友谊。万历三十七年（1609），曹学佺出为四川右参政。万历三十九年（1611），升任按察使，适逢蜀地饥荒，曹学佺"设厂煮粥，存活无数。及绘图上，请发帑金三万赈济"③。为使百姓免于官兵赋税之逼迫，曹学佺改革"行坐"二税，"蜀人相诧，以为三百年未有之特恩也"④。曹学佺忧国忧民，刚正不阿，除残去贪，励精图治，深受民众拥戴。但也因此得罪权贵，于万历四十一年（1613），被降级遣回家乡，蜀地民众无不惋惜，遮道送行。吴梦旸作诗《曹能始以所举士过奇，摘官廷评，因寄二首》（其一）曰：

---

① （清）曹孟善：《曹石仓行述》，《儒藏·史部·儒林史传类》，据民国二十六年乌山图书馆抄本点校，第八十八种，第六十二册，第99页。
② （清）曹孟善：《曹石仓行述》，《儒藏·史部·儒林史传类》，据民国二十六年乌山图书馆抄本点校，第八十八种，第六十二册，第100页。
③ （清）曹孟善：《曹石仓行述》，《儒藏·史部·儒林史传类》，据民国二十六年乌山图书馆抄本点校，第八十八种，第六十二册，第101页。
④ （清）曹孟善：《曹石仓行述》，《儒藏·史部·儒林史传类》，据民国二十六年乌山图书馆抄本点校，第八十八种，第六十二册，第101页。

问君胡得罪，取士必无奇。肝胆不相负，功名非所知。直从廷尉掾，那顾尚书期。一傍长江水，烦忧日夜驰。①

曹学佺在蜀地为官，心系苍生，尽忠报国，体现了中国传统士大夫宽广的胸怀与高远的理想志向。

万历四十三年（1615），遇梃击案，曹学佺著《野史纪略》，叙其始末。天启二年（1622），曹学佺起广西右参议，作《桂林集》，记述与友人交游唱和及身世之感。"桂林宗室素横，学佺独执法，遇事属有司治之"，"宗室始肃然知有律矣"②。曹学佺在广西治军严整，军纪分明，不准官兵欺凌少数民族，极大地促进民族融合与团结。为提高广西少数民族民众的文化知识水平与汉语言表达能力，曹学佺十分重视教育，开设漓江书院，兴办学校，积极讲学，厘清少数民族地区科举考试的流弊。

天启六年（1626），阉党猖獗，朝廷拟任曹学佺为陕西副使，不赴。"廷元附魏忠贤大幸，乃劾学佺私撰野史，淆乱国章，遂削籍，毁所镂板。"③ 魏忠贤党弹劾曹学佺私自撰写野史，扰乱章法，将其削籍，并烧毁《野史》一书，曹学佺被禁七十多天后才于1627年放归家乡。

曹学佺积极营建石仓园林，为文士提供文思创作的典雅环境；同时，曹学佺也不忘为下层民众的衣食住行解忧。曹学佺组织修浚西湖，修桥铺路，灌溉农田，致力于发展家乡的民生事业。为躲避沿海外寇侵扰民众，曹学佺带领兵团筑造堡垒，多方防备，对保护福建沿海居民的身心安全做出极大的贡献。1644年，崇祯帝自缢身

---

① （明）吴梦旸：《射堂诗钞》卷六，《四库全书存目丛书》，齐鲁书社1997年影印本，集部，第194册，第397页。

② （清）曹孟善：《曹石仓行述》，《儒藏·史部·儒林史传类》，据民国二十六年乌山图书馆抄本点校，第八十八种，第六十二册，第102页。

③ （清）曹孟善：《曹石仓行述》，《儒藏·史部·儒林史传类》，据民国二十六年乌山图书馆抄本点校，第八十八种，第六十二册，第103页。

亡，曹学佺"恸哭不食，投入池中。家人亟救而苏，晨夕环伺"①。隆武元年（1645），隆武帝入闽，誉其为海内鸿儒，说："孤在唐国时，闻名已久矣。兹幸得见，以慰数十年景仰"②，遂授其为太常寺卿。曹学佺屡屡上书陈事，迁礼部右侍郎兼侍讲学士，修撰《崇祯实录》，晋尚书，加太子太保。

隆武二年（1646），徐孚远倡"水上合战"，曹学佺视其为救国上举，积极响应，亲力亲为，捐饷万金，而郑芝龙已做出投降之举，并阻止曹学佺的抗清行为。曹学佺仍上书言事，随从唐王朱聿键。黄景昉曾作诗提醒曹学佺勿对唐王寄予厚望，并劝勉其尽早退出是非之地。而曹学佺仍坚持己见，忠于唐王。八月，清兵攻福州，唐王在汀州被俘。曹学佺化为僧人登入鼓山，毅然决定以身殉国，自缢于西峰中堂，乡人感念其恩德，追怀其报国尽忠的遗民精神与家国之志，在洪山桥塑像立祠以纪。

曹学佺生前曾为郑思肖的《心史》作序：

> 先生之不愤不得仕宋，正所以愤他日之仕元者也……此非先生一人之心也，乃天下万世之人心也。则其为史也，非仅宋末元初之史也，乃天下万世之信史也。③

曹学佺认为郑思肖对元朝统治者的愤激之情，代表着天下万世士人之心情，郑思肖之《心史》不仅书写了宋末元初的史实，也代表着天下万世易代之际世人遭受异族统治之史实。天下万世，囊括了一切横向的空间范围和纵向历史范畴。曹学佺自然也将其自身的忠义节气与家国情怀包括在内，表达了对异族统治的愤激、反抗之

---

① （清）曹孟善：《曹石仓行述》，《儒藏·史部·儒林史传类》，据民国二十六年乌山图书馆抄本点校，第八十八种，第六十二册，第105页。
② （清）曹孟善：《曹石仓行述》，《儒藏·史部·儒林史传类》，据民国二十六年乌山图书馆抄本点校，第八十八种，第六十二册，第102页。
③ （明）曹学佺：《刻郑所南先生心史序》，崇祯庚辰十三年新安汪骏声集资刊本。

情。由此可见曹学佺忠于大明王朝的强烈遗民身份意识与民族主义精神。

曹学佺殉国后三年，正是林古度六十大寿。钱谦益作《题曹能始寿林茂之六十序》："虽然能始为全人以去，三年之后，其藏血已化碧，而予也楚囚越吟，连蹇不即死，予之眉目謦笑，临流揽镜，往往自憎自叹，趣欲引而去之，而犹怅怏能始知予之浅也。"① 钱谦益作为明遗民的身份历来受学术界争辩，正如他对自己的评价"楚囚越吟"，但仍有值得肯定之处，即钱氏对自己不能坚持遗民操守憎悔不已，具有羞耻之心。钱谦益以苌弘化碧的典故，对曹学佺忠于大明王朝而以身殉国的节操寄寓崇敬之情。曹学佺的殉国守节，影响了后世无数遗民志士坚守信念，坚决抵抗清朝统治，同时，也令无数变节者自憎自愧。

二 林古度——刻《心史》，明心志

林古度（1580—1666），字茂之，号那子，别号乳山道士，福建福清人，被称为"东南名士魁硕"②。富有诗才，《清史列传》记载其早年"寓居江宁，工诗，少赋《挝鼓行》，为东海屠隆所知。与曹学佺相友善，所为诗，清绮婉缛，亦复相似"③。明亡后，以遗民自居，参与编纂地方县志，1655 年，与鲁修合纂《溧水县志》十卷。1656 年，与纪圣训合纂《高淳县志》十八卷。古代修史、纂志都是至高无上的荣誉，只有品行高尚、德才兼备者能胜任。可见，林古度的品行兼优，才力凸显。林古度为地方文献资料的保护与传承做出了极大贡献。

《列朝诗集小传》曰："（林古度）居金陵市中，家徒四壁，架上多谢翱、郑所南残书，摩挲抚玩，流涕渍湿，亦初文之遗忠

---

① 陈寅恪：《柳如是别传》（下），天津人民出版社 2021 年版，第 879 页。
② 邓之诚编：《清诗纪事初编》，上海古籍出版社 2012 年版，第 282 页。
③ 王锺翰点校：《清史列传》，中华书局 1987 年点校本，第 5697 页。

也。"① 林古度父亲林章（1551—1598），对不仕元朝的遗民谢翱、郑思肖等无比敬重。虽家徒四壁，却不忘拜读前朝遗老之著，以警醒自身坚持遗民操守。林古度受父亲忠义节气的影响，对前朝遗民志士十分推崇。林古度的父亲忠贞耿直，心系民族大义，曾为家国安危建言献策，上《奏停矿税疏》，却遭遇冤屈不幸被捕下狱，卒于万历戊戌年（1598）。父亲的悲惨遭遇及大明王朝的衰落，导致林古度家院从"亭榭池馆"的繁荣幽雅景象变为"车库马厩"②的凋零简陋现状。在家父深受屈辱并因此献身的遭遇下，林古度不计个体小我的旧仇恩怨，毅然以国家存亡和民族安危为己任，秉承"九死尤未悔""杀身以成仁"的民族大义精神，砥砺名节，抵死抗清。这是该有多大的精神信念与博大的胸怀！林古度的遗民忠义品行，很大程度上受父亲凛然风骨所影响和熏陶。

　　林古度生活困窘却坚持遗民的操守，即使处于"暑无蚊㡡，冬夜卧败絮"③的艰难生计中，仍以遗民自居，不愿仕清。林古度在耄耋之年仍写《金陵冬夜》诗自嘲："老来贫困实堪嗟，寒气偏归我一家。无被夜眠牵破絮，浑如孤鹤入芦花。"④ 在寒气逼人的冬天，林古度将自己喻为芦花中的孤鹤，将棉絮喻为芦花，蕴含无限的孤寂悲凉。孤鹤、芦花、败絮等客观元素塑造的寒凉环境，实际上映衬着作者内心所充满的忧伤与不可言说之孤独与酸楚。在如此极度穷困潦倒境况中，林古度坚守志节，充分体现其对遗民品格与遗民尊严的维护。顾炎武曾赋诗赠曰："江山忽改色，草木皆枯萎。受命松柏独，不改青青姿。今年八十一，小字书新诗。方正既无诎，聪明矧未衰。"⑤ 顾炎武以松柏不因江山易色而改变自己青葱的姿态比

---

① （清）钱谦益：《列朝诗集》丁集，卷十，清顺治九年毛氏汲古阁刻本。
② （清）林茂之：《林茂之诗选》，《清代诗文集汇编》，上海古籍出版社2010年版，第1册，第1页。
③ 邓之诚编：《清诗纪事初编》，上海古籍出版社2012年版，第282页。
④ 周啸天主编：《元明清名诗鉴赏》，四川人民出版社2001年版，第522页。
⑤ （清）顾炎武：《赠林处士古度》，《顾炎武全集》卷3，上海古籍出版社2011年版，第410页。

喻林古度守正不屈、百折不挠的遗民道德品质。林古度坚强的抗清精神，堪令无数变节者无地自容。

林古度终生佩戴万历时期的铜钱，表明忠于大明王朝，砥砺操守的遗民信念，触动了清初无数遗民的内心情志，使遗民志士在思想上产生了共鸣，产生了非凡的反响。吴嘉纪曾作诗以纪，《一钱行赠林茂之》曰：

> 先生春秋八十五，芒鞋重踏扬州土。故交但有丘茔存，白杨摧尽留枯根。昔游倏过五十载，江山宛然人代改。满地干戈杜老贫，囊底徒余一钱在。桃花李花三月天，同君扶杖上渔船。杯深颜热城市远，却展空囊碧水前。酒人一见皆垂泪，乃是先朝万历钱。①

汪楫也作诗纪之：

> 一片青铜何地置，廿载殷勤系左臂。陆离仿佛五铢光，笔画分明万历字。座客传看尽黯然，还将一缕为君穿。②

"廿载殷勤系左臂""万历字"等道出了林古度二十年如一日地坚守遗民志节，不忘故明王朝的心路历程与对大明王朝的深切怀念之情。

林古度的一生淡泊明志，不求名利，备受各方人士敬仰与爱戴。著名的遗民作家屈大均，对林古度终生佩戴铜钱给予极高的敬佩，他也曾将一枚南明永历时期的钱币用黄线系于锦囊中，随身携带。屈大均《一钱说》：

---

① （明）吴嘉纪：《吴嘉纪诗笺校》卷二，上海古籍出版社1980年版，第41页。
② 杨钟义：《赠林茂之》，《雪桥诗话三集》卷一，民国求恕斋丛书本。

侯官林茂之先生有一万历钱,系臂五十余载,泰州吴野人为赋《一钱行》以赠之。予亦有一钱,……嗟乎!茂之生于万历,其怀一万历钱也,不敢忘其所生之君也。予也长于永历,其怀一永历钱也,不敢忘其所长之君父也。……钱以黄锦丝系之,或在左肘,或在右肱,愿与之同永其命。钱在则吾长在,吾长在则将无所不在。所关者大,夫岂徒以为古物之可宝而已哉!①

由此让我们感受到一枚钱币虽小,但却能产生无比强大的精神能量与恒久的影响力,鼓舞遗民志士砥砺节操,坚守遗民身份;林古度赋予了钱币身份的力量和人性的价值。这枚钱币,不仅仅是前朝的遗物,它代表着遗民志士的身份认同意识,成为遗民精神的象征,成为遗民家国之思的精神纽带。透过这枚钱币,我们似乎清晰地看到明末清初一个个遗民志士为坚持理想信念,忠于故国,以身作则的斑斑心迹。

沈德潜《清诗别裁集》称吴嘉纪:"'桃花李花'二语,偏写得兴高,游冶相似,而结意悲伤,传出麦秀渐渐之感,一篇主意全在此也。"②吴嘉纪以林古度身上的铜钱作为情感抒发的载体,寄寓着自身的遗民身份归属。沈德潜对其加以评价,表达对林古度、吴嘉纪等遗民群体强烈的身份意识和忠贞爱国精神的肯定与颂扬,从中也可见清初遗民群体共同的家国之悲与身世之感。

垂暮之年的林古度明知大明王朝一去不复返,他自作"茧窝",希望离世后仍能居于万古"茧"宅中,以示即使死后也不忘眷恋明朝。明顾梦游为其作诗《题林茂之茧窝》:

身后岂须问,亦关贤达襟。青山万古宅,沧海百年心。蝉

---

① 欧初、王贵忱主编:《屈大均全集》,人民文学出版社1996年版,第436页。
② (清)沈德潜编:《清诗别裁集》卷六,中华书局1975年版,第186页。

蜕已物表，冥鸿方远寻。预知千载下，醒酒聚碑阴。①

从中可见一个遗民志士的坚定不移的忠义理想与信念已经超越了生死，其忠君爱国之心至死不渝。

令人悲切的是，林古度家贫如洗，卒后无法安葬。直到林古度去世三年后，时任户部侍郎的周亮工将其葬于钟山，以孝陵为依。王士禛作《闻林茂之先生已葬钟山》：

万古钟山下，今成有道阡。龙蟠高士宅，狸首故人怜。老尚歌朱鸟，魂应拜杜鹃。何时磨镜具，一问秣陵船。②

朱鸟、杜鹃，自古就是悲切、冤屈的象征。王士禛以此喻示对林古度深厚的追怀，也体现林古度生死不渝的遗民境界。

林古度诗文并重，书写遗民身份归属与家国衰亡之感。《林茂之诗选序》：

旧家居华林园侧，有亭榭池馆之美，胥化为车库、马厩，别卜数椽，珍珠桥南，陋巷窭门。蓬蒿蒙翳，弹琴读书不辍，有所感激，尚时发于诗。海内士大夫慕其名而幸其不死，过金陵者必停舟车访焉。翁既贫窭，无复少壮时意气，朝炊冬褐，不能不仰四方交游之力顾，世之士大夫多非雅故，或阳浮慕之而已。③

方拱乾《晤林茂之时年八十五矣》：

---

① （明）顾梦游：《顾与治诗》卷四，清初书林毛恒所刻本。
② （清）王士禛：《渔洋山人精华录》卷六，四部丛刊景林佶写刻本。
③ （清）王士禛：《林茂之诗选序》，七略书堂校刊本。

群奉丈人行,相看若鼎彝。别时贫到骨,近日老能诗。结客前朝重,遗民后代知。嗟予随杖屦,鬓发已如丝。①

可见,时代鼎革导致林古度家道中落,生活困顿,栖居于陋巷窑门中,但由于林古度德才兼备,其忠贞不渝的爱国境界与浓厚的遗民身份意识,加上卓杰的文学成就,使得世人无不以"鼎彝"待之,对他致以敬重与追慕之情。也因此,林古度成为福建遗民诗人群中的魁硕之才。

林古度不仅著述丰富,也喜好刻书,尤其喜欢刻遗民著述。面对亡国的困境,林古度内心无比悲痛伤感。为表达遗民的故国之思与忠义精神,林古度将情感寄托在前朝遗老身上。因此,随着崇祯十一年(1638)影响十分广泛的《心史》的问世,崇祯十三年(1640),郑思肖祠堂建成,遗民士人林古度随之对《心史》加以校正,曹学佺为其作序,汪骏声新刻七卷本,《心史》盛行于世。

林古度对宋遗民郑思肖的《心史》用心颇多。众所周知,《心史》是郑思肖根据自己的身世遭遇,用半生精力痛诉宋王朝衰败灭亡的诗歌血泪史。《心史总后序》说:"所谓诗,所谓文,实国事、世事、家事、身事、心事所系念。"②序言所说与《心史》之题名正相符合,郑思肖将自身所遭遇之心事、身世、家事、国事、天下事诉诸这部诗歌史,体现了一位遗民文人深刻的亡国悲痛意识与身心遭受屈辱的精神处境。崇祯十一年(1638),《心史》被发现于苏州承天寺浚井之后,一度引起明末有识之士的思想情感共鸣,竞相传抄刊刻。1640年,林古度已是花甲之年,他看到《心史》之后心存兴奋和惊讶,"予何幸,垂老而适同高钟陵会府得于叶雁湖民部署中,共相惊异"③,他不因自己年迈力衰而降低刊刻《心史》的热

---

① (清)沈德潜编:《清诗别裁集》卷一,中华书局1975年版,第237页。
② 楚欣:《福地闽风写春秋》,海峡文艺出版社2015年版,第187页。
③ (清)林茂之:《林茂之文草》,《清代诗文集汇编》,上海古籍出版社2011年版,第1册,第67页。

情,遂与汪骏声同刻《心史》七卷,《附录》一卷。"年已垂老,虑身没而心不见知于后世,取其诗文,名曰:《心史》。"① 可见,虽然身处异代,林古度和郑思肖却因共同的忠义风骨产生了心灵的默契和思想共鸣。林古度对郑思肖拒不仕元,忠于宋朝的深明大义高度认同。郑思肖的遗民身份意识穿越了时空,对林古度的忠义节操产生了极大的影响。《心史》所蕴含的民生忧患意识、民族责任感和使命感,极大地触动了林古度,成为他坚守爱国之志的精神载体,同时也是整个明遗民群体衡量自身文化立场的精神源泉。即使遗民文化立场颇受争议的钱谦益,也曾作诗对林古度的遗民风骨致以钦佩:"抗疏捐躯世所瞻,裳衣戍削貌清严。可知酌古陈同甫,应有承家郑所南。"② 林古度对《心史》的热衷与刊刻,实际上是对郑思肖爱国精神与遗民身份的传承与发扬。在明末清初,《心史》具有鼓舞士人意气,催人奋进的精神能量。林古度忠君爱国的遗民志节不仅是他个人高尚品行的展现,也为整个遗民士林提供了巨大的精神能量,产生深远的影响。

三 林之蕃的高洁之志

林之蕃(1611—1673),闽县人,字孔硕,别号积翠山陀,又曰涵斋,侯官人,其家族"四世簪缨,忠孝经术萃于一门"③。林之蕃从小在祖上家门的熏陶和教育下,具有清廉高洁、耿直磊落的品质。林之蕃年少时与林垐同拜董应举门下,董应举不仅"授以古文",且"勖以节义"④,对林之蕃日后遗民操守的塑造也具有深远的影响。林之蕃崇祯癸未年(1643)中进士,任嘉兴知县。林之蕃为官清

---

① (清)林茂之:《林茂之文草》,《清代诗文集汇编》,上海古籍出版社2011年版,第1册,第67页。
② (清)钱谦益:《秋槐诗集》,《牧斋有学集》卷一,四部丛刊景清康熙本。
③ (清)郑杰辑录:《全闽诗录》(4),《全闽诗传》卷五十二,福建人民出版社2011年版,第1851页。
④ (清)郑杰辑录:《全闽诗录》(4),《全闽诗传》卷五十一,福建人民出版社2011年版,第1834页。

廉，不善钻营奉承。曾士甲《闽诗传》对林之蕃给予高度评价："为人博通今古，明兴废之道。"① 后因富商诬衅，横夺故宦坟墓，林之蕃公正不阿，不愿曲意迎合，得罪当权者，被弹劾回闽。浙江民众对他爱戴有加，做《清风归去辞》赠之。

唐王时，黄道周举荐林之蕃与林迹，同授御史，林之蕃又授考功郎中。然朝廷佞倖小人结党营私，勾心斗角，官场昏聩腐败的陋习无处不在。林之蕃不愿同流合污，遂辞归隐居长乐吴航唐屿。唐屿有一潭名为淠济，正是朱熹避居之处。林之蕃在唐屿以潭水洗耳，以示潜心躬行朱子的道德品行，因感发牢骚，作诗文以纪。"吾道固应穷到底，青山不意肯相容"，"哀杨远近孤臣骨，千载何人表墓门"②。此后，林之蕃隐居福州三山故居。清政府地方官员屡劝林之蕃入仕，林之蕃坚决回绝，说道："自是老翁生计拙，风波未至把帆收"，"别港鱼肥招不去，绿蓑惟恋旧溪山"，"诸公亦遂其高尚，不强致焉"③。可见，林之蕃不因个人私利改变忠君爱国之志，他身上所具有的遗民身份意识与忠义气节令人敬佩。

林之蕃在最后隐居期间，梦见陈子龙以冠服招之，又疽发全背，身心受难而卒。作为一位遗民志士，即使做梦也崇拜为国殉身的遗民典范，可见，林之蕃对大明王朝的忠贞缱绻之情与遗民身份意识的强烈程度。

林之蕃隐居避世，先后结庐鼓山积翠岩、白云洞和般若庵，以遗民自居，学佛修心，著述绘画终生。林之蕃在福州隐居期间，结识方以智、金道隐、为霖和尚、空隐和尚、法纬和尚、定者和尚、心持上人及吸江兰若一系的僧人。可见，林之蕃积极与其同时代居

---

① （清）郑杰辑录：《全闽诗录》（4），《全闽诗传》卷五十二，福建人民出版社2011年版，第1854页。
② 孙学雷主编：《地方志书目文献丛刊》，北京图书馆出版社2004年版，第22册，第508页。
③ 孙学雷主编：《地方志书目文献丛刊》，北京图书馆出版社2004年版，第22册，第508—509页。

于闽中的禅林知名人士互相交流，互相阐发，深研禅理禅意。鼓山为霖和尚《挽林涵斋居士》（有序）曰：

居士莲华国中人也。无端赚落阎浮。开眼大梦六十余年中。荣枯得丧杂然横陈。而居士御之如一叶之舟。傲颠风而舞澎湃。随波上下了无留滞。至于今日因圆果满。乃闭却两眼恍然大寤。复归本位。道霈闻之数百里外。不觉悲喜交集。喜者喜居士裂三界之牢笼。释四大之桎梏。悲者悲儒林失其龟镜。法门丧其金汤。乃作挽恭呈灵座。知居士于常寂光中必欣然点首。以余为知言也。①

其词曰：

无位真人赤口。露裸裸兮光奕奕。直饶佛祖不知名。天上天下谁能匹。无端赚落阎浮提。梦境千差乱若丝。两眼闭时忽大寤。庄周蝴蝶不须疑。十载相期无别事。心心常在莲花土。哲人去矣不复回。临风不觉泪如雨。②

林涵斋的人格品质受为霖和尚充分肯定与赞颂。鼓山为霖和尚对林涵斋的深切悼念之情溢于言表。

林之蕃的同窗林垐也讲述他们早年曾经寄身山水、旷达坦荡的生活经历："甲戌，摈礼部，同结茅积翠山中，万壑千峰，两人相对，松风溪月，烟雨暝晦，虎啸猿啼，盖无不同焉。"③ 可见，林之

---

① （清）鼓山为霖和尚：《新纂续藏经》，民国十二年上海涵芬楼影印本，第72册，第1442页。
② （清）鼓山为霖和尚：《新纂续藏经》，民国十二年上海涵芬楼影印本，第72册，第1442页。
③ （清）郑杰辑录：《全闽诗录》（4），《全闽诗传》卷五十一，福建人民出版社2011年版，第1834页。

蕃年轻时就已受禅宗禅理的影响与熏陶。

因此,当鼎革之际,国破家亡造成社会现状的极大改变,林之蕃作为大明遗民文人的身份,他必须为自己的心灵寻找安身之处,必须为自身的身份寻找寄托之所。富有禅理禅意、淡泊宁静的山林寺庙成为林之蕃隐居避世的精神家园和心灵归宿。林之蕃忠于禅理,参禅问佛心境更为明显。他不遗余力参与重修寺庙,书写碑文,为寺庙赋诗写画,被世人誉为护法居士。林之蕃的作品呈现鲜明的遗民精神品质与高洁的人格操守,值得我们加以重视。

四 任侠尚义的遗民形象——许友

许友(约 1620—1663),侯官(福州)人,诸生,原名寀,曾名宰。其父亲名豸,字玉史、玉斧,居于福州光禄吟台旁之笃叙堂,即后世叶敬昌之玉尺山房,另有乌石山别墅及早题巷等居所。许友的名字更换数次,周亮工对许友甚为了解,其《书许有介自用印章后》记载:

> 许寀,一名宰,字有介,侯官诸生,玉史学宪讳豸者之长子,有忌者谓其所改名犯家讳,以不孝闻之学使者,盖闽音"豸"、"宰"呼同,亦大可噱事也,遂更名曰友,字有介;已又更名曰眉,字介寿,亦字介眉。①

因"豸"与"宰"在闽音中相同,时人责许友名宰有不孝之讳,因此更名许友,字有介,后又更名眉,字介眉、介寿,号瓯香。明崇祯年间举孝廉,入清不仕。

许友能诗文善书画,家境优越,风流倜傥,任侠尚义,是清初少见的才气与风流兼具的遗民士人,被誉为"三绝"。许友诗作

---

① 《中华国学名著藏书百部编委会》编,徐寒主编:《中华国学名著藏书百部》第 7 卷,《史家经典名篇》,大众文艺出版社 2010 年版,第 3363—3364 页。

《米友堂诗集》，今国家图书馆、福建师范大学图书馆、福建省图书馆和上海图书馆等均有收藏；《米友堂全集》，藏于日本国立公文书馆；《许瓯香先生遗稿》，藏于福建师范大学图书馆；《箬茧室诗集》，藏于国家图书馆；《许有介先生诗稿》，藏于北京市文物局。钱仲联《清诗纪事明遗民卷》和张其淦《明代遗民诗咏三编》等收录许友之作。

清代钱林、王藻编辑《文献征存录》记载：

> 许友，初名宰，字有介，侯官人。父豸，进士，官浙江提学参议。友少师事会稽倪元璐。入本朝，以诸生终，友善画工书，诗尤孤旷高迥，常有句云："野航人远雁声低，新城王士正爱之"，采入诗话。友又有作画绝句："灵谷皆梅放未曾，石头怀古不堪登。无端传就松鍼笔，画出青山是孝陵。"秀水朱彝尊称其诗如俊鹘生驹，不可施以鞲鞴。其为名公所赏如此。慕米芾为人，搆米友堂祀之。有《米友堂诗集》。子遇，字不弃，岁贡生，知长洲县事。受诗于王世正，有《紫藤花庵诗钞》。孙鼎、均，皆能诗。鼎，雍正元年举人，有《梅严集》。均，康熙五十七年进士，官礼部郎中。①

许友草书超隽雄健，章法有致，风格与王铎相仿，山水松竹之画挺拔清逸，苍楚并致，诗文词赋脱俗清旷，尽显其孤高旷达的精神气质。钱谦益将其诗录于《吾炙集》中，称"许友八闽风"。传世画作有《枯木竹石图》《江山钓矶图》《双松寿石图》等。民国连江人刘东明藏有许友手写本诗文一卷，因将此影印行世。其《七绝二首诗轴》藏于日本澄怀堂美术馆，此作章法奇谲，字体错落有致，空间布局聚散曲折，生趣盎然，开创了章法布白的新局面。

---

① （清）钱林、王藻编辑：《文献征存录》卷二，周俊富辑：《清代传记丛刊·学林类》，明文书局印行咸丰八年刻，有嘉树轩藏，第8册，第131页。

> 崇祯时，闽以僻静宴安，风俗华侈。有介家给既足，娈童舞女，诗酒谈谑，无虚日。任侠结纳，轻视一切。……谈笑风发，酒酣操楮，笔墨饱腾。或为诗词，或画枯木竹石，奕奕有致，比之襄阳、眉山。……怦怦怫怫不乐生者，则不善世故也。然而风流自胜。①

可见，许友早年诗酒自娱，负才尚气，谈笑风生，如生活在仙境中一般。许友可说是代表了明遗民风流才子的形象。也因许友任诞不羁，富有魏晋风度的性格特征，奠定了他诗文书画具有孤旷脱俗、豁达淡然的基调。王士祯、朱彝尊、钱谦益、周亮工等一批文坛名士对许友的才华给予佳赏。

许友与福建布政使周亮工常在米友堂切磋诗文书画。

> 予入闽，即首访君，颇为文酒之会，然与君数有离合。君大腹无一茎须，望之类乳媪，面横而肥，不似文人，字画诗文恒多逸致，见其手笔者拟其貌若美好妇人，亦异事也。君既负盛名，闽士多造之，恒不报谒，亦不省来者为谁，以故人多憾之，即与君暱者亦退，多后言，君但自放于酒，一切弗问也。②

周亮工赴任福建按察使时，到福州后拜访的第一位友人就是许友。可见，周亮工与许友之间关系极为密切。《书许有介自用印章后》十分生动形象地描述了许友的体貌特征、嗜酒如痴、任性不羁、追求享乐的魏晋文人形象与气质风度。周亮工《印人传》中评价许友曰：

---

① （清）顾景星：《白茅堂集》卷三十四，清康熙刻本，第14页。
② 《中华国学名著藏书百部编委会》编，徐寒主编：《中华国学名著藏书百部》第7卷，《史家经典名篇》，大众文艺出版社2010年版，第3364页。

>予尝评君酒一、次书、次写竹、次诗文。渔洋先生论诗最严，而特爱君诗，尤爱其七言绝句，手录之多至数十首。因衷集近人诗为《感旧》一集，又有句云："许友八闽风。"其赏识如此。予亦欲刻闽中四亡友诗，陈克张、陈开仲、徐存永与君也。君学识或让三君，而天资敏妙，三君不逮矣。①

周亮工十分了解许友的喜好，在周亮工看来，许友品酒艺术第一，书法次之，绘画第三，诗文成就位居前三者之后。许友品酒书画艺术远高于诗文成就。可见，许友确实十分喜好喝酒。自古文人创作就离不开酒局，大概酒兴更有助于诗文书画的创作与发挥。因此，周亮工将许友的酒力置于第一，以说明酒对其创作才能发挥的重要性，从中也可见他们两人关系非同一般。

大明时期拥有风流自适、潇洒倜傥的生活，确实令许友自足。奈何朝代鼎革，大明王朝灭亡，许友家族衰落，家境日下。这种强烈的对比，对于一个已经习惯于自娱自乐的才子，是身心的极大创伤。明亡后，许友的生存处境发生了天翻地覆的变化。因周亮工被劾贪污罪，许友受周亮工牵连，被视为同类，当权者要求许友入京下狱，接受质问，历时两年之久。周亮工《印人传》记载：

>君为予累，逮入都门，后无恙归。别予去，复多所离合。久之，遂无间言矣。君归未数年，即殁。其殁也，盖只四十余。②

许友受审后无罪释放，但其内心深受屈辱，对清朝统治者更是深恶痛绝。其内心充满尖锐的矛盾与抉择。他将何去何从？他该向

---

① （清）周亮工：《印人传》卷一，《丛书集成续编》，上海书店1994年版，第38册，第667页。

② （清）周亮工：《印人传》卷一，《丛书集成续编》，上海书店1994年版，第38册，第667页。

祁彪佳、曹学佺、倪元璐辈学习决绝殉身的精神，抑或坚强地活着，以不屈的反抗意志笑看清朝的统治？

许友因此作《米友堂集·杂著》组诗（九首），表达复杂的内心情境。这九首组诗分别是：《学死》《学盲》《学聋》《学哑》《学为奴》《学乞食》《学担粪》《学织履》《学挽歌》。这九首组诗的题目均冠以"学"字，表示对时局的愤懑与不满。大明时期的许友过着风流坦荡、蕴藉风雅的美好生活，他绝没想到自己会降身数等，甚至过着行乞卖奴的日子。

许友或想学殉国遗民的精神，以死示忠，或想装聋扮哑，或想将自己降身乞丐、奴隶、农民等身份，不愿看到、听到、见到清朝统治下的任何人任何事。诗题中夹杂着悲愤与怨气，寄寓着对现实境况的不满，一种人生如戏、物是人非的漂泊感与悲怆感充斥而来，字里行间已让读者感受到这位风流倜傥的才子，在鼎革时期的内心矛盾与痛苦。

傅抱石编译《明末民族艺人传》也对许友的人生态度、形象特征、才名性情等进行评价，并引用周亮工之语认为许友早逝与嗜酒关系尤为密切。

> 先生性疏旷，以晋人自命，既负盛名，闽中之士多访之，而无一往报谒者，且不省来者之为谁，以是人多憾之。即相暱者，亦退有后言。先生不问焉，日以酒自遣如故，为人短躯大腹，周身无须毛，宛然如肥媪。栎园尝评先生云："君酒第一，书次之，画竹又次之，诗文又其次也。"先生年不五十而终，或第一之物所致乎？①

许友效法魏晋士人，风度翩翩，性情疏旷不羁，极负盛名。而其腹大身短，毛发不发达，酷似女子。许友的才名气节与其身材外

---

① 傅抱石编译：《明末民族艺人传》，商务印书馆1938年版，第182页。

貌不相符，大概也是引起时人关注的重要原因。

许友的性格特征，很符合陆绍珩《醉古堂剑扫》对遗民个性形象的评价："随遇而安，不图将来，不追既往，不蔽目前。"① 这正是在清朝政治高压下无力施展才华抱负的遗民士人的政治原则与文化立场的直接反映。

虽然许友最终"愧未能也"②，但他的遗民文化立场也是十分明显的。许友的存世作品中，往往使用大明年号，鼎革后更加抗逆清朝，仅用干支纪年。这与陶渊明"但书甲子"的遗民文化立场又是具有精神上的相承性。许友与当时遗民文人群的文化立场是相一致的。许友性格虽狂放不羁，但其诗文创作中所展现的仍是浓厚的家国乱离忧患意识与对大明王朝的追怀，更有对清朝统治者的愤懑。许友浓厚的爱国思想与特性在读者心中树立了独特的遗民文化符号。

选择殉国的遗民，是以生命的终结蔑视清朝的统治，他们的殉身精神必然得到千古传诵，而选择存活于世的遗民，则面临着更大的精神考验与心灵的洗礼。虽然许友最终没有选择以死殉身，但他坚定地走遗民抗争的路线，他拒仕清朝，以自身特有的风范对抗清朝统治。

陈梦雷《许母黄孺人传》说："国朝鼎建，有介先生自以故家子弟，遂自放于诗酒文章。又天性倜傥，不问家人产业。"③ 鼎革后，许友不仅不问产业政事，以示反抗清朝统治，同时，也视其族人的仕清为耻辱之举。郭白阳《竹间续话》记载："相传友以弟宾应清试，耻之。宾亦内疚。同居出入，不敢过友所居之拜云楼。于楼下特凿便门以出入。"④ 可见，许友的遗民文化立场与政治倾向深刻地影响他身边的族人。许友弟即使参与清朝应试，却也因不能坚持遗

---

① （明）陆绍珩：《醉古堂剑扫》卷一，金枫出版社1986年版，第43页。
② （清）许友：《米友堂集》，日本内阁文库藏清刻本，第五册，第1页。
③ 陈梦雷：《松鹤山房文集》卷十七，《续修四库全书》，上海古籍出版社2011年，第1416册，第231页。
④ 郭白阳：《竹间续话》卷一，海风出版社2001年，第4—5页。

民的人格操守而愧疚不堪。从许友对遗民身份的坚守，我们可深切领会其任侠尚义的遗民情怀。

五　漂泊离散中坚守遗民身份——陈轼

陈轼（1617—1694），字静机，福建侯官人，明崇祯十三年（1640）进士，授南海知县，南明隆武朝擢御史，永历时官苍梧道，因丧乱贫窭留寓江浙十余年，后归隐侯官道山草堂，以遗民自居，著述丰富。福州陈氏家族显赫，自古为名门望族，声名远播。"达者为巨卿名公，次者为鸿儒石彦。"①陈轼的家族人才辈出。他的外祖父和父亲、姨丈均以教书为职，都是知识广博、文采出众者，具有一定的名望。他的叔父陈伯骆工诗，著述颇多。陈轼受家族环境的熏陶，读书应试，求取功名，著述丰富。现存可考的作品有诗文词集《道山堂集》和剧本《续牡丹亭传奇》及其与金鋐、郑开极等合纂的《福建通志》（六十四卷，康熙间刻）。陈轼是明末清初重要的遗民文学家，擅诗文，工词曲。

陈轼永历时任广西苍梧道，与比部邓绪卿友好共事五载。至辛卯年（1651），他们一道回闽，并比邻而居。陈轼缘何归闽？据计六奇编《明季南略》卷之十三所载，可略知一二。永历四年，即庚寅（1650），永历帝梧江西奔。

> 十月初七日（辛巳），永历挽舟梧州城外；闻羊城尽失，俱各奔窜。移舟西上，不五里遂抢杀遍行。上至藤县，分为两股：从永历者上右江，若严起恒、马吉翔等是也；余则入容县港，若王化澄等是也。上右江者，至浔州道上，兵各溃散；永历呼之不应。入容县港者，于北流境上，为土寇劫夺。②

---

① 古灵陈氏族谱编纂理事会：《古灵陈氏族谱》，福建省图书馆据古灵陈氏铅印本复印，第1册，第10页。
② （清）计六奇：《明季南略》，中华书局1984年版，第438页。

永历帝仓皇西逃，百官逃散亡佚。陆勇强先生说："陈轼大约也是散失的官员之一，不得已自粤还乡。"① 因此，陈轼《劭庵弟寿序》云："余通籍仕宦，适陵谷变迁，中历坎壈，长为山泽之癯。"② 其所言极是。由此可知，陈轼任广西苍梧道参议期间，局势动荡不安，仕途受挫。

不幸的是，己亥十六年，即1659年，陈轼与部院李率泰等人发生冲突，被判通贼罪，监禁于江苏大丰。

> 巡抚固山并三司道主议令乡绅前往招安国姓，有原任广东道陈轼，同生员林芝草、林叔器三人贪功，往任其事，再至未果。部院李率泰以通贼罪之，监禁候旨。③

陈轼被监禁将近一年的时间，直到1660年六月，因干旱田荒，才得幸被放出。《榕城纪闻》载：

> （庚子十七年六月）自己亥七月三十日，大风雨后，旱至本年四月，各乡田荒。大丰引旧例，放出前往招安海兵乡绅陈轼、林芝草、林叔器。④

这次的监禁，对陈轼而言无疑是一次重大的打击。更为不幸的是，陈轼被放出一年后，又于1661年七月十三日被监禁候旨。《榕城纪闻》载：

---

① 陆勇强：《〈四库全书总目提要〉订补》，《暨南学报》2003年第6期。
② （清）陈轼：《道山堂集》，广陵书社2016年点校本，第433页。
③ （清）海外散人撰：《榕城纪闻》，陈支平主编：《台湾文献汇刊》，厦门大学出版社2004年版，第二辑，第十四册，第156页。
④ （清）海外散人撰：《榕城纪闻》，陈支平主编：《台湾文献汇刊》，厦门大学出版社2004年版，第二辑，第十四册，第162页。

（辛丑十八年）自六月部院搬住，按司署李率泰怪其聒耳。令勿打。数日后，鼓楼即被火。前数日有僧沿街敲梆，云："七月初一日诸佛下降，城中有灾，各人修省。"至初一后不见。

招安海外乡绅陈轼、林芝草、林叔器已放。上本批审。七月十三日复监候。①

根据目前文献资料，陈轼于何时重又被释放，我们尚未能得出确切的结论。但根据他所作《鼓山为霖和尚五十寿序》一文推知，陈轼曾为为霖和尚五十大寿作序，时值 1664 年二月二日。则陈轼至迟在 1664 年一月底即被释放。

陈轼获释后，生活无依，经济困顿。为谋生计，他流寓江浙一带达十四年（1664—1677）之久。在流寓期间，他以遗民故友的精神品质为心灵的依托。无论是亡故的友人或是幸存者，陈轼都对他们敬佩有加。1674 年，陈轼从恒阳往毘陵，途中经过其同籍进士赵止安之墓，作《兵部职方司主事赵公止安墓表》：

余同籍进士，其在毘陵者四人，曰毛公亶鞠，吴公蓼埕，杨公鸣玉，赵公止安。自亶鞠以吾闻学，使者殉难。建溪三公尚优游林下。及余甲寅恒阳归，过访其地。而三公墓木俱已拱矣。遗老零落，惋惜久之。②

陈轼称其同籍进士为"遗老"，还亲访墓地，表示对友人的惋惜之情。可见，陈轼对诸友的遗民品质是十分认同的。

1677 年春天，陈轼与寿安逊庵相会于吴门涌莲净室，并作《寿安逊庵语录序》。序言："寿安逊庵和尚，余之侄孙也。云游学道已

---

① （清）海外散人撰：《榕城纪闻》，陈支平主编：《台湾文献汇刊》，厦门大学出版社 2004 年版，第二辑，第十四册，第 168 页。
② （清）陈轼：《道山堂集》，广陵书社 2016 年点校本，第 320 页。

三十春秋。余向未知踪迹。今春过吴门，相值于涌莲净室。"① 陈轼与遗民故友重逢，他们在互相交流中不断增强遗民的身份意识。遗民友人的品质与情怀，无疑为他的精神生活起到支撑与鼓舞的作用。1678 年，陈轼从姑苏城回闽后，即隐居于道山，参禅悟道，教育子孙后代，并与邻里故友饮酒酬宴，唱和往来。郭柏苍引郑杰《闽中录》云：

> 先生早岁成进士，即出宰剧，继分宪岭表。鼎革后归里，构道山数椽，课子孙读书其中。破砚残卷，外无长物，闲赴里社文酒之会；青鞋布袜，优游里巷五十余年，日事著作，有《续牡丹亭》一书，文、诗余若干卷。②

陈轼归隐后主要寓居于道山书房，以教育子孙、酬唱宴饮、读书著述为主。陈轼的一生可以说是读书著述、交游广泛的一生；在人生取向上以坚守遗民志节和禅道禅宗为主。他因生逢衰世鼎革，也曾一度为谋生计而遭监禁，流寓异地他乡。但这样坎坷的人生经历更让他坚定了对遗民志节的操守，丰富了人生阅历，为其著述提供了现实题材。从某种意义上说，陈轼是一位波澜起伏、思想丰富的遗民文人。

六 承父业，建书楼，明心志——徐延寿

徐陵（1614—1662），字存永，又字无量，号延寿，徐𤊨次子。徐延寿的父亲徐𤊨一生善于藏书，据统计，徐氏藏书楼有五处，共十余楹，它们分别是红雨楼、绿玉斋、汗竹巢、宛羽楼、偃曝轩。徐延寿受父亲的影响十分深远，他也工于诗书，著有《尺木堂集》。

---

① （清）陈轼：《道山堂集》，广陵书社 2016 年点校本，第 308 页。
② （清）郭柏苍：《全闽明诗传》，福建师范大学图书馆藏，光绪己丑侯官郭氏闽山沁泉山馆刊本，第 3—4 页。

徐延寿继承父业，对父亲所筑之藏书楼倍感珍惜。钱谦益《列朝诗集小传》记载："兴公之子延寿，能读父书。"① 从徐𤊹给陈宗九的书信中可知，徐𤊹所筑之宛羽楼（三楹）的落成，得益于其好友曹学佺捐资而构建。徐𤊹曾写信给友人陈宗九曰："不屑世居鳌峰之麓，积书颇多，无处堪藏，近能始（曹学佺）捐资为弟构一危楼，题曰：'宛羽'，取宛委羽陵之义。"② 可见，徐𤊹与曹学佺关系情同手足。曹学佺不仅捐资为徐𤊹构筑藏书楼，也为其楼宇的兴建、取名付出精力。宛羽楼的兴建并投入使用，为徐𤊹提供了幽静雅致的藏书空间，也为遗民士人提供了雅集创作的优良环境。宛羽楼落成时，徐𤊹已过花甲之年（65岁），因此，宛羽楼实际上由徐延寿所承用。徐延寿曾多次以宛羽楼为宴集场所，召集诗友文士共襄文宴。可以说，是曹学佺对徐氏父子的帮助，才让徐延寿获得如此殊荣与特殊经历。这自然让徐延寿对遗民志士曹学佺产生无比敬仰与爱戴之情。曹学佺殉身守节的坚强抗争精神感动和鼓舞了徐延寿。徐延寿也在其自身的成长中，培养和塑造了遗民的身份认同意识与忠于故国的情怀。曹学佺殉身后，徐延寿为其作挽诗《大宗伯曹能始先生挽章一百八十韵》。诗作主要记述曹学佺生前的重要事迹，对曹学佺坚决抗清的高尚品质给予崇高的敬佩，被誉为"古良史也"，具有极高的文学与史学价值。

徐氏所筑之偃曝轩，又称为偃曝堂、偃曝楼等，位于宛羽楼右侧，是徐𤊹生前承筑的最后一座书楼，时徐𤊹已过古稀之年。惜徐𤊹在偃曝楼落成之前即离开人世，因此，徐延寿继承父志继续修建该书楼。徐延寿有诗《宛羽楼右偏，先人新筑小堂命名"偃曝"，未落成见背寿葺旧茅用先志，适曹能始先生枉过贻诗依韵答之》，曹学佺有诗《过兴公偃曝轩，与陈次韦作》，顾景星《闻徐存永携家游楚》诗后自注云："存永（即延寿）之考𤊹，以布衣致书数万卷，建

---

① （清）钱谦益：《列朝诗集小传》，上海古籍出版社2008年版，丁集下，第634页。
② 王长英、黄兆郸编著：《福建藏书家传略》，福建教育出版社2007年版，第42页。

偃曝楼十楹以贮之，多宋元故本、遗文、秘籍，人间未见者。"① 可见，徐氏家族确实藏书丰富，且十分重视书籍的收藏和传承。徐延寿受其父亲喜好藏书、工于创作的影响是十分深远的。

明清朝代鼎革之际，徐延寿因战乱留寓他乡，十分怀念父亲所筑之藏书楼。他在1649年（顺治六年，己丑）作《答林茂之》曰："如今世乱将何往，宜早回家读父书。"②徐延寿对父书的眷怀，一方面是对父亲的深切缅怀，同时也是忠于故国的表现。父书具有一语双关的深意，已然成为故明王朝的象征意象。甚为可惜的是，清廷于1657年，在福州驻防屯兵，徐氏所筑的这些书楼被责令迁移，是为"匪屋"。这次屯兵实际上严重摧毁了书楼，其中之重要藏书也因此而大部分被损毁。王士禛曾说："徐延寿，字存永，闽人徐熥兴公之子也。家鳌峰藏书，与曹能始、谢在杭埒，乱后并田园尽失之。"③徐延寿看到自家书楼被强占，自己的精神已无栖身之所，在深恶痛绝，无可奈何之下，随身带出的藏书屈指可数。他先居住城北诗社，后借宿华林寺，又前往城西。几经周折，藏书已寥寥无几。徐延寿曾作诗说："投林穷鸟意何如，皋庑凄凉暂僦居。"④"鳌峰峰下是吾庐，一岁三迁步趑趄。八口妻儿谁可托，百年堂构已成墟。……讲肆由来非马队，吞声恸哭校残书。"⑤家园被占，连父子两辈精心付出的心血也付诸东流，有家不能归，有书无处藏的心灵痛苦，已然灌入读者的内心。徐延寿父子的遭遇，让我们看到了清初遗民文人在遭受清军无尽的精神摧残之下，仍能坚持遗民的操守，

---

① 参见（清）陈世镕纂《福州西湖宛在堂诗龛征录》，福建人民出版社2007年版，第634页。
② （清）徐延寿：《答林茂之》，《尺木堂集》抄本，七言古诗，福建师范大学图书馆藏。
③ （清）王士禛：《带经堂诗话》卷一一，人民文学出版社1963年版，第282页。
④ （清）徐延寿：《移居华林坊感赋》，《尺木堂集》抄本，七言古诗，福建师范大学图书馆藏。
⑤ （清）徐延寿：《再移居城西》，《尺木堂集》抄本，七言古诗，福建师范大学图书馆藏。

忠于故国。

七　圣湖渔者——孙学稼

孙学稼（约1621—1682），字君实，号圣湖渔者，福建侯官人。终生未仕，入清后以遗民自居。其同代人林云铭曾为其作《圣湖处士传》。"处士"之称即体现孙学稼德才兼备却隐居不仕的高洁境界。

孙学稼著有《鸥波杂草》（不分卷）与《兰雪轩集》五卷，《兰雪轩集》不分卷，《孙君实兰雪轩遗稿钞二卷》（附《圣湖先生剑合编》《佛手柑赋》《群言汇钞自序》），《兰雪轩诗笺不分卷》（即《闽会小纪百韵》），均藏于福建省图书馆。另有《兰雪轩遗稿》三十卷（《兰雪轩诗集》《兰雪轩草》《兰雪轩诗》《兰雪轩稿》），《十六国年表论》三卷，《备遗日录》三十卷，《群言类钞》二十四卷（《群言汇钞》），《新诗变雅集》二卷等，惜已不传于世。

孙学稼先世从河南中牟迁往怀安县，最后归入侯官。高兆为《鸥波杂草》作序，记载其祖上有"簪绂累代，高第名家"[①] 之美誉。孙学稼为孙氏第十世，在闽中负有盛名。被誉为"一门两代三进士"。因此，黄晋良的《兰雪轩遗稿序》说："吾乡隆盛之时，衣冠礼教、读书达道之门，无出于孙氏。"[②] 可见，闽中孙氏家族簪缨世胄、人才辈出。孙学稼在其《定西杂感》中说："底事思千古？遗民泪数行。"[③] 可见，孙学稼以明遗民自称，明亡后，孙学稼悲恸至极。因此，高兆称孙学稼为"今世之谢皋羽、郑所南"[④]。可见，

---

① （清）高兆：《鸥波杂草序》，（清）孙学稼：《鸥波杂草不分卷》卷首，福建省图书馆藏稿本。

② （清）黄晋良：《兰雪轩遗稿序》，（清）孙学稼：《鸥波杂草不分卷》卷首，福建省图书馆藏稿本。

③ （清）孙学稼：《定西杂感》，（清）孙学稼：《鸥波杂草不分卷》，福建省图书馆藏稿本。

④ （清）高兆：《鸥波杂草序》，（清）孙学稼：《鸥波杂草》卷首，福建省图书馆藏稿本。

孙学稼的遗民节操与家国情怀堪与忠孝廉义的谢翱、郑思肖相比。

综上所述，闽中遗民个体以各自的生命轨迹展现遗民的身份意识，但他们在面对遗民文化立场的抉择时，展现了他们共同的遗民品质与坚守志节的精神勇气。

第二节　闽南遗民群体的殉国与守节

清初闽南遗民士人黄景昉与黄道周在对待清朝统治的态度上，一个选择归隐守节，一个选择以身殉节，他们以各自不同的生命轨迹表明遗民文化立场，见证了易代之际闽南遗民士人不同向度的忠孝节义思想。

一　忠孝节义，为国殉身——黄道周

黄道周（1585—1646），字幼平，福建漳浦铜山人（今隶属东山县），著名的抗清英雄、文学家、书画家。喜好文学，"十岁作古文词，若有神授也"①。黄道周精通天文、理数诸书，工书善画。诗文、隶草皆自成一家，明末心学的代表人物，世人尊称为黄圣人、石斋先生。著述共46部（含存目）。

黄道周天启二年（1622，壬戌）举进士，授翰林编修。时昏君奸臣当道，吏治腐败，边患群起，明朝处于风雨飘摇的动荡险境。崇祯二年（1629），黄道周晋右中允，因魏忠贤污蔑钱龙锡为逆党，钱龙锡被判死罪。黄道周崇尚忠孝节义，极力为钱龙锡洗雪冤屈，触怒崇祯帝。黄道周以滥举臆造罪被削籍还乡。黄道周回乡收受学徒，讲学辩理。崇祯九年（1637），复召原职，任左谕德，擢詹事府少詹事，兼翰林侍读学士，讲官。

黄道周十分讲究儒家伦理。他认为士人在服丧期间入仕，是违

---

① （明）庄起俦：《漳浦黄先生年谱》，《台湾文献丛刊》，台湾银行经济研究室辑，1962年，第137种，第363页。

背伦理和不孝之举。他说："凡人遗其亲，必不利于君，坏于家，必无成于国。"① 黄道周认为不愿守孝者入仕为官，是不孝不义之举，定会重势轻义，以自身利益为目的，于朝廷没有任何益处，于己则体现其道德人格的低劣。

关于黄道周的孝亲伦理思想，黄景昉《宦梦录》记载：

> 少司寇惠公世扬久经摧折，乍到衣冠古朴，举止至疎，具有先辈典刑。初为黄公解网计，甚力，值其门人陈公新甲在中枢，必欲坐赃，必注定辰州戍，亦弗能移也。②

可见，黄道周坐赃与惠世扬的门生陈新甲具有直接的关系。又《明史·黄道周传》记载：

> 守制不终，走邪径，托捷足。天下即甚无才，未宜假借及此。古有忠臣孝子无济于艰难者，决未有不忠不孝而可进乎功名道德之门者也。臣二十躬耕，手足胼胝，以养二人。四十余削籍，徒步荷担二千里，不解扉屦。今虽逾五十，非有妻子之奉，婢仆之累。天下即无人，臣愿解清华，出管锁钥，何必使被棘负涂者，袯不祥以玷王化哉！③

黄道周严于律己，以儒家传统孝道观念严格要求自己，同时，也将是否遵循传统孝道作为评判士人道德品行高低的标准。卢象升丁忧期间，杨嗣昌举荐陈新甲代为其事，且"夺情任之"，夺去孝亲之情，任职于朝廷，是大逆不道的做法。

---

① （明）黄道周：《论杨嗣昌疏》，《黄漳浦集》卷三，沈乃文主编：《明别集丛刊》，黄山书社2015年版，第5辑，第45册，第451页。
② （清）黄景昉：《自叙宦梦录》卷二，鹭江出版社2020年校注本，第180页。
③ （清）张廷玉等：《明史》卷二五五《黄道周传》，中华书局1974年版，第6596—6597页。

> 我朝自罗伦论夺情，前后五十余人，多在边疆。故嗣昌在边疆则可，在中枢则不可；在中枢犹可，在政府则不可。止嗣昌一人犹可，又呼朋引类，竟成一夺情世界，益不可。①

黄道周认为当朝也有"夺情"之事，但多参战边疆，不在"中枢"，更不允许在"政府"。而眼前的现实不仅是杨嗣昌一人不守孝道，"夺情起复"，且已成"呼朋引类"的夺情现象，从道义上已严重违反了儒家伦理孝道的准则。作为一名朝廷官员，连为自己的亲生父母都不愿守孝道，何谈能大公无私地报效国家呢？但崇祯帝终不愿听黄道周的劝告，仍破格任用杨嗣昌和陈新甲等人。

黄道周以杨嗣昌对清和议为导火线，弹劾杨嗣昌，却再次惹怒崇祯帝，先后被贬江西、广西，直到杨嗣昌死后才官复原职。在内忧外患之际，忠臣义士受排挤，黄道周的精神世界受到极大的打击，他上《乞休书》曰："寸心易竭，九折难医，自顾残生，真无所用矣。"② 黄道周称病乞归故里。在这段时间，黄道周的内心无疑十分消沉低落，对明末的政局极其失望。他的《还山道余杭有作六章》说："白鸟信高足，青苹真老翁。空山樵子径，随意斫东风。"③ 黄道周喟叹自己本想和白鸟一样施展才华，而实际却被人视为如青苹一样低廉、卑微，遭到弃用。仕途遇挫，无可奈何之际，黄道周生发隐逸避世之心，希望自己隐居于空山中，当一名随性斫斫东风的樵夫。可见，黄道周的内心是极其孤寂悲凉的。他的《山中纪事间就六诗》（其一）说："人随飞鸟度，心与倦云还……同游惟我老，聊尔一开颜。"④

仕途受挫，报国志愿被腰斩，一种漂泊无依、孤零寂寞、年老

---

① （清）张廷玉等：《明史》卷二五五《黄道周传》，中华书局1974年版，第6598页。
② （明）黄道周：《黄道周集》，中华书局2017年整理本，第228页。
③ （明）黄道周：《黄道周集》，中华书局2017年整理本，第2045页。
④ （明）黄道周：《黄道周集》，中华书局2017年整理本，第2046页。

力衰的惆怅压抑情绪油然而生。心灰意冷之际,幸遇友人对他的鼓舞与慰问,黄道周很快从消极沉闷的悲愁心境转向对生活的积极热情。《集间各拈起字催诗二章》(其二)说:"客至钟声稳,月寒木叶疎。多君来剡雪,逸气动林于。"① 因为友人的劝慰,黄道周愁云惨淡的内心情绪豁然开朗,重新激起了对仕途生活的希望。

甲申国变后,福王立于南京,任黄道周为吏部侍郎、礼部尚书。隆武时,任黄道周为武英殿大学士并吏部、兵部尚书。作为一名忠臣义士,黄道周对南明政权充满希冀,并极力付出应有的责任心与使命感,为隆武帝谋划兴复中原的策略:

> 宽仁以为城郭,慈俭以为衽席,察四通四塞之宜,轻重布之,诚不出一年,而国势可立矣。国势既立,然后右携江西,左挟会稽,兴桓文之师,□□□□,朝见孝陵,收复南京,旋清中原,以慰宗社苍生之望。②

可见,黄道周对当时的政治形势深谋远虑,富有真知灼见。黄道周在《召入内廷面谕,国事艰难,群工须尽改崇、弘时陋习,庶可光复旧物。臣道周伏地痛哭,内监掖之起,赐御诗一章,恭和原韵,呈进上慰宸衷》也说道:

> 丑夷寇掠几时休,扰害民生二十秋。岂有残山容立马,更无剩水荡扁舟。君臣立志卑南宋,文武齐心勷北酋。人定胜天天降鉴,乾坤万里克时收。③

黄道周以"丑夷"称清朝统治者,可见其对清兵侵扰民生,折

---

① (明)黄道周:《黄道周集》,中华书局2017年整理本,第2048页。
② (明)黄道周:《黄道周集》,中华书局2017年整理本,第360页。
③ (明)黄道周:《黄道周集》,中华书局2017年整理本,第2673页。

磨百姓的极度憎恨与蔑视之情。他认为挽救危亡之际的江山，必须君臣上下一心，朝廷文武官员团结一致，对抗清朝统治。言下之意，黄道周希望郑芝龙能与自己齐心协力、共同抗击清军。黄道周对君臣立志、文武齐心的结局充满信心和必胜的信念。因此，他说人定胜天，乾坤万里皆能尽收眼底。隆武朝初期的黄道周，其雄心壮志由此可见一斑。

但不幸的是，清朝统治者颁布剃发令，郑芝龙却拥兵自重，不愿出战。隆武元年（1645），黄道周回乡召集数千士兵和十余匹良马跨出仙霞关，抵抗清军。后抵达广信，再兵分三路，分别向西攻占抚州，向北攻占婺源和江宁，最后遇伏兵全军溃败，黄道周不幸被俘。在南京狱中，黄道周不屈不挠，绝食十二天，隆武二年（1646）三月，黄道周在江宁英勇就义。黄道周匡扶明室，为国捐躯的精神品质打动和鼓舞了千万遗民志士。

> 从者乞数语遗家。乃裂衿齿指血大书，曰："纲常万古，节义千秋。天地知我，家人无忧。"门人蔡春溶、赖继谨、赵士超及沙县丞毛玉洁继至，抱头哭曰："师魂少须，吾辈即来矣！"遂同日死。……道周死节事闻，唐王赠文明伯，谥忠烈……①

黄道周的妻子蔡氏曾给他书信："忠臣有国无家，勿以内顾为念。"② 黄道周坚毅不屈、视死如归的道德品质令无数权臣无地自容，其忠贞不渝、坚守节操的高尚精神也为世人所颂扬。

黄道周对儒家伦理思想的推崇和弘扬，主要集中在其《儒行集传》上。他一再强调，儒学应以讲究道德和品行修养为出发点，并以历史上践行儒家德行典范为事实论据，阐述作为君子儒所应具备

---

① 郑贞文：《闽贤事略初稿》，商务印书馆1938年版，第128页。
② 福建省东山县地方志编纂委员会整理：《东山县志（民国稿本）》卷十一，1987年，第386页。

的崇高道德操守与心灵境界，从而振奋清初遗民士人的士气，砥砺操守，增强抗清意识。

黄道周不仅从思想上挖掘和阐释儒家君子的修身养德品性，也身体力行，将"君子儒"的人格典范践行于自身的抗清行为上。黄道周的门生洪思说："夫子之道，忠孝而已矣！其孝如曾子，及其仕也，故其直如柳下，其气似孟子；及其死也，故其风似伯夷。知进退存亡而不失其正者，其惟黄子乎！"① 黄道周在家行孝，在朝立忠，他秉性刚正，直言进谏，正气凛然，可说是身体力行践行忠孝节义的君子儒典范。黄道周为了大明王朝的政局稳定，被刚愎自用的崇祯帝一贬再贬，也仍深明大义，不惜牺牲自身利益，不计个人身心安危，上疏进谏，坚决维护儒家纲常伦理。黄道周因触怒当权者被捕下狱，备受严刑拷打，却仍坚持书写《孝经》一百二十本，以示坚强不屈的忠孝之志。

黄道周最后以身殉国，以自己有限的生命诠释了一个遗民志士拥护儒家伦理道德的崇高理想信念。黄道周"虽危，起居竟信其志，犹将不忘百姓之病"②。可见，黄道周具有凡人少有的高风亮节的品行操守。《大忠桥吊明督师大学士黄忠端公》也对黄道周高洁的人格道义精神给予高度赞誉："硕学清操，孤忠亮节，克全儒行，无愧贞臣，今谥忠端。"③ 徐霞客曾高度赞誉黄道周："至人惟一石斋，其字画为馆阁第一，文章为国朝第一，人品为海宇第一，其学问直接周孔，为古今第一。"④《明史》载黄道周："学贯古今，所至学者云集。"⑤ 清代著名学者蔡世远，对黄道周的一生给予高度评价："严谨的治学精神和渊博的学问可比邵雍，忠贞为国直言敢谏可比李纲，

---

① （明）洪思等：《黄道周年谱》（附录二），福建人民出版社1999年点校本，第253页。
② （清）孙希旦：《礼记集解》卷五十七，《儒行第四十一》，商务印书馆1930年版，第1398页。
③ （清）陈文述：《秣陵集》，南京出版社2009年版，第261页。
④ （明）徐霞客：《徐霞客游记》，上海古籍出版社2007年整理本，第879页。
⑤ （清）张廷玉等：《明史》卷二五五《黄道周传》，中华书局1974年版。

慷慨赴难从容就义可比文天祥。"① 作为清朝统治者的乾隆帝,也对黄道周的"君子儒"人格给予极力赞赏,誉其为"一代完人"。可见,黄道周给世人留下十分深刻的印象。

综观黄道周的一生,其身上所展现的遗民志士的家国情怀、民族责任意识与君子儒的使命感,极大地鼓舞了无数遗民志士的精神士气,为明末清初社会"君子儒"人格典范的构建做出了极大的贡献。即使在今天,黄道周所提倡的"君子儒"的道义操守与忠贞品质,也具有十分积极的模范作用与借鉴意义。"君子儒"的人格道德品质,对提升广大有识之士的人格形象、净化心灵,增强自身综合素养,巩固德行操守,提高爱国主义精神,加强民族团结意识等,有鲜明的时代意义和价值。

二 致仕归隐,守节重义——黄景昉

黄景昉(1596—1662),字太穉,又字可远,号东崖,福建晋江人。天启五年(1625)进士,官至礼部尚书兼东阁大学士,因谏议伸张不得而辞归。甲申国变后拒不仕清。唐王隆武帝以"敏慎弘亮,才堪救时"② 请其复仕,因受郑芝龙排挤,归隐而终。黄景昉工诗书,善文辞,著述颇为丰富,如《湘隐堂文集》《瓯安馆诗集》《古史唯疑》《自叙宦梦录》《鹿鸠咏》《国史唯疑》《刻黄太穉先生四书宜照解》《新镌三太史评选历代名文凤采文集》等,均具有相当高的文史价值。

黄景昉工诗书,善文辞,著述颇为丰富。黄景昉曾自述曰:

> 余先后所著书,有《湘隐堂文集》四十卷、《瓯安馆诗集》三十卷、《古史唯疑》十二卷、《制词》十卷、《古文簨卜》四

---

① 转引自青禾《黄道周》,厦门大学出版社2014年版,第343页。
② (清)陈燕翼:《思文大纪》卷三,《台湾文献史料丛刊》,台湾大通书局1987年版,第111册,第45页。

卷、《六朝诗话》二卷、《唐诗话》十卷、《宋诗话》八卷、《连蜷斋嚏言》今存二卷四卷、《古今明堂记》六卷、《经史要论》六卷、《对句》一卷、《尺牍》二卷、读《洪范》《豳风》《月令》《易林》各一卷、读《世说新语》《何氏语林》二卷、《朱陆集》二卷、《杂记》一卷，杂著三考、四征、五怀、六纪、七遗、八箴、九说、十志、十二课、十五绎之类若干卷，综述百万言。所梓行仅五六种耳。噫，后世谁知余苦心者，姑藏诸名山，俟之其人已矣。①

从黄景昉以上自述可知，其著述有百万字之多，又从相关文献考查，黄景昉此段自述并未包括其所有作品。黄景昉以上自述内容见于《自叙宦梦录·屏居十二课》，因此，可见其上述著述的写作时间早于《自叙宦梦录》，也因其自述时，《自叙宦梦录》正处于创作期，黄景昉在自述其创作成果时并未将此作纳入其中。其他著述如《鹿鸣咏》《国史唯疑》《古史唯疑》《刻黄太穉先生四书宜照解》《新镌三太史评选历代名文凤采文集》等，也系黄景昉之作，同样未列入其著述范围。因此，我们可推测，这些未列入其自述作品范围之作的创作时间应晚于《自叙宦梦录》。

黄景昉倾尽心血著述，他将自己的真情实感赋予作品中。这些作品可说是其一生所见所闻所感的思想结晶，黄景昉倍加珍惜。其生前所刊行的作品仅有五六种，确实令人深感遗憾。黄景昉苦于自己的内心不被世人所知，因此，将其生前著述藏于各大名山胜地，期待后人能有所见识。

经黄景昉子嗣及后人的努力搜集与整理，目前所见，明刻本《瓯安馆诗集》藏于日本内阁文库，台湾"中央研究院"傅斯年图书馆和汉学研究中心则据此影印，今有黄景昉著，陈庆元先生点校《瓯安馆诗集》（商务印书馆2019年版）；《自叙宦梦录》有抄本流

---

① （清）黄景昉：《自叙宦梦录》卷四，鹭江出版社2020年校注本，第167页。

传于世，目前有旧抄本藏于台北"故宫博物院"，以及罗振玉收藏《罗氏雪堂藏书遗珍》，现藏于辽宁省图书馆，并由全国图书馆文献缩微复制中心出版。《罗氏雪堂藏书遗珍》本有《纷纭行释八首》《金陵叹释二首》《三山口号释二首》《夜问九章》《屏居十二课》，林胤昌《屏居十二课跋》及高兆、徐釚跋。

> 湘隐先生著撰，尝从其长公元虚教授所借观请抄，教授许刻成寄贻，遂载之豫章。越二载，教授客死，书散逸。吾友郭君殿见于延平，语余。访之，仅得此四卷，命用溪纳环峰钞归，为之三叹。①

据此可知，黄景昉去世后，其长子黄元虚将《自叙宦梦录》携带到豫章，拟请人刊刻成书以保存纪念并赠送给世人，但两年后，黄元虚不幸客死他乡，《自叙宦梦录》也因此散逸。明末侯官人高兆从延平友人处得见此书。高兆遂登门拜访，得见四卷并抄录带回，感叹再三。后高兆的抄本又被客居侯官的徐釚传抄，为时三年。今有黄景昉著，龙坚毅校注《自叙宦梦录》②；《国史唯疑》今有黄景昉著，陈士楷、熊德基点校本③，以及黄景昉著，陈士楷点校本④；清抄本《读史唯疑》藏于台湾"中央研究院"傅斯年图书馆；明抄本《鹿鸠咏》藏于台湾"国家图书馆"；《屏居十二课》有民国丛书集成初编刊印本流传于世。《屏居十二课》《纷纷行释八首》与《夜问九章》，均收录于黄景昉著，龙坚毅校注《自叙宦梦录》书后；明刻本《刻黄太穉先生四书宜照解》，藏于日本龙谷大学；《古今明堂记》《馆阁旧事》《新镌三太史评选历代名文风采文集》有善本流传于世。

---

① （清）黄景昉：《自叙宦梦录》卷四，鹭江出版社2020年校注本，第169页。
② （清）黄景昉著，龙坚毅校注：《自叙宦梦录》，鹭江出版社2020年版。
③ （清）黄景昉著，陈士楷、熊德基点校：《国史唯疑》，上海古籍出版社2002年版。
④ （清）黄景昉著，陈士楷点校：《国史唯疑》，商务印书馆2020年版。

黄景昉家族科第显赫，从其九世祖黄润公开始，科宦人才相续而出，"登科凡八人，仅登第者三焉"①。其祖父黄国彦，字士美，号观石，敏而好学，博闻强识，文笔滔滔，历任新宁县令、崇府左长史等职。为官廉洁清正，薄赋均役，减刑轻罚，兴修水利，政绩突出。

黄景昉父亲黄宗彝，字秉甫，号屺湘，平易近人，尤其以孝悌为本。黄景昉的伯父早亡，其父亲早晚侍奉照顾其祖父。黄宗彝也因没有机会奉养母亲而痛悔不已，因此借用《诗经》"陟彼屺兮，瞻望母兮"②句，自号"屺湘"，表达因奉职无法侍奉母亲的遗憾与思念之情。

黄景昉的母亲谢太夫人出身书香之家，为万历庚辰进士谢吉卿女。谢太夫人重视家教，严格督促子嗣求学仕进。《檗谷黄氏族谱·谢太夫人传》记载：

> 课督诸儿从令力学，每出就试，有司为浃旬，不寐场屋；为浃月，不寐。
>
> 澹叟公令长乐，戒勿烦刑，庭下稀棰楚声，恒欢呼曰："此太夫人赐也。"东厓公经筵召对，面挞郑司寇狱，旋奉旨严。信闻，合家皆惊，太夫人笑曰："为讲臣不当如是耶？"③

可见，黄景昉的学业成就与仕途功绩的取得，与其母亲的严格管教与殷切期许具有十分密切的关系。黄景昉长兄黄景明为崇祯七年（1634）进士，同辈黄景晔、黄景昭、黄景曦等，皆才名出众。可见，黄景昉受其祖辈、父母的熏陶和启发极大。其祖父黄国彦仁

---

① 《檗谷黄氏族谱·不分卷·睦宗十二志·宗甲志》载：登第三人为黄景昉九世祖黄润、其兄黄景明及景昉。
② 《国风·陟岵》，《诗经》，中华书局2015年译注本，第213页。
③ 福建晋江《檗谷黄氏族谱》，檗谷村村委会藏清光绪二十六年（1900）长房家乘钞本复印本。

民爱物的执政理念与好学博闻的精神、其父亲尊长孝顺的伦理观念、其母亲严格管教的思想,对黄景昉一生为学、为文、为官、为政等方面,奠定了深厚的基础,因此,黄景昉的作品"于闽人成派,别开生面"①,他步入仕途后能做到"和平中正,不榜门户"②,对黄道周、郑三俊、刘宗周等受冤遭谤之士,敢于伸张正义,疏奏相救,甚至还割俸金赒吴裕中。

  黄公既系狱久,屡谳屡驳,旨严峻。余偕同乡蒋公德璟、王公家彦趋谒政府谢公陞,谢太息曰:"死矣,得迟秋后为幸。"闻之失色。时督辅杨公嗣昌、司马陈公新甲最蒙眷,俱以夺情事被劾,恨甚。③

  黄景昉的诗文成就与善行善举,与其祖上传承下来的家族门第观念、家规、家训等理念的熏陶与影响,具有十分密切的关系。

  1645年,唐王朱聿键在福州称帝,黄景昉以崇祯朝内阁大臣身份乃在征召之列,而他却"力疏上辞"④。隆武二年(1646),清军继续南下,隆武帝称帝之福州难保,隆武帝亲命黄景昉主持兵道移驻福清等事,黄景昉以大局着想,竭力践行。"福京讹传惊避,溃兵窜逸;小寇乘机抄掠;兵单饷绌。根本之地,摇动如此,深为可忧。所议归并事权,以宪臣兼制二抚及兵道移驻福清等事,卿其确议力行之!"⑤

  而时年把持兵权的武将郑芝龙却暗中与权奸洪承畴联合撤兵,投降清廷。黄景昉见南明王朝已无法力挽狂澜于既倒,因此绝意致

---

① 陈田辑撰:《明诗纪事》卷十八,上海古籍出版社1993年版,第3256页。
② 孟森:《明清史论著集刊》,中华书局2006年版,第12页。
③ (清)黄景昉:《自叙宦梦录》卷二,鹭江出版社2020年校注本,第85页。
④ (清)计六奇:《明季南略》卷十一,中华书局2008年版,第304页。
⑤ (清)陈燕翼:《思文大纪》卷五,《台湾文献史料丛刊》,台湾大通书局1987年版,第111册,第91页。

仕，回乡归隐。对于隆武政权的迅速衰败与郑芝龙的投降清朝，黄景昉作《三山口号释》（二首）表达深切的慨叹。

　　紫薇行省额黄衙，骤出高墙国未家。五虎耽耽山外向，有人意不在中华。①

诗下注曰：

　　隆武先以他累禁高墙，后赦出，遇乱奔闽，遂建号。身命畸孤，叔侄兄弟皆如仇敌，相随惟妃曾氏一人耳，无子，虽有国而实未家，仅踰年，国亦非其有矣。悲夫！时最握朝权莫如元勋某，爵上公，一门骤贵，厮役军尽封流伯，然北师未至，已预遣人间道归附，阴怀外志久矣。福州山形类五虎，正对藩司署，其年署改作官，圬黄土，顾闽中岂称王地，有识者早为忧之。②

由上可见，黄景昉对隆武帝个人的不幸致以深切的同情，对隆武朝的迅速衰亡更是痛心不已。对于郑芝龙的降清行为，黄景昉早已心知肚明，并对隆武政权深感忧虑。

　　灵源阁毁事先知，寇到延津跸乍移。六十年来骑马去，君王犹擅玉为池。③

诗作注释曰：

---

① （清）黄景昉：《自叙宦梦录》卷四，鹭江出版社2020年校注本，第156页。
② （清）黄景昉：《自叙宦梦录》卷四，鹭江出版社2020年校注本，第156页。
③ （清）黄景昉：《自叙宦梦录》卷四，鹭江出版社2020年校注本，第157页。

> 丙戌正月，福州定山寺前灵源阁夜焚，相传有"夜焚灵源阁，三山作血池"之语。既焚，众心惴惧，其秋遂有建延之陷，时驾发顺昌甫数日耳。昔王审知以丙午岁王闽，后再逢丙午而王氏亡。"骑马来，骑马去"此唐智广禅师遗谶也。王氏犹得六十年，今不盈二载，何先后悬殊乃尔。南台旧有钓龙池，为越王余善钓得白龙处，又王氏有国，凿城西湖，导湖水入内，号"水官"，以有"玉池"之目。①

此诗借唐末闽王王审知的为闽政绩反思隆武朝迅速衰亡的原因。光启二年（886），王审知带兵南下开发闽国。面对军阀混战的局面，王审知选贤任能，练兵有素，致力于稳定局势，安民济物，励精图治，最后收到"干戈息而民心定"的效果。王审知治闽功绩显著，王氏在闽称王六十载，受到民众爱戴，因此，被奉为闽王。同是在闽执政，隆武政权却不足两年，相形见绌，悬殊极大，黄景昉对此表达对隆武朝执政衰败原因的深切思考，字里行间也表达了对隆武帝的同情与怀念。

黄景昉对遗民志节的坚守，也体现在其为黄道周伸张正义上。崇祯年间，解学龙举荐黄道周，奸臣杨嗣昌、魏炤等乘恶诬告黄道周，恶意责备解学龙滥荐黄道周。谢、黄二人均被崇祯帝削籍下狱。在户部主事叶廷秀与监生涂仲吉竭力疏救而遭罪责的情况下，黄景昉仍不顾自身安危，前去看望黄道周，趋视不果，险遭不测。黄景昉《国史唯疑》记载："故事，朝绅下诏狱，同乡、同事咸送至狱门而反。后因兹厉禁。忆庚辰八月，宫詹黄石斋公廷杖系西曹，余一趋视之圜中，旋为缉事者侦知，祸几不测云。"② 黄景昉的为人品行，其伸张正义、不畏权贵的执政精神，深得民心，值得后人崇敬。

黄景昉《自叙宦梦录》记载："周公延儒再起元揆，得上意，笔

---

① （清）黄景昉：《自叙宦梦录》卷四，鹭江出版社2020年校注本，第157页。
② （清）黄景昉：《国史唯疑》卷八，商务印书馆2020年点校本，第244页。

舌松妙善宛转，关生揭救甚婉。谳上，黄公等得免死，各远戍，黄加永远，坐赃五百余，诸同志阴醵金输纳，不使黄知也。"① 周延儒等为疏救黄道周而为其缴纳赃款。黄景昉冒险上书劝崇祯帝再加斟酌，在朝的大臣大惊失色。黄景昉在为人为政上敢于伸张正义，明辨是非，富有道义精神，具有非凡的胆识与气魄。黄景昉为救助黄道周，极尽壮胆之能事。黄景昉在《自叙宦梦录》中回忆：

经筵余叨讲《尚书》，帝慎。乃在位章末以审几为祝愿"上廓大公之道，以应无穷。敛神武之威，而归不杀。及举错合万方公论"云云。时黄公道周系未释，故微及之。司寇刘公泽深出，遇余举手曰："知公讲苦心，言言规讽。"余亟逊谢之："空言济得甚事。"②

可见，黄景昉与黄道周之间情深义重，友谊深厚。这在很大程度上缘于他们之间具有志同道合的思想。

黄晋良《国史唯疑·序》说："所留连往复于本朝之故，一切寄意于单辞尺牍中，其文约，其旨该，莫此书为盛。"③ 谢国桢分别引用谢刚主、孟森先生之论述说："（《国史唯疑》）专记闽事。文字简括精练，摭拾旧闻，兼抒己见，对于当时人物，颇加评骘。其记嘉隆以来社会风俗，经济状况，如所述福建、广西为征播助饷。闽粤商人至海外经商，一鸽鸟可获二十金等条，颇裨异闻。"④ "惟景昉一生为人束身自好，在明代身居显位既不傍依门户，入清后杜门不出，又恐触忌讳，慄慄自危。"⑤ 南炳文、李小林等也认为《国史唯

---

① （清）黄景昉：《自叙宦梦录》卷二，鹭江出版社2020年校注本，第86页。
② （清）黄景昉：《自叙宦梦录》卷三，鹭江出版社2020年校注本，第96页。
③ （清）黄晋良：《国史唯疑·序》，黄景昉：《国史唯疑》，商务印书馆2020年点校本，第1页。
④ 谢国桢：《晚明史籍考》，华东师范大学出版社2011年版，第58—60页。
⑤ 谢国桢：《晚明史籍考》，华东师范大学出版社2011年版，第58—60页。

疑》："所记嘉靖、隆庆以来社会经济与民情风俗状况，颇具价值"①，从黄景昉的著述也可窥见其坚守遗民的文化立场。

综上可见，黄道周的忠义思想与殉国之志影响了一代代士人坚守民族精神与爱国之志，黄景昉忠于隆武帝，拒不仕清的遗民操守也为后代知识分子培养高洁的人格提供了精神典范。

第三节 闽西遗民群的情怀与苦节

王命璿与李世熊以他们的儒道精神与家国情怀的价值取向代表了闽西遗民群体的文化立场。王命璿一生所展现的社会忧患意识与关心民生疾苦的集体"大我"精神，与其家族文化理念具有极为密切的关系。李世熊的撰志著述，体现遗民深刻的历史意识与避世用世并举的家国情怀。

一 王命璿的儒道精神与家国情怀的成因

王命璿（1575—1646），字均衡，号虞石，福建龙岩人，万历二十三年（1604）甲辰进士，得授新会知县，历任陕西道御史、广东巡按、大理寺卿、刑部侍郎等。甲申国变后，拒不仕新朝，隐居于龙岩连城万安山，坚持携其后代抗清。王命璿诗文兼具，著有《静观山房诗稿》（四卷）、《古今传赞序记文稿》（四卷）、《王虞石史论稿》（三十六卷）等，具有翔实丰富的史学与文学价值。

王命璿富有儒士精神与家国情怀。甲申国变前，王命璿致力于上书言事，言辞恳切，除残去秽，不贪贿赂，具有儒家兼善天下之志。《龙岩州志》记载：

> 公讳命璿，字君衡，虞石其别号也。先世由温陵沙塘徙镇

---

① 南炳文审定，李小林等主编：《明史研究备览》，天津教育出版社1988年版，第347页。

海，入龙岩。公年二十五中万历庚子乡试，甲辰进士，授广州府新会知县。庚戌行取擢陕西道御史。壬子巡视西城，癸丑巡视北城。甲寅钦差巡按直隶。先是东宫长大未立，储位久虚，公上疏请册立青宫，预教宜早，福王之国，援景王、潞王例拨给养赡而后归国，行有日仍逗留，公再三上疏，大要以养赡田亩，有祖制当循，启行有期，无容观望，语皆切直。税使四出，所在骚屑，中官高菜，踞八闽者十六载，火民房，淫妇女，打造通倭海船，买办通倭禁物，又听徒棍多买童稚碎颅和药，无不残害。公廉得其状，特疏斥黜，中外称庆。巡按北直隶事竣，故事文武将吏例有叙荐，皆辇金输镪至其家，公一切屏绝。①

王命璿任职期间敢于直言进谏，锄强扶弱，清正廉洁，深得民心。后因回家守丧请退不受，又赴任广东巡按。时东西洋商贸巨舰往来频繁，为防边患，救民疾苦，王命璿深入海滨分析利弊，增兵严守，星罗棋布，杜绝任何窥伺。

嗣新宁公讣至，号哭南归。丁巳服阕，即家起广东巡按，二疏乞休，不允，次年赴任。公熟知粤中疾苦与利弊，次第举行。先时，东西洋巨舰一至辄以贸易入城，公恐生异心，设澳门参戎，移西山兵以增防守，互市不容践入。交趾、暹罗诸岛海舶，其来若风，其猛若"虎赞"，出没不常。公按部海滨，规画守御，星罗棋布，永绝窥伺。②

王命璿十分注重培养年轻士子。为资助穷困书生赴试，王命璿置买腴田，将租税充当书生考试费用。因其功勋卓著，先后升任大

---

① （清）彭衍堂、袁曦业修，陈文衡等纂：《龙岩州志》卷十八《艺文志》，成文出版社1967年道光本影印，第4册，第467页。
② （清）彭衍堂、袁曦业修，陈文衡等纂：《龙岩州志》卷十八《艺文志》，成文出版社1967年道光本影印，第4册，第467页。

理寺丞，太常寺少卿，大理寺卿等职。

  监戊午科试，士子卷费维艰，公即以广州、肇庆、潮州三府赎银仅一千八百两置买脾田，岁收租税充通省诸生卷费。天启辛酉复命升大理寺丞，晋太常寺少卿。丙寅晋大理寺卿。①

  后因见魏忠贤祸害天下，打击异己，王命璿耿直不屈，摅事上疏受害，被罚俸三个月。又因皇上特赐复职，但王命璿仍不惧一切，直言进谏，得罪杨嗣昌而被罢职。

  时逆珰魏忠贤窃柄，诏狱繁兴，银珰载路，公正色不少屈，摅事中伤。适丁太夫人艰，得从宽，罚俸三月，犹赐祭葬，盖出于上之特恩也。崇祯十年丁丑，以原大理寺起用，戊寅晋刑部右侍郎。时禁网颇密，公独辅以宽厚，出钱侍郎、臧太守于狱卒。会特典京堂，三品以上准面对策，考选入阁，公条对称旨。己卯署刑部尚书事。因早陈言，开释大小臣工数百员，诘朝霖雨大沛。时边报日警，中官皆出监军。有权珰邓希诏守口失机，公据实以闻，忤杨嗣昌意，遂冠带闲住。②

  可见，王命璿富有强烈的儒士精神，他关注社会现实，富有传统儒士的社会忧患意识与关心民生疾苦的集体"大我"精神。为能实现治国平天下的至高理想，他不惜牺牲个人的"小我"，刚正不阿，敢于直言进谏。这种热心政治、关怀民生的民本主义精神与传统儒士悲天悯人的道德精神启人深思。王命璿强烈的儒士身份意识，为其强烈的遗民家国情怀的形成奠定了精神基础。

---

  ① （清）彭衍堂、袁曦业修，陈文衡等纂：《龙岩州志》卷十八《艺文志》，成文出版社1967年道光本影印，第4册，第467页。
  ② （清）彭衍堂、袁曦业修，陈文衡等纂：《龙岩州志》卷十八《艺文志》，成文出版社1967年道光本影印，第4册，第467页。

王命璿精通奏章，其风纪法度与文章相辅相成，互相映衬。

> 公文章尤精于奏疏，调畅剀切，如刘子政、陆敬舆。门下士若公楷书，柯公元伯，李公开芳，魏公呈润，吴公之奇，皆读中秘书司，铨谏有声，黄文明公曰："先生持绣斧，以风宪为文章，辍绣斧，以文章为风宪。"此实录也。①

王命璿不仅富有执政能力，且具有强烈的关注民生的社会责任意识，敢于直言进谏。因此，黄道周评价其以风纪法度作文章，又以文章尽显执政的风纪法度。王命璿在明亡后坚持遗民的文化立场，矢志抗清，体现传统儒士以天下为己任的使命感与家国情怀。这与王命璿的家族背景具有十分密切的渊源关系。

王命璿的祖父王以道，十分重视家族文教事业。《龙岩州志·孝友列传》记载其"性孝友，抚弟以通，教育备至，后成进士，官至宪伯。兄弟怡怡，始终如一。以孙命璿贵，赠刑部右侍郎"②。王以道致力于培养其弟王以通，对其求学仕进关心备至。王以通则不负兄长厚望，于万历七年（1579）中举人，万历八年（1580）擢进士。在仕途上也积极进取，历任知县、知府、宪伯等职。《韶州府志》记载王以通："纯尚德化，课训诸生，敦行乡约，每朔且以六谕反复陈说，韶民德之，祀名臣。"③可见，王以通从小在其兄长王以道的教导熏陶下，养成崇尚德育教化的思想与以身作则教导后学的使命感和责任心。王以道、王以通作为祖辈，对王命璿高尚的人格精神的养成，起到典范性的作用。

对王命璿更有直接影响的是其父亲王尚贤，字士颙，举人出身，

---

① （清）彭衍堂、袁曦业修，陈文衡等纂：《龙岩州志》卷十八《艺文志》，成文出版社1967年道光本影印，第4册，第467页。

② （清）彭衍堂、袁曦业修，陈文衡等纂：《龙岩州志》卷十八《艺文志》，成文出版社1967年道光本影印，第4册，第256页。

③ （清）额哲克等修，单兴诗纂：《韶州府志》卷二十八，同治十三年刻本。

曾任新宁知县。其乐善好施，救济贫弱，施行惠政的道德人格与为政思想，深得民心。《龙岩州志》记载其："积德好义，民有鬻女者，罄囊赎还之。仕新宁知县，多惠政，适顺德缺令，檄贤能摄两邑，民相争致。寻卒于官，囊如洗，俱建祠祀，以子命璿贵，赠刑部右侍郎，祀乡贤。"① 可见，王命璿富有儒士精神的人格品质与关心民生的思想，与其父亲王尚贤的熏陶和影响，具有十分密切的关系。王命璿曾在《接恩纶遣官至先父祠宣读祀顺德祠》诗作中回忆儿时父亲对他的谆谆教导："愧儿樗栎质，弱冠厕胶庠。生我鞠育我，依依膝下旁。六经规原本，子史亦翱翔。"② 可见，王尚贤对王命璿十分慈爱，其教育态度既温柔又严格。王尚贤注重引导王命璿记诵领会经史子集的深层意义。这为王命璿树立兼济天下的远大理想与抱负，养成具有强烈责任意识的儒士品格，奠定了文化基因。

王命璿家族重视儒家文化的积淀，他从小受家族教育理念与儒家文化的熏陶，具有浓厚的家国情怀。甲申国变，汉族士人赖以生存的政治文化空间受到侵袭，王命璿作为汉族儒士，义愤填膺，忧伤至极而终。"甲申闻变，北面放声大哭，义不欲生，灰头土面，郁抑呼愤以终。"③ 王命璿与故国疆土同存亡的忠义精神和悲悯精神，受到黄道周的极致崇敬。黄道周与王命璿志同道合，互相勉励。王命璿因忧愤至极而亡后，黄道周倍加追怀，为王命璿作了近千字的碑文：

> 晋、郑相距不数百里，侨肸随罕上下，《诗》《书》致足乐也。香山、洛都，以燔灌余闲优游觞咏天下，后世想其物采。如命图画，恐不得似者，岂皆有惠鲜似然，亦其精神风教可相

---

① （清）彭衍堂、袁曦业修，陈文衡等纂：《龙岩州志》卷十八《艺文志》，成文出版社1967年道光本影印，第四册，第248页。
② （明）王命璿：《静观山房诗稿》，明刻本，第四册。
③ （清）彭衍堂、袁曦业修，陈文衡等纂：《龙岩州志》卷十八《艺文志》，成文出版社1967年道光本影印，第四册，第467页。

媲道古耳。

忆仆少时,及见薛道誉方伯与蔡梅岩侍御,相与甚善,每念至五百里造膝羹饭也,至于仆而衰矣。昌、启之际,仆初登朝,龙岩王先生,已从西台长棘寺,持平天下,顾不以名位自先,每见荤毂乡串,循循居后者,必先生也。方是时,翘歧之负云背苍,不旦夕取卿相。仆既获落自陨,先生亦萧然致九列而归。海内遨听望风者,不疑桥大人眉寿浩浩,顾方鬓发与握管少年取灯火相耀也。

先生持绣斧,以风宪为文章,辍绣斧摇笔动地,以文章为风宪,执经四应,先人而成,后人而劳,此其意仲尼解印以授里师,十回九赐,徘徊于庭,岂必抱牍而入司寇之室乎?

先生为名卿,当世多事,出对缙绅,雍容谈文艺,以道德销膻集之心,入燕北堂,聚米画沙,图四方塞,弯黄毂蹊,抑腾揉,接飞鸟,尺寸贱士,各尽所长。其所以安纬和缰者,条析无遗,诚使边固多福,帷幄能灵,出玮人提衡其间,舞画羽,未可知也。而世顾泛泛,使文武并绌其用。今天子方侧席旁求俊义,以巩固王家,当路诸贤,推毂备至矣。先生益以此藏器,审高墉之射,间辍丝竹,携器车,相流泉,陟隆阜,与乡里子弟剪鲍叶而程狸首,时游陇亩,量毕课箕,谈离阳离阴之秘,岂复当时遨听之士所望风采而察其端竟者乎?仆未至龙岩也,闻龙岩人谈先生,如阙里公。

自文艺外,仆所未述者四焉。先生方按粤,漳岁大凶,轺骢既临,粤籴不闭,起殍者千家,则夷吾让德焉。先生为大公卜宅,护人墓草,虽厮养遗玧,不失圭秬,则子羔让厚焉。不避瑾祸,出孝廉于狱,不假丛神,置猾胥于法,则祁老让直,叔向让仁焉。呜呼!是何足以德先生。一名御史家居,煦咻乡里,察别厉害,告当道,搔灶中,此何足以德先生。先生之大者,乃在于抒经纬,泼山川,陶世淑人,尊一王之治,使前绪有所承,来彦有所奋,使天下贤者溯河而海,是则先生所惠我无疆也。

　　仆与先生相去五百里，有侨盼之雅，无薛、蔡之亲，然犹幸得同朝，退而里居，又睹庚桑尸祝之盛，即使仆谢不文，百世而下，谁复知仆与先生之好者乎？因抒其睹记与父老子弟之言，稍次论之如此。①

　　由此碑志足见王命璿与黄道周在家国情怀、坚守遗民操守上具有高度的共鸣之处。黄道周对王命璿人格品质、遗民身份的高度认可，也说明他们之间的感情十分深厚。由此碑志可知，黄道周初入仕途时，王命璿早已具有兼济天下之志，在社会上有所作为，但王命璿十分谦逊，并不邀功请赏，往往甘居下位。1646 年，黄道周因抗清被捕，王命璿也因明朝衰亡而抑郁告终。王命璿因明亡殉身，四方老少无不仰慕其人格品质而哀悼追怀。可见，王命璿忠于明朝，热爱故土的家国情怀令世人十分感佩。

　　王命璿勤勉上进，精通经史，才思敏捷，下笔成文。黄道周认为王命璿有似孔子兼具高妙的执政思想与学高为师、德高为范的才能。对于后学之士宽容友善，循循善诱，极尽提携之能事。因此，后学往往云集于门庭，足见王命璿富有谦谦君子的道德品质与人格魅力。面对纷繁复杂的政务，王命璿能从容应对，善谈文艺，对于心存不良者，能以身作则进行道德化育。对各种人才也能因材施用，各尽所长。王命璿执政有方深得民心爱戴，也因此名闻遐迩。

　　除此之外，黄道周还从德、厚、直、仁等方面高度评价王命璿的人格品质。王命璿既传承传统儒家的道德文化精神，也致力于汇聚英才为社会做出极大的贡献，是后世贤者学习儒家文化思想的典范。可见，黄道周作为晚辈，他既充分认同王命璿的儒士文化精神，又十分敬佩其德才兼备的高尚品质及富有强烈责任意识的家国情怀。

　　从《静观山房诗稿》中，我们也可发现，王命璿与黄道周之间

---

① （明）黄道周：《龙岩王廷尉碑》，《黄漳浦全集》卷五十，道光刻本。

具有思想上的共鸣之处。王命璿作为黄道周的长辈，对黄道周的忠贞品质给予极力赞扬。《时感石斋谪戍赐还》（二首）曰：

> 凤传骨鲠触龙颜，幸说直臣获生还。晙生颠沛终何恨，宋璟申冤不惮艰。
>
> 贾谊批鳞苦犯颜，控扶社稷泪痕斑。从言文惠兼忠孝，尧舜欣闻易赐环。①

崇祯十一年（1638），黄道周向崇祯帝直言杨嗣昌与清廷议和之事，不幸被贬，后因杨嗣昌暴病而亡，崇祯帝方召黄道周入京复官。王命璿对黄道周的被贬深感不平与愤慨，作此诗以纪。诗作对友人黄道周耿直坚贞、匡扶社稷、忠孝并举的道德品质给予极力赞赏。由此可见，王命璿与黄道周虽年龄差异明显，但他们志同道合，具有共同的社稷忧患意识与传统儒士的家国情怀。也因此，当国破家亡，朝代鼎革之际，王命璿与黄道周先后殉身。这种不惜牺牲个人的"小我"，以汉室王朝之"大我"的民族主体意识的传承为宗旨的精神品质，即使在当今社会，仍有其传承与学习的典范意义。

王命璿的儒士精神与遗民品质，也对其后代子孙产生了直接的影响。王命璿有子王之铤、王之镛。"王之铤，龙岩人，恩贡，命璿子，恩荫通判。"② 王之铤、王之镛均亲自参与王命璿《静观山房诗稿》的编辑。可见，王之铤、王之镛十分敬重其父王命璿的著作成果，也必定从中受到儒士文化与文学思想的熏陶。王之铤子王思沂，"字沐如，别号素公，司寇王命璿之孙也"③。王思沂也是富有家国情怀的遗民志士。

---

① （明）王命璿：《静观山房诗稿》，明刻本，第三册。
② （清）彭衍堂、袁曦业修，陈文衡等纂：《龙岩州志》卷十八《艺文志》，成文出版社1967年道光本影印，第四册，第233页。
③ 郑丰稔：《龙岩县志·列传》卷十二，福建省龙岩市新罗区地方志编纂委员会，第397页。

二 李世熊避世与用世的家国情怀

李世熊（1602—1686），字元仲，号寒支、但月，福建宁化人。十五岁开始应童子试，获榜第一，十六岁赴县学，二十三岁入汀州府试，崇祯间屡次科考获胜，而乡试、选贡多次落选。1644年，拜黄道周为师，隆武元年（1645），黄道周拟举荐为翰林院五经博士，李世熊婉言辞谢。1646年后，隆武帝汀州失陷，清兵入闽，李世熊拒绝仕宦清朝，以遗民自居于宁化泉上里，日事著述。著有诗文集《寒支初集》（十卷）、《寒支二集》（六卷）、《狗马史记》（二十七卷）、《史感》（一卷）、《寇变纪》、《寇变后纪》、《钱神志》（七卷）、《物感》（一卷）、《本行录》（三卷）、《经正录》（三卷）和《宁化县志》（七卷）等。

李世熊的诗歌镌刻深沉，瑰丽雄伟，而又倍感忠愤，不失诗意。他精通经、史、子、集，遍览百家之书，尤为倾心韩非、屈原、韩愈之著。《清史稿》记载他："喜读异书，博闻强记"，"六经、诸子百家靡不贯究"①。再加上明中叶文学复古思潮的影响，李世熊的散文具有先秦诸子散文奇异深奥、气势磅礴而又善厉辩驳的特点。

李世熊曾多次在自己的文章中提及学习先秦两汉及韩愈等诸家散文的重要性。其《答李化舒》说："恨世无班、马、欧、苏，使扬厉幽芳，令神气溢流，倾动寰宇。"②《与魏和公》也谈到自己的著述理想："后当有如司马太史者描写生气，照耀千载。某虽老，犹能私笔逸事，载诸箧衍，以俟将来也。"③ 在他晚年的《答薛依南书》中，李世熊仍因中原鲜有学习楚辞、离骚者而倍感忧愤。

---

① 赵尔巽：《清史稿》卷五〇一，中华书局1977年版，第13861页。
② （清）李世熊：《寒支集》，《四库禁毁书丛刊》，北京出版社2000年版，第89册，第48页。
③ （清）李世熊：《寒支集》，《四库禁毁书丛刊》，北京出版社2000年版，第89册，第483页。

耳目濡染，率皆盲风晦雨；蜀鸟峡猿，时或哀吟独啸，都如呓梦。

所谓日月之下，独有形影可哀也已。每念昔日同坛诸贤，莫不上凌贾、马，平视欧、曾，乃丧乱以来，文彩黯然，声气寂若，曾不闻有哀楚之骚、悯周之什、哀江南与辨亡之赋流传于中土，令人愤张激发者。①

李世熊与黎士弘、屈大均、彭士望、黄宗羲、魏禧、王猷定、张岱等诸家往来密切，他们一致倡导文学创作应具有实学用世的功能，共同推动着清初散文创作的繁荣与散文理论的发展。福建人蓝鼎元（1680—1733）为李世熊作《寒支先生传》评价曰："文章如韩，心事如屈，志节之清高，管幼安伯仲矣。"②

李世熊是一位个性十分突出、富有主见的遗民士人。《清史稿》记载李世熊：

少负奇气，植大节，更危险，死生弗渝。笃交游，敢任难事。……纵论古今兴亡，儒生出处，及江南北利害，备兵屯田水利诸大政，辄慷慨欷歔，泫泫泣下不止。……世熊山居四十余年，乡人宗之，争趋决事。……又独建祖祠，修祖墓，编述九世以来宗谱。③

李世熊少负奇气的性格特征，在少年时期就表现得尤为明显。早在1618年（戊午），李世熊时年17岁，就曾拜识了时年34岁的黄道周，而由于李世熊年轻气盛，高傲无比，当时并没有诚心师事

---

① （清）李世熊：《寒支集》，《四库禁毁书丛刊》，北京出版社2000年版，第89册，第467页。
② （清）蓝鼎元：《寒支先生传》，《鹿洲初集》卷七，文渊阁《四库全书》，台湾商务印书馆1986年版，第1327册，第1页。
③ 赵尔巽：《清史稿》卷五〇一，中华书局1977年版，第13861页。

黄道周之意。他曾说："时黄石斋先生名噪甚，予往谒之，手录其闱牍以还。先生目予曰：'妙年笃志，下问如此，令人愧畏也！'"① 黄道周称赞李世熊妙年笃志，不耻下问，认为自己的才能不如李世熊，这一方面说明李世熊确实才气不凡，同时也体现黄道周谦虚礼让的宽广胸怀。而年轻的李世熊却信以为真，自负自满，不愿入于黄道周门墙。当然，后来李世熊也因没有早日拜黄道周为师而懊悔不及。他曾写信给同门彭士望说：

  某生长下里，暗汶无闻见。年二十，尚不知世间有朋友也。僻错既久，便谓"世无仲尼，不当在弟子之列"，此语若为己发者。其时漳浦之名沸海内，某未尝纳脯贽焉。后读《三易洞玑》，茫无津岸，悒悒郁郁，中夜攓膺，坠床裂面。顾年与时驰，悔已暮矣。盖某游漳浦之门，乃在甲申之秋，最出诸贤辟咡之后。②

李世熊于1644年才忝列于黄门之下。李世熊在自述年谱中说："（1644年）十月，黄石斋先生以吏部起用，差官敦趣至建，予执贽及门，极见器许，遂从游武夷，四宿山中……和先生诗十二章而归。"③ 年过不惑之年的李世熊，此时才少了点高傲之气，多了一些沉着和谦逊，他十分懊悔入门太晚，因为黄道周的才学确实令他敬佩不已。其《与蔡幼石书》也说：

  念某放诞半生，不知世间有不可学之绝学，与不可攀跻之至人。后读漳浦之书，爽然自失，因折节师之，始知学问人品

---

① （清）李世熊：《寒支二集》，康熙檀河精舍刻本。
② （清）李世熊：《寒支集》，《四库禁毁书丛刊》，北京出版社2000年版，第89册，第378页。
③ （清）李世熊：《寒支集》，《四库禁毁书丛刊》，北京出版社2000年版，第89册，第396页。

中间，相悬不啻阶天也。愧悔罔极，则已晚矣！盖某师事漳浦最在海内诸贤之后，由三山追随至武夷，侍谈三十昼夜而已。时长公讳麑者，方十有四龄，日月踰迈，假令今即相值，彼此不能辨识何人矣。未几，思文拥立闽中，先师援拔多士，顾舍夙昔在门之高足，首及初学之某。某踧踖负惭，坚不奉诏，先师复心题之，所谓知弟子莫师若也。①

李世熊因没有意识到应早日拜黄道周为师而愧悔无比，因此后来他对黄道周极为敬重，情真意挚地效力于黄道周门下。

但李世熊在政治仕途上仍有自己的主见，黄道周举荐其为隆武政权的翰林博士，李世熊却辞谢不就，且写信给黄道周申明自己的主张，劝诫黄道周不要出关，黄道周也没有听从李世熊的建议，后来英勇就义。李世熊深感惋惜，向隆武帝奏《褒恤孤忠疏》，完成黄道周的遗嘱。李世熊在遗民的生死观上富有自己的主见，他的忠义观念与黄道周的殉身理想截然不同。在明亡后，李世熊并没有与黄道周一样选择以死殉国，他曾说："吾年四十已勘破生死。"② 李世熊也在《雷孝廉墓表》中论述当时人品的等次："论当世人品必曰：见危致命者，上也；历险从主死生无二者，次也；屏家室、遁穷荒、聊明素志者，又次也。"③ 按此，则李世熊承认自己为第三等人品，给世人留下的印象似乎也是国亡后遁迹山野的逃荒者。但在明末清初这样一个复杂的鼎革时代，我们不难发现，仅仅以简单的死生态度评判一位遗民的忠诚与否与人品高低，往往是很草率、鲁莽的方法。"河山易位，人物失伦，欲哭则不敢，欲泣则近妇人，欲死则二

---

① （清）李世熊：《寒支集》，《四库禁毁书丛刊》，北京出版社2000年版，第89册，第403页。
② （清）李世熊：《寒支集》，《四库禁毁书丛刊》，北京出版社2000年版，第89册，第405页。
③ （清）李世熊：《寒支集》，《四库禁毁书丛刊》，北京出版社2000年版，第89册，第309页。

耄在堂，相依为命。"① 李世熊在《与官公璧书》中表达了他作为明遗民生死两难的矛盾心境。作为遗民，选择殉国，往往比较容易得到世人的认可与尊崇，也因为国献身而流芳千古，但李世熊考虑生养他的双亲在世，他如果抛弃耄耋之年的父母不管，一味地追求遗民的功名而殉身，将给父母带来极大的痛苦。因此，站在父母的立场上选择尽孝，则是明智之举。

但李世熊并没有因选择生存淡化遗民身份，他对大明王朝仍是忠心耿耿。这从他的一系列诗作中可窥见一斑。李世熊目睹明朝的衰亡，因作《童唱牧羊甚悲》诗曰：

> 一鸟迦陵咽汉臣，世尊到此也沾巾。雪山会上无苏武，海上应无啮雪人。②

李世熊以迦陵、世尊等佛界神鸟、尊者入诗，由牧童放歌联想到苏武在胡地边疆不辱使命，牧羊海边，渴饮雪，饥吞毡的艰难境况，表现苏武历尽千辛万苦却心存汉室的高风亮节。牧童放歌的声音美妙动听，犹如神鸟歌唱的美音，但情随事迁，牧童的唱声似乎让人联想到苏武在边疆听到的心酸悲恸的笳声，即使旷达高远的佛界尊者听到，也不忍落泪沾襟，悲从中来。李世熊以史喻今的用意是很明显的，他担心的是国破家亡境况下，却少有如苏武一样不屈不挠、坚守节操的遗民士人，字里行间表现了自己的遗民身份意识和忠于故国、坚毅不屈的家国情怀。

遗民的亡国之痛与新朝之恨往往交织在一起，李世熊也在诗作中哀诉清朝的统治。其《楼眺》诗曰：

---

① （清）李世熊：《寒支集》，《四库禁毁书丛刊》，北京出版社2000年版，第89册，第466页。

② （清）李世熊：《寒支集》，《四库禁毁书丛刊》，北京出版社2000年版，第89册，第565页。

第一章 遗民群体价值取向的多样性

匹练村烟静,徊湾点一沤。云危寒欲堕,野散暝能收。惨碧沉山魄,苛风禁鸟喉。春伤千里目,瑟瑟但如秋。①

整首诗以景抒情,作者以楼上暴风雨前的山村环境为视角,以乌云、惨碧、沉山等一系列消沉昏暗的意象,喻示心情的沉重哀伤。诗作虽写于春季,但春天却没有给人蓬勃向上、万物复苏的感觉,反而令人感到春风苛刻凌厉,扼住候鸟的歌喉,无以欢唱迎接春色,春风也如瑟瑟秋风,令人悲从中来。作者实际上以景写情,暗喻清朝的统治给世人带来极度的伤痛,难言之隐尽在其中。

李世熊的《病怀》诗曰:

薄云片片过溪楼,口掩残灯照独愁。南海寄书求益智,北堂无地种忘忧。

枝刺月风帘细口,竹蕡流光露叶稠。白草黄沙千万里,看人屠狗尽封侯。②

国破家亡,又逢病体难安,李世熊在自家楼中养病,有感而发。整首诗以夜景写愁,浸染着诗人无所适从,身心无所安置的愁情。南海寄书,即指南明政权寄来征召的书信,而李世熊却不愿加入南明政权的行列。李世熊曾说:"弟束发便食君饩,如是者二十三年,金以百计者当三矣。清夜自思,朝廷费此金钱,豢养血躯,将作何用?一朝社改,曾莫省忆,此佣奴贱娼所不忍也,而士人独忍之,可乎?时于室之西偏,额曰但月庵居之。"③他在《但月庵铭》中引

---

① (清)李世熊:《寒支集》,《四库禁毁书丛刊》,北京出版社2000年版,第89册,第644页。
② (清)李世熊:《寒支集》,《四库禁毁书丛刊》,北京出版社2000年版,第89册,第644页。
③ (清)李世熊:《寒支集》,《四库禁毁书丛刊》,北京出版社2000年版,第89册,第485页。

《南史·谢譓传》曰:"'入吾室者,但有清风;对吾饮者,惟当明月。'吾屏其风,但月而已。"① "但月者,离合两字,隐寓为'明一人'也。"② 可见,李世熊忠于明朝的态度十分明确。

但他的内心尤为矛盾,清军从中原入关,逐渐侵占了南方的国土,即使想在家乡躬耕为生以忘却亡国之忧愁也成为幻想。因此,诗作又回到养病的居所所处的环境,楼外茂密的藤枝和细密的风帘已将天上的明月分割得破碎不堪,稠密的竹叶也遮掩了他瞭望明月的视线,明月的支离破碎,明月的被遮挡,实际上隐喻着大明王朝的衰亡与破败。明朝衰亡的哀痛尚来不及排遣,而望见千里之外的白草黄沙处,却有无数屠狗之辈厚颜无耻尽相仕宦清朝,封为侯爵,以耻为荣。诗作以一种冷峻的态度和深邃的目光,将洁身自好者的遗民品行与恬不知耻的背叛者的行径进行鲜明的对比,体现遗民的抱节守志与坚毅品质。

李世熊《独松》诗曰:

廻薄山水青,摩弄日月白。上友不羁云,下友忘年石。③

松树自古有清廉挺拔,不屈不挠的坚毅品质,李世熊以松树自喻,寓意自己向松树的高洁之志看齐,表达即使孤独自处,也不愿屈就新朝,不忘忠于明朝的傲岸品行。

李世熊敢于负重前行,他虽祝发逃禅,以遗民自居,却交游广泛,关心国计民生,热心维护社会秩序。李世熊十分重视为家乡发展生产,兴修水利,他忠孝笃行,修建宗祠,因此得到乡人的拥护和爱戴。其《寇变记》翔实地记录着清初宁化地区战乱频仍给百姓

---

① (清)李世熊:《寒支集》,《四库禁毁书丛刊》,北京出版社2000年版,第89册,第374页。
② 陈衍:《福建通志列传选》,成文出版社1964年版,第377页。
③ (清)李世熊:《寒支集》,《四库禁毁书丛刊》,北京出版社2000年版,第89册,第645页。

带来的灾难，表达对受害百姓的深切同情，体现史家浓厚的民生意识。

李世熊所纂《宁化县志》（七卷），是宁化县存世最早的地方县志。他曾经在《答彭躬庵》中说："旧本既无一字可存，新事又无一节可采。假令班马记卑田院事，宁能雅洁耶！"① 卑田院，原为佛寺救济贫民之处，后来延伸为收养乞丐之所。唐代曾设"卑田养病坊"，也称"卑田院"，是为收留救济贫病残疾者之处。李世熊借用"卑田院"的事典，认为原有的《宁化县志》不足取，而入清后的宁化政府也没有为当地社会发展做贡献，因此，他并不愿意撰写新的《宁化县志》。而李世熊最终为何接受撰写《宁化县志》的任务呢？

第一，受清朝统治者的陷害，李世熊遭遇了丧子之痛。《李寒支先生岁纪》记载："甲辰（1664），六十三岁。邑令何公凤岐劝借长男曰饶不遂，以蜚语诬，申抚按羁勘郡狱，赖司理徐公开远力雪其诬。乙巳（1665）二月，领文往省结案，至罗汉滩遭溺，归柩返葬。"② 李世熊的长子遭诬陷溺亡，给他的人生带来极大的精神打击。他并没有因此向清政府妥协，反而视那些"虎头燕颔"之仕清者为世人憎厌之辈。他在《答张道羽》中说："今果改步，弟即仕何妨，但恐负'但月'一铭耳。且时已逾聋聩无仪，立一伛偻之叟于长鬣富都，虎头燕颔之群，供人憎厌，何无耻也！"③ 在清初文网之下，不与清朝合作者是极易遭致"谋大逆""谋反"之罪状的。"及遭亡子之难，为怨家所举，几至覆宗。"④ 所谓"怨家"即指政

---

① （清）李世熊：《寒支集》，《四库禁毁书丛刊》，北京出版社 2000 年版，第 89 册，第 255 页。
② （清）李世熊：《寒支集》，《四库禁毁书丛刊》，北京出版社 2000 年版，第 89 册，第 404 页。
③ （清）李世熊：《寒支集》，《四库禁毁书丛刊》，北京出版社 2000 年版，第 89 册，第 485 页。
④ （清）李世熊：《寒支集》，《四库禁毁书丛刊》，北京出版社 2000 年版，第 89 册，第 485 页。

治立场针锋相对者，李世熊以遗民自居，其"怨家"必是支持清政府的官员。他倍感被"怨家"检举并有"覆宗"之危险。李世熊在《答彭躬庵》中说："修志一事，乃诸高门仰体德意，珍护顽老。借此佳题，欲弟与当事销融痕迹耳。自此遗问常通，似无芥蒂，此皆道气潜嘘，换芽移节，人固不知，弟独知之耳。"①

在"火药味"极为浓厚的政治环境中，李世熊遭遇了丧子之痛，甚至有覆宗之危机，让他感到既然选择了以生抗清，则必须寻找合适的处世方略与抗清谋略，方能为家族立宗庙，为大明立节操。这大概是他接受撰写《宁化县志》的原因之一。

第二，李世熊有意通过撰写《宁化县志》流露其对现实社会的不满，表现其深刻的历史意识。《宁化县志》刻于康熙二十三年（1684），约有四十万字。其最大的特点在于，选材精严，敢于勘误质疑，融入己见，评论客观，是研究宁化社会历史文化的宝贵文献史料，被誉为"李氏史记"，有"中国古代著名的'两部半'② 史志之一"的美誉。该志现有同治八年（1869）刻本，分别藏于南京师范大学图书馆、苏州大学图书馆、清华大学图书馆和复旦大学图书馆。

李世熊的世交刘廷标的孙子刘坊（1658—1713），曾作诗赞颂其遗民品质及著述思想："天下号咷久，先生尚暗然。文章留大雅，著述寓微权。暮雨西山蕨，熏风五柳弦。千秋如可作，应共续麟编。"③ 诗作以伯夷采西山蕨充饥，陶渊明抚五柳弦会友的典故，赞誉李世熊的遗民人格品质。"文章留大雅，著述寓微权"这两句，则富有深意地点名了李世熊撰写《宁化县志》的用意。《诗大序》曰：

---

① （清）李世熊：《寒支集》，《四库禁毁书丛刊》，北京出版社 2000 年版，第 89 册，第 255 页。

② 何典《李世熊：硬颈的客家学人》（《福建乡土》2006 年第 4 期）载："学术界有'中国方志两部半'的说法，即一部是《武功志》，一部是《宁化志》，半部是《朝邑志》。"

③ （清）刘鳌石：《庚申秋日宁化访李元仲先生奉赠四首》（其一），《天潮阁集》，政协福建省上杭县委员会文史资料编辑室 1988 年版，第 64 页。

"雅者，正也。言王政之所由废兴也。"① "至于王道衰，礼义废，政教失，国异政，家殊俗，而变风变雅作矣。"②《诗经》中的怨刺诗，寓含"变风变雅"之深意，表达诗人因看到礼乐崩坏，政教衰败，朝政不兴的感慨与忧虑，也对社会政治的关切与对不公平的现实的极力揭露。宋苏洵在《六经论》中说："故圣人以其微权而使天下尊其君父兄。"③《军势》曰："使智，使勇，使贪，使愚。智者乐立其功，勇者好行其志，贪者邀趋其利，愚者不顾其死。因其至情而用之，此军之微权也。"④ 刘寅注："微权，权之微妙者也。"⑤ 在清朝统治下，作为遗民身份的李世熊，身份卑微，他仅有的便是以自己的笔力创作著述，寓意深刻的历史意识。"国初李元仲高才逸品，不受羁靮，《宁化县志》一书直欲组范缉班，不顾震骇流俗人耳目。虽欲追纵，实难其力。"⑥ 参与《汀州府志》的编纂者熊为霖将李世熊与著名的史学家范晔、班固相比拟，对李世熊所纂之县志给予高度肯定。"不受羁靮"，表面上评价了李世熊不甘受束缚的个性特征，深层次上则体现了李世熊对清朝统治者的不满和批判。即使是支持清政府的李光地家族，也对该志给予很高的赞誉。李光地的孙子李清馥曾说："新裁独抒，为通儒所称。"⑦ 史学家徐才鼎（1810—1862）认为明末殉国者以福建、浙江等记录居多，与毛奇

---

① （唐）孔颖达：《毛诗正义》，《十三经注疏》卷一，北京大学出版社2000年版，第14页。

② （唐）孔颖达：《毛诗正义》，《十三经注疏》卷一，北京大学出版社2000年版，第17页。

③ （宋）苏洵著，曾枣庄、金成礼笺注：《嘉祐集笺注》，上海古籍出版社1993年版，第148—149页。

④ （秦）黄石公原典，曹冈译解：《黄石公三略》，内蒙古人民出版社2006年版，第138页。

⑤ （秦）黄石公原典，曹冈译解：《黄石公三略》，内蒙古人民出版社2006年版，第138页。

⑥ （清）熊为霖：《汀州府志序》，《中国方志丛书》，成文出版社1967年版，第10页。

⑦ （清）李清馥：《闽中理学渊源考》卷八十九，文渊阁《四库全书》，台湾商务印书馆1986年版，第678页。

龄、黄宗羲、李世熊等史学家的"纪述足传"① 关系颇为密切。民初的刘声木也说李世熊"所修邑志，允为超轶古今，后人莫能继武"②。谢国桢先生评价该志"述南都以后诸臣事迹特详"③。可见李世熊接受纂修《宁化县志》，意在展现史家见微知著、据史直书的实事求是思想。从这部富有实录精神的县志，可见李世熊意在对明末清初当地不合理政治制度的揭露和批判。也因此，这部易代之际的地方县志富有鲜明的时代意义与历史文化价值，为后人研究南明史提供了宝贵的文献史料。

第三，李世熊意在通过撰写《宁化县志》，体现其以民为本、以用世精神发展地方社会的思想意蕴及遗民的抗逆意识。宁化隶属闽西，城内多山地和丘陵，人口稀少，西北毗邻武夷山，山脉南部有一站岭，与宁化县城相距约 30 千米，此地可通江西石城县，又"有小径穿插数十条"④，南可通往广东潮州、惠州等地，西北可往江西吉安、赣州等地。可见，宁化虽地处山区，但自古即是往来闽、赣、粤的重要交通要塞之一。宁化山谷崚嶒的特殊地理环境，使得当地百姓难以发展农业生产，生活困苦，盗匪常隐匿出没于此，暴乱不断。当地官员往往忙于平乱，少有精力顾及社会发展。地方官员即使接受修志的任务，也只是为了谋取自身利益。章学诚曾对当时地方官员修志的本质进行淋漓尽致地揭露。"今之所谓修志，令长徒务空名，作者又鲜学识，上不过图注勤事考成，下不过苟资馆谷禄利。……主宾各挟成见，同局或起抵牾。"⑤ 李世熊对自己家乡的地

---

① （清）徐鼒：《小腆纪年》，《台湾文献史料丛刊》卷十七，大通书局 1997 年版，第 806 页。

② （清）刘声木：《苌楚斋随笔》，《清代史料笔记丛刊》卷三，中华书局 1998 年版，第 947—948 页。

③ 谢国桢：《增订晚明史籍考》，中华书局 1964 年版，第 904 页。

④ （清）李世熊：《寇变记》，陈支平主编：《台湾文献汇刊》，厦门大学出版社 2004 年版，第 2 辑，第 14 册，第 11—12 页。

⑤ （清）章学诚：《答甄秀才论修志第一书》，《文史通义》外篇四，中华书局 2004 年版，第 714 页。

理环境十分了解,也对当时修志现象富有敏锐的洞察意识,因此,他拟通过纂修县志,揭露现实,救济民生,发展地方社会。

清代修纂地方志之风十分盛行。康熙十一年(1672),清朝为编纂《大清一统志》,命令各省编修通志,进而令各府州县编纂地方志。同时,清政府要求地方志要以顺治十八年(1661)编修的《河南通志》所采用的"平目体"为标准。平目体平行设置"图考""建置""艺文""杂辨"等条目,不另用大纲加以统领和概况。清朝统治者则有意利用"平目体"实现"襄我皇上兴隆政治"的目的。① 与此相比,李世熊所纂《宁化县志》,则不设琐碎乏味的"艺文志",而将相关文献史料经过自己的梳理,记载于人物传记及记事之列。李世熊删除了旧志中的"良吏""风节""文苑"等三项,又把"隐逸"改为"逸行",以求名实相符。② 同时,李世熊在县志中增加了"条鞭款目""度支""寺租""寇变"等项目。在"寇变"中,李世熊记述明末清初宁化战乱导致民不聊生、社会衰败的事实。他意在通过纂志让后人明白朝代鼎革给宁化人民带来的灾难性后果及对社会造成的冲击。李世熊采用"三宝体"的框架结构,将旧志中的诸多名目归入"人民""土地""政事"之中,体现其以民为本、注重民生、发展地方社会的用世思想。这明显与清代朝廷要求地方志的体例要采用"平目体"③ 相抵牾,体现了遗民敢于抗逆的思想意识。

综上而言,李世熊的避世是对清廷统治的抗逆,其用世则是出于遗民士人发展家乡地方社会的民生意识。王命璿关心民瘼的家国意识与李世熊避世与用世并举的思想,在闽西遗民群体中具有代表性的文化意义。

---

① 参见林开世《方志的呈现与再现——以〈噶玛兰厅志〉为例》,《新史学》2007年第2期。
② 参见(清)祝文郁修,李世熊纂《宁化县志》卷四,康熙二十三年刻本,第175页。
③ 参见王德恒《中国方志学》,大象出版社1997年版,第47页。

第四节　入台遗民群体的进取与困境

在郑成功、郑经的号召下，陈永华、沈佺期、王忠孝、李茂春、卢若腾等一批福建遗民士人纷纷奔赴郑氏集团，东渡台湾开辟抗清基地。同时，一批江浙遗民士人如徐孚远①、沈光文等，也追随郑氏集团东渡台湾。更值得注意的是，几社的主要传承者徐孚远（1599—1665）南下福建抗清，以"宁全发而死，必不去发而生"②的劲节拓荒精神，召集张煌言、卢若腾、沈佺期、陈士京、曹从龙等闽浙抗清遗民，继承几社救亡图存的办社宗旨，成立"海外几社"③，又

---

①　关于徐孚远的抗清流亡轨迹，学术界有颇多热议。综观诸家观点，解读徐孚远《钓璜堂存稿》中的诗作，并结合相关史事，可知，徐孚远曾两度往返台湾和大陆之间。第一次入台的时间为永历十五年（1661）春夏间，时依附郑成功漂泊台湾海峡，并于同年十二月折返厦门。第二次流亡台湾时间为永历十六年（1662）冬天，并于永历十七年（1663）十月，清军入侵金门、厦门时，徐孚远同郑经随行退居铜山，最后，他"拟携家眷回乡，不果；止于粤潮之饶平"。1665年，完发而卒。（参见王云五主编，陈乃乾、陈洙纂辑《明徐闇公先生孚远年谱》，《新编中国名人年谱集成》，台湾商务印书馆1978年版，第十一辑，第51页）

②　王云五主编，陈乃乾、陈洙纂辑：《明徐闇公先生孚远年谱》，《新编中国名人年谱集成》，台湾商务印书馆1978年版，第十一辑，第21—22页。

③　郭秋显先生指出："海外几社是以抗清遗民所组成之文社，而且结于海上，乱离东南岛屿之间，可谓明末清初极为特殊之文社。"（见郭秋显《海外几社诗史研究：以陈、夏及海外几社三子抗清完节为主轴》，厦门大学出版社2015年版，第20页）"'海外几社六子'之说法，首见于清全祖望所辑《续甬上耆旧诗》，发扬于连横《台湾诗乘》。"（见郭秋显《海外几社诗史研究：以陈、夏及海外几社三子抗清完节为主轴》，厦门大学出版社2015年版，第1—2页）《续甬上耆旧诗》载："徐都御史闇公，几社长老也。从亡海外，复为几社之集，曰尚书卢公若腾、曰都御史沈公佺期，皆闽同安人；曰尚书张公煌言、曰光禄卿陈公士京，俱浙鄞人；曰都御史曹公从龙，则云间人，别称曰'海外几社六子'。"［（清）全祖望选，沈善洪审定，方祖猷、魏得良等点校：《续甬上耆旧诗》，杭州出版社2003年版，第322页］《台湾诗乘》载："闇公寓居海上，曾与张尚书煌言、卢尚书若腾、沈都御史佺期、曹都御史从龙、陈光禄士京为诗社，互相唱和，时称海外几社六子，而闇公为之领袖。"（连横：《台湾诗乘》，《台湾文献史料丛刊》类编，台湾大通书局、人民日报出版社2009年版，第64种，第七辑，第1册，第15页。）从海外几社成员的抗清历程看，海外几社成员所留寓之"海外"，是相对于内陆而言，应指当时清廷统治以外的闽、浙、粤东南沿海岛屿，主要包括浙江舟山群岛、福建金厦海岛以及台湾岛。（袁韵：《徐孚远与几社的创立与传衍》，《福建师范大学学报》2016年第5期，第56—64页）海外几社漂泊、留寓的"海外"疆域中，又以台湾岛最为特殊。海外几社流离台湾，意味着南明遗民文学也相应地从大陆播迁过去。

称"海外几社六子"。海外几社漂泊、留寓闽、浙、粤及台湾等东南沿海岛屿,他们的活动空间对立于清廷统治范围,明确标举不为清朝统治的强烈抗争姿态。

海外几社与郑氏集团在东南海洋文化环境的熏陶下,具有共同的忠义气节、民族危机意识与冒险进取精神,但也由于每个遗民个体的思想心智、生活经历和体验不同,生活方式和心理追求也出现不均衡现象,他们在抗清行为取舍上产生了强烈的价值碰撞。儒家"和而不同"的文化精神在入台遗民文人群体中得以展现。

一 郑氏集团与海外几社对入台抗清价值的取舍

郑氏集团力主为复兴故明王朝而东征台湾,而卢若腾、张煌言和王忠孝等遗民文人,经过冷静思考与反省,认为进军台湾无望复兴明室,同时也不应以牺牲民众为代价东渡台湾。遗民文人之间在入台抗清的行为取舍上出现了对峙与折冲。这明显体现在他们的著述创作中。

南明永历十五年(1661),郑成功挥师入台,改赤崁为东都,设立承天府和天兴县、万年县。此时,全国的抗清斗争形势已落入低潮。郑成功仍怀着雄图大略,决定东渡台湾,复兴明室。"以为根本之地,安顿将领家眷,然后东征西讨,无内顾之忧,并可生聚教训也。"① 郑氏军队在入台战役时,郑成功即分派士兵到各地垦荒屯田。郑成功的垦荒屯田意在解决东征战士们的温饱问题,保障军队粮食充足。他对于将台湾建设成"万世不拔基业"②,信心十足,勇气可嘉。而郑成功东渡台湾的意旨,却有不少遗民志士不能理解和支持,甚至给予怀疑与反对。

海外几社的成员卢若腾的《东都行》写道:"官司严督趣,令

---

① (清)杨英撰,陈碧笙校注:《先王实录校注》,福建人民出版社1981年版,第244页。

② (清)杨英撰,陈碧笙校注:《先王实录校注》,福建人民出版社1981年版,第253页。

人垦且耕。……毒虫同寝处，瘴泉俱饪烹。病者十四五，聒耳呻吟声。……自夏而徂秋，尺寸垦未成。……苟能图匡复，岂必务远征。"①作者看到郑氏士兵开荒垦殖的艰难处境，即景作诗，对郑氏集团垦荒屯田行为给军民造成的身心之痛表示否定态度。卢若腾的《老乞翁》写："义师与狂虏，抄掠每更番。一掠无衣谷，再掠无鸡豚；其至焚室宇，岂但毁篱藩。时俘男女去，索赂赎惊魂。"②作者将郑成功率领的"义师"与清朝"狂虏"同列并举，认为郑氏军队以践踏百姓、无视民瘼为代价东渡台湾，与清朝"狂虏"的掠夺行为并无二致，不仅不值得肯定，而且应给予强烈的反对。

从历史的客观角度看，东征台湾，自然条件十分恶劣，加上军力、物资匮乏，军民生活艰难困苦，部分士兵也可能出现欺凌百姓的行为。但这种现象并不是郑氏军队的主导行为。郑成功在率领士兵征战过程中，是极其注重军纪严明，维护百姓利益的。永历十二年（1658），郑成功率军北伐，"时后提督下副将胡雄伙兵匿一妇人，连罪俱杀，副将胡雄惊自缢死"③。永历十五年（1661），郑成功"集文武各官，会审搜掠台湾百姓银两，盗匿粟石罪犯，宣毅后镇吴豪伏罪被诛"④。可见，郑成功对于部将欺辱百姓、搜掠盗匿行为的惩罚是以命偿罪的。卢若腾对于郑成功东征台湾积极进取的政治态度产生了误解，导致两者之间产生了不同价值理念的对峙与碰撞。

海外几社流亡的疆域中，以台湾岛最为特殊。舟山群岛是清兵入侵的境内"海外"边陲，而台湾岛这一荒野榛莽的地景则尚未进入清廷觊觎的视野，其海岛的蛮荒性特征比起舟山群岛有过之而无

---

① 《台湾诗钞》卷一，台湾大通书局2009年版，第280种，第23页。
② （清）卢若腾：《岛噫诗》，《台湾文献史米丛刊》，台湾大通书局1987年版，第245种，第9页。
③ （清）杨英撰，陈碧笙校注：《先王实录校注》，福建人民出版社1981年版，第182页。
④ （清）杨英撰，陈碧笙校注：《先王实录校注》，福建人民出版社1981年版，第253页。

不及。海外几社的重要抗清将领之一——张煌言（1620—1664），字玄箸，号苍水，浙江鄞县人，曾率领军队与郑成功军队合作抗清，是郑氏军队在东南沿海地区特别倚重的援军。而他们在东征台湾行动上也出现了分歧。张煌言极力反对郑成功东征台湾，也不愿与海外几社成员流亡台湾，他对郑成功东征台湾持怀疑和责难的态度。

张煌言曾写《上延平王书》：

> 岂诚谓外岛可以创业开基，不过欲安插文武将吏家室，使无内顾忧，庶得专意征剿。但自古未闻以辎重、眷属置之外夷，而后经营中原者，所以识者危之。……若以中国师徒、委之波涛浩渺之中，拘之风土狂獠之地，真乃入于幽谷。其间感离、恨别、思归、苦穷种种情怀，皆足以压士气而顿军威……夫思明者，根柢也；台湾者，枝叶也。……又何必与红夷较雌雄于海外哉！古人云："宁进一寸死，毋退一尺生。"使殿下奄有台湾，亦不免为退步。……昔年长江之役，虽败犹荣，已足流芳百世。……倘寻徐福之行踪，思卢敖之故迹，纵偷安一时，必贻讥千古。……夫虬髯一剧，只是传奇滥说，岂有扶余足王乎！①

由于遗民文人特殊的家国情怀，张煌言十分关注台湾险峻的在地环境，对流亡台湾者充满极度忧虑与牵挂。台湾岛在张煌言的笔触中，是波涛浩渺的外夷之境，风土狂獠之幽谷，汉室疆土之枝叶。张煌言认为恶劣的海洋地域环境将给流亡异域者造成巨大的身心创伤。他认为郑成功东征台湾，不过是想要带领文武将吏逃乱，偷安一隅，浩浩荡荡的军师跋涉于波涛汹涌的海上，换来的是感离、恨别、思归和穷苦，必然削弱士气和军威。因此，不必与异族统治者

---

① （清）张煌言：《张苍水诗文集》，《台湾文献丛刊》，台湾银行经济研究室1962年版，第30—31页。

相较劲于海外。同时，他又引用古人"宁进一寸死，毋退一尺生"的警句，表明在抗清行为上，宁愿誓死于大陆也不愿退守台湾的坚毅决心。作者怀疑郑成功东渡台湾，只是像徐福、卢敖、虬髯客一样退隐仙处，避居海外，必然贻讥千古。张煌言借助思明的"地方"意义，塑造地方感，传达遗民志士所具有的挽回汉室王朝的使命感和责任心。由思明的"地方"意义抒发浓厚的家国情怀和对故国疆土的依恋与不舍之情，强化了自身的遗民身份意识与价值体认。字里行间传达了作者与历代遗民所共同具有的挽回汉室王朝的家国情怀与遗民使命。

张煌言始终以遗民身份自居，他对曾经是汉室江山的大陆充满留恋和期待。台湾地景在张煌言的文学构建中，是无法被接纳的境外疆界。《得徐闇公书为之喟然》曰：

> 长看北极望南洋，倾日依风总渺茫。愁过魏牟还恋阙，病同庄鸟肯投荒。应怜牛酒迟江左，莫道鱼监擅海王。倘去三山须问讯，君家徐市在何方？①

潘承玉先生《南明文学研究》一书第374页，在诗题上备注"辛丑"二字。据此，此诗应作于1661年。徐孚远赴台后，曾寄信给流亡闽浙的张煌言，传达在地的生活情境。张煌言以此回赠一首。（陈洙按：此诗第六句似指成功得台湾，而又第七、八句，盖讽先生与其渡台，无宁去之日本。②）即使郑成功夺取台湾，但张煌言仍对这一荆棘丛生、波涛浩渺的境外之地不抱任何希望。诗题"喟然"即隐含着对几社领袖徐孚远流亡台湾的无限慨叹与惋惜之情。在张煌言的想象视野中，流亡台湾尚不如放逐日本。可见，他并非反对

---

① （清）张煌言：《张苍水诗文集》，上海古籍出版社1985年版，第112页。
② 王云五主编，陈乃乾、陈洙纂辑：《明徐闇公先生孚远年谱》，《新编中国名人年谱集成》，台湾商务印书馆1978年版，第十一辑，第48页。

以流亡境外延续遗民文人的身份认同与家国想象，而是对台湾这一地景始终没有安全感与认同感。也因此，台湾地景在张煌言的文学构建中，处于一种无法被接纳的边缘疆界。作者试图通过这一文学构建空间的描述，寄寓一位坚守阵地的遗民志士，对于家国丧乱导致昔日亲朋好友流离失所的愤懑不安与惆怅忧虑之情。从这个意义上看，台湾地景在张煌言的文学建构中，成为他强化遗民身份的媒介。

《得故人书至自台湾》一诗，也隐含作者对友人流亡台湾徒然劳神费力的叹惋之情：

> 炎洲东望伏波船，海燕啣来五色笺。闻有象芸芝术地，愁无雁度荻芦天。抽簪身自逋臣幸，弃杖谁应夸父怜？只恐幼安肥遁老，黎床皂帽亦徒然。杞忧天坠属谁支？九鼎如何系一丝？鼇柱断来新气象，蜃楼留得汉威仪。故人尚感褰裳梦，老马难忘伏枥诗。寄语避秦岛上客，衣冠黄绮总堪疑。①

面对境外流亡者传来的在地体验，张煌言以典籍故实赋诗回应，暗藏自己对于遗民形象的塑造。字里行间，隐含作者对于友人流亡台湾徒然劳神费力的叹惋之情。在作者看来，台湾是逋臣的居所，暗喻自己作为一位坚贞不渝的抗清将士坚决不当逃臣的决心和意志。下面又以"褰裳"这一典故，表示自己与友人流亡台湾的"褰裳梦"存在明显差异。"褰裳"一典在《战国策·宋卫策》及《淮南子·修务训》中均有记载。《让散骑常侍表》记载："昔墨子诸生褰裳救楚，鲁连隐士高论却秦，况乎谬蒙知己，宁无感激。"②"褰裳"一词后来被用以表示不辞劳苦，急于为国事奔波。张煌言借此表达

---

① （清）张煌言：《张苍水诗文集》，上海古籍出版社1985年版，第159页。
② （唐）欧阳询：《艺文类聚》卷四八，上海古籍出版社1965年点校本，第871页。

对友人流亡境外、劳神费力的"褰裳梦"的否定态度。他以老骥自况，虽然壮志未酬，却在故地时刻蛰居待时，卧薪尝胆以恢复汉室大业。最后劝告朋友勿将实现遗民之志寄托于台湾岛上。与其说他在与朋友对话，毋宁说张煌言对台湾这片荒漠始终不能投入热情与期许，甚至是无望的感喟。以这样的地景想象空间所构建的诗作，触发我们感受一个不愿随波逐流的遗民文人坚贞的内心情境和不屈的姿态。

他以一个坚守故国疆土，不愿放逐境外的遗民文人姿态，想象构建台湾的在地资源，透过自己与文学作品的对话，表达对台湾这一荒岛冷淡、陌生的态度，促成了遗民文学空间的境外位移。张煌言与流亡台湾友人之间的往来及互动，说明大陆遗民文学播迁于境外已形成一种特殊场域。在这一特殊的文学场域里，他在"强化突出自我意识，坚持自我的独立，坚信自我的判断力"[①]，让读者感触作者永不放弃汉室疆土，坚决抗清的英雄本色。张煌言最后以就义结束抗清的历程，他以生命的结束诠释了自己的遗民姿态，树立了坚定的遗民形象。

张煌言作为一名抗清志士，深入抗清军士生活，能以一种敏锐的眼光和客观的判断，评估东征台湾的必要与否，同时也顾及东征士兵们的感怀离恨之情，对东征士兵的艰难苦恨给予同情，对军民百姓给予人性化的关怀，尤为难得。而郑成功作为一位抗清领袖，深知坚守东南沿海地区已无回天之力，因此选择东征台湾另辟新的抗清后方根据地，希望以进攻的方式夺取抗清的胜利。而他的东征意图却未得到张煌言的理解，反而遭到反对和责难。可见，郑成功与张煌言同是抗清志士，但他们在抗清行为方式上，却出现了尖锐的价值碰撞。

海外几社张煌言反对入台抗清，以坚守华夏大陆版图，不愿放逐境外的遗民姿态，创造台湾地景的想象空间，触发我们感受一个

---

① 李瑄：《明遗民群体心态与文学思想研究》，巴蜀书社 2009 年版，第 127 页。

遗民文人对家国的不舍与眷念之情，也让传统文学的生产空间向大陆之外播迁。

即使是依附于郑成功身旁的王忠孝，也对郑成功的东征行为表示不解和怀疑。王忠孝（1593—1666），字长孺，号愧两，福建惠安沙格人。王忠孝曾写信给张煌言说："僻据海东，不图根本，真不知其解也。……弟久欲卜迁，而无其地，不识可一帆相依否？便中幸贲德音，偕行者，不仅弟一人也。"① 王忠孝认为郑成功东迁台湾，是"不图根本"，他明确表示不愿继续与郑成功为伍进行抗清，希望自己另辟他处，但又找不到合适的处所，表现了无所归依的彷徨和矛盾心态。最后，他选择征求张煌言，愿带领偕行者与其相互倚靠，共同抗清。

郑成功东渡台湾，一方面要承受清朝外族统治者的压力，另一方面也要承受来自同是抗清遗民志士们不解的指责与怀疑，其内心的悲愤和苦闷自不待言。他意在争取一切所能争取的人力、物力资源东渡抗清，体现了南明抗清将领鲜明的政治立场和价值体认。

以卢若腾、张煌言和王忠孝为代表的遗民志士，经过理性的分析和判断，选择坚守故地。他们对郑成功的渡台抗清表示极度的担忧和疑虑，甚至强烈的反对。两种不同的政治立场和价值判断形成了对峙和折冲。可见，虽然同为遗民志士，但遗民内部之间在抗清的政治立场和价值判断上也具有明显的多元化倾向。遗民文人心态呈现共时性的多元化特征。而最终，当大陆的抗清势力已经消失殆尽时，卢若腾、王忠孝等遗民文人也选择了东迁台湾、澎湖。

二 海外几社徐孚远渡台抗清的体验与困境

海外几社领袖徐孚远入闽后，即受到郑成功的礼遇。

---

① （清）王忠孝：《惠安王忠孝公全集》，陈庆元等主编，杨天厚点校：《台湾古籍丛编》，福建教育出版社2017年版，第二辑，第340页。

> 辛卯，从亡入闽。时岛上诸军尽隶延平，衣冠之避地者亦多。延平之少也，以肄业入南监，尝欲学诗于公。及闻公至，亲迎之。公以忠义为镞厉，延平听之，娓娓竟夕。凡有大事，咨而后行。①

这自然加强了徐孚远随郑氏集团东渡抗清的信心和决心。徐孚远在流亡台湾之前，已用自己诗性的笔墨对台湾地景寄予想象和描绘。

与其在大陆面对无穷无尽的残明空间，不如流亡境外新地景，在异域延续汉室忠臣的身份，延展文学正统。但无论如何，流亡确是不得已之举。正如高嘉谦所言："流亡之于生命中的意义，乃不得已的弃绝故土，放逐记忆，且在地理空间上辩证一己的存在时间。"② 从徐孚远不止一次往返闽台看，他流亡台湾，确是如此。徐孚远是以流亡台湾的地理空间延续遗民身份的历史时间。繁复的播迁轨迹，印证了家国丧乱造成境外离散与眷恋家国、乡愁煎熬之间的矛盾心境。他对台湾地景的书写，从最初的期盼与慰藉，凝结成最后的悲痛与绝望。

徐孚远尚未入台前，将台湾视为延续自我身份的遗民境地。徐孚远《东行风阻》曰：

> 拟将衰鬓寄东瀛，频月东风不得东。身世何堪常作客，飘摇难禁屡书空。携儿兼载黄牛妪，农作应追皂帽翁。稍待波平阳月后，一舸须放碧流中。③

---

① （清）全祖望：《鲒埼亭外编》卷十二，朱铸禹汇校集注：《全祖望汇校集注》，上海古籍出版社2000年版，中册，第962页。
② 高嘉谦：《遗民、疆界与现代性：汉诗的南方离散与抒情（1895—1945）》，联经出版事业有限公司2016年版，第208页。
③ （清）徐孚远：《钓璜堂存稿》卷十五，郭秋显、赖丽娟主编：《清代宦台文人文献选编》，台北：龙文出版社有限公司2012年版，第一种，第1095—1096页。

衰鬓之年的徐孚远拟依附郑成功移居台湾,却因东南风受阻间隔数日后才成行。但东南风却无法阻止徐孚远想象台湾的生活场景。他已经下定决心携带家眷离开大陆,流亡台湾岛,将台湾岛作为全家的栖身之所。徐孚远的内心情境已然穿梭到海峡对岸的蛮荒境地。他想象等待风平浪静之后,郑功成东征台湾岛,能在台湾岛这块境外之地重构汉室领域,期待东征成功后,他能与妻儿在台湾岛过上家国安宁的躬耕生活。徐孚远以台湾地景及在台的生活构想,构建遗民文人的创作空间,形塑这个境外空间中的期待视野。他希望通过创造诗歌的在地想象空间,设想自己的忠臣存在感,形成强烈的遗民身份认同意识,表现与清王朝势不两立的遗民姿态。

徐孚远另一首想象台湾地景的诗作《拟柬书怀》曰:

> 昔日衣冠今渺茫,岛居一纪又褰裳。移家不惜乡千里,种秫何嫌水一方!地理未经神禹画,医书应简华佗囊。余年从此游天外,知是刘郎是阮郎?①

这首诗让我们联想斯蒂芬·欧文(Stephen Owen)先生关于记忆的论述:"中国古典诗歌往往从记忆中汲取养分,记忆的力量在于塑造文本与言说的距离,而诗的意义并不在于文本所描述的场景或事件,而是文本与言说的距离,这正是记忆所赋予的。"②

徐孚远从永历三年(1649)"至舟山朝(鲁)王"③,到永历十五年(1661),大部分时间留寓厦门岛,跟随郑氏集团抗清。诗作"一纪"正好是十二年。诗人"岛居一纪",如今要移家千里之外,

---

① (清)徐孚远:《钓璜堂存稿》卷十五,郭秋显、赖丽娟主编:《清代宦台文人文献选编》,台北:龙文出版社有限公司2012年版,第一种,第1096页。
② [美]斯蒂芬·欧文(Stephen Owen):《追忆——中国文学中的往事再现》,郑学勤译,上海古籍出版社1990年版,第11页。
③ 王云五主编,陈乃乾、陈洙纂辑:《明徐闇公先生孚远年谱》,《新编中国名人年谱集成》,台湾商务印书馆1978年版,第十一辑,第35页。

流亡于台湾岛。

徐孚远追忆十二年来穿戴明朝服饰，投靠郑成功在厦门岛抗清的生活情景，对曾经是汉室天下的大陆疆土寄予深切的追思与不舍之情。而现实处境又不得不让他携带家眷移居蛮荒的台湾岛。于是，他从追忆旧朝转入想象未来的情景。台湾虽在家乡千里之外，自然环境也十分恶劣，但移居台湾躬耕种秋，可以远离满目疮痍的争战之地，重构明朝安逸的生活图景。作者将台湾这一域外之境想象为故乡，设想自己的忠臣存在感，期待重启曾经的汉室生活，延续他作为汉室忠臣的身份，蕴含着强烈的遗民身份认同意识。

诗作最后一句"知是刘郎是阮郎"，借用李商隐、武元衡诗作中的典故，想象将台湾这个境外空间作为自己的故乡。李商隐《无题》诗云："刘郎已恨蓬山远，更隔蓬山一万重。"① 武元衡《同苗郎中送严侍御赴黔中国访他源之事》诗云："莫问阮郎千古事，绿杨深处翠霞空。"② 这与刘义庆《幽明录》中的故事又紧密相关：

> 汉明帝永平五年，剡县刘晨、阮肇共入天台山取谷皮，迷不得返，望山上有一桃树，遂采桃充饥。……其地草木气候常如春时。二人停半年还乡，子孙已历七世。③

作者运用典故建构了一种文学想象空间，在一种强烈的期待视野中，将台湾作为流亡的落脚点，表现与清朝势不两立的遗民姿态。台湾这一异域地景，成为作者抒写遗民心境的想象空间。

随着郑氏集团的东征，徐孚远以切身经历，将遗民文人"乘桴浮于海"的抽象寄托变为现实的体验。其《东宁咏》诗写道：

---

① （唐）李商隐著，（清）冯浩笺注：《玉谿生诗集笺注》，上海古籍出版社1998年版，第276页。
② （唐）武元衡：《同苗郎中送严侍御赴黔中国访他源之事》，（清）彭定求等编：《全唐诗》，上海古籍出版社1986年版，第7638页。
③ （南朝·宋）刘义庆：《幽明录》，台北：广文书局1979年版，第674页。

自从漂泊臻兹岛，历数飞蓬十八年。函谷谁占藏史气？汉家空叹子卿贤！士民衣服真如古，荒屿星河又一天。荷锄带笠安愚分，草木余生任所便。①

十八年首如飞蓬，漂泊无定的离散遭遇和流亡台湾的在地体验，让徐孚远感到国运衰尽，以孱弱的力量对抗清朝已是强弩之末。他以老子、苏武相比拟，希望在新的疆域里为国效忠，其恒心堪与星河相比。他显然已将原本是异域的疆土，认同为家乡。流亡台湾给徐孚远的在地体验，充满着遗民文人在大陆未能实现的生活期许。台湾地景资源，成为徐孚远建构文学书写的空间和抒发遗民心境的媒介。

徐孚远流亡台湾之初，对台湾地景给予充分的信任和期望。因此，他的《短歌》诗也说："老夫沧海居，慷慨浩歌发。……倘可避尘嚣，东濛采山蕨。"② 最初，他对台湾的想象与现实地景的体验是相符的，他相信在台湾这片不受喧嚣干扰的尘土上，可以躬耕采蕨，安居乐业，终老一生。流亡台湾的在地体验，成了徐孚远抒写遗民心志的媒介。他借助这一在地资源，完成了海外几社对于几社使命的传承与跨境延续，同时，传统文学书写也得以跨境传播。

时局再度转变，郑氏集团不得不迁回大陆，退守铜山，台湾这个放逐记忆的域外之境，成为无主的"绝地"空间。徐孚远《别朴孟珍》写：

神皋一失几时还？数载空悲旅鬓斑。世已无王谁作主？身居绝地更何攀？知君将母兼趋橄，念我携孥欲隐山。同挂风帆

---

① （清）徐孚远：《钓璜堂存稿》卷十五，郭秋显、赖丽娟主编：《清代宦台文人文献选编》，台北：龙文出版社有限公司2012年版，第一种，第1099页。

② （清）徐孚远：《钓璜堂存稿》卷十五，郭秋显、赖丽娟主编：《清代宦台文人文献选编》，台北：龙文出版社有限公司2012年版，第一种，第402页。

心绪乱，末由握手话时艰。①

徐孚远以在地景观的诗作，溯回遗民文人亡国的悲愤与无家可归却又不得不回归已不属于汉室王臣的"故土"。一首诗以三个问句出现，将作者对时间、人物、空间所触发的茫然若失、无所归依、愁肠百结的孤独与苦闷，倾注而出。流亡境外兴复汉室的理想志向付诸东流，境外地景幻化成"绝地"。徐孚远最终离开台湾重返大陆，其折返大陆的内心抑郁悲痛与愁闷哀伤，凝聚为诗句中的"乱"与"艰"。投身境外，飘零异域的体验，让重构汉室生活秩序的理想破灭，一种被时局弃离的愁闷哀伤、茫然若失的情态油然而生。

入台抗清不同的价值碰撞与对峙，体现遗民文人多元化的心态特征。郑成功东渡台湾的政治远见和雄图大略具有非凡的历史意义。何晏《论语集解》曾说："君子心和然其所见各异，故曰不同。"②以此观之，入台遗民文人们的内心所见相同，具有共同的忠君复兴思想和社会民生意识，而其外在的行为取舍上却未必相同。这种外在的差异性最终趋于融合统一。入台遗民文人在抗清行为取舍上的"碰撞"与"融合"，是传统儒家"和而不同"价值观的体现。

---

① （清）徐孚远：《钓璜堂存稿》卷十五，郭秋显、赖丽娟主编：《清代宦台文人文献选编》，台北：龙文出版社有限公司2012年版，第一种，第1099—1100页。

② （三国）何晏注，（宋）邢昺疏：《论语注疏》，中国致公出版社2016年版，第210页。

第二章

共时性与历时性的心态特征与嬗变

甲申国变后,一大批福建遗民文人先后依附郑氏集团,他们多以事功兼学术创作,表达坚贞不渝、以身殉节的遗民立场,体现对儒家"立功""立德""立言"传统思想的认同与传承。他们的文学书写或表达忠君复明的思想与社会民生意识,或表达以身殉国的民族气节与孤独悲愤中自我勉励的遗民情怀。随着社会局势的变化,遗民士人在抗清行为上也出现历时性的心态变迁。本章以遗民文人的创作探讨这一群体共时性与历时性的多元化心态特征。

第一节 忠君复明思想与社会民生意识

清初福建遗民文人不仅具有忠义气节精神,也能深入底层社会,具有浓厚的社会民生忧患意识。

一 忠君复明思想

清初福建遗民抗清的重要代表之一——郑成功(1624—1662),从小受到儒家忠孝仁义思想的教育。他不仅是一位功勋卓越的抗清武将,同时也是一位著作丰富的遗民文人。1646 年,清军入侵福建,郑成功的父亲郑芝龙降清。面对郑芝龙的降清事实,自古"忠孝不能两全"的矛盾常涌入心头,他说:"最怜忠孝两难尽,每忆廷闽涕泗流。"① 在"痛愤几不欲生"的处境下，仍毅然以"屈节污身不为"的遗民气节选择先尽忠再尽孝。1647 年，郑成功在烈屿（小金门岛）誓师，1650 年成功夺取厦门。1659 年，郑成功出师北伐，良图难遂，返回厦门。此后以驱逐荷兰殖民者、抗清复明、恢复故土为目标，展开了激烈的奋战。1661 年，郑成功率部进军并收复台湾。在此期间，郑成功创作了不少诗文作品，表达强烈的忠君复明的思想和决心。如《出师讨满夷自瓜州至金陵》："缟素临江誓灭胡，雄师十万气吞吴。试看天堑投鞭渡，不信中原不姓朱。"② 诗作写十万士兵祭拜明太祖时庄严盛大的阵列和士兵出征时气势磅礴到将要吞灭吴地的场面，写出了作者满怀激情、拼搏进取、收复故土、力图复兴的豪情壮志和决心。

郑成功之子郑经也受其遗民忠义精神的感染，在武装征战之余，也不忘以诗文作品表达抗清复明、忠君复兴的遗民心志。"《东壁楼集》中明显可以反映郑经心中最大的政治志业的多首诗作，都是充满了痛明反清，待时恢复的志概。"③

《独不见》中有诗句："壮士怀激烈，忠心在一片。"④ 作者明确表达了继承父志，忠君复明的豪情。其《悲中原未复》写：

> 胡虏腥尘遍九州，忠臣义士怀悲愁。既无博浪子房击，须效中流祖逖舟。故国山河尽变色，旧京宫阙化成丘。复仇雪耻知何日，不斩楼兰誓不休。⑤

---

① （明）郑成功、（明）郑经：《延平二王遗集》，杨家骆主编：《增订中国学术名著》，世界书局 1957 年版，第一辑，第 8 册，第 349 页。
② （明）郑成功、（明）郑经：《延平二王遗集》，杨家骆主编：《增订中国学术名著》，世界书局 1957 年版，第一辑，第 8 册，第 271 页。
③ 朱鸿林：《明人著作与生平发微》，广西师范大学出版社 2005 年版，第 208 页。
④ 全台诗编辑小组编撰：《全台诗》，台北：远流出版事业有限公司 2004 年版，第 1 册，第 74 页。
⑤ 全台诗编辑小组编撰：《全台诗》，台北：远流出版事业有限公司 2004 年版，第 1 册，第 130 页。

作者回忆自告奋勇斩楼兰的傅介子，以他为学习的典范，立志将满腔悲愤之情化为复仇雪耻之慨，提醒自己应有誓不罢休的政治怀抱和坚定信心，语气相当坚定。这实际上是借助历史典范人物来申明自己的遗民族群意识。诗作气势与陆游"王师北定中原日，家祭无忘告乃翁"所表达的决心和意志具有鲜明的一脉相承性，其遗民气节由此可见。

由上观之，在特定时空背景下，儒家所倡导的忠君复兴思想与忠贞不渝的高尚节操，历经时间的沉淀，在遗民文人的文化心理结构上形成了共同的体认。这是清初福建遗民文人共时性的文化心态特征之一。

二 社会民生意识

入台遗民文人不仅弘扬遗民文人的忠义气节，更难得的是他们能深入百姓生活，同情社会民生苦难，细致观察社会风气变化，具有浓厚的社会民生意识。这一共时性的文化心态特征与儒家的忧患意识又是紧密相连的。

郑经《不寐》诗写：

> 寂寞常不寐，中夜独长吁。腥氛满天地，中原尽狼胡。政令出群小，诛戮皆无辜。万姓遭狼毒，谁能振臂呼。闻风常起舞，对月问锟铻。听潮思击楫，夜雪忆平吴。遵养待时动，组练十万夫。[①]

诗作表达对于胡虏入侵中原的痛恨之外，更重要的是，透露朝廷政令出于群小图谋私利，导致百姓遭遇无辜的诛戮。作者往往夜不能寐，将满腔孤寂悲愤化为救民之志，希望经过刻苦努力，静待

---

① 全台诗编辑小组编撰：《全台诗》，台北：远流出版事业有限公司2004年版，第一册，第85页。

时机，为百姓复仇雪耻。可见，作为一位遗民将领，郑经所关心的不仅是儒家所倡导的"立功"之志，更有一种难得的救民于苦难，关注国计民生，珍惜百姓生命，悲悯苍生的民生忧患意识。

卢若腾的《海东屯卒歌》说：

> 故乡无粥饘，来垦海东田。海东野牛未驯习，三人驱之两人牵。驱之不前牵不直，偾辕破犁跳如织。使我一锄翻一土，一尺两尺已乏力。哪知草根数尺深，挥锄终日不得息。……如今官粮不充腹，严令刻期食新谷。新谷何曾种一茎，饥死海东无人哭。①

卢若腾的流亡足迹未至台湾，但他对流亡台湾耕种的遗民生存境况的想象与描述却极为感人。诗作以"海东"为题，明确将文学构建空间移向台湾地景。卢若腾从大陆漂洋过海流亡台湾，本为谋取生存，躲避掳掠战乱和异族统治，但台湾恶劣的自然环境令百姓耕种十分艰辛，卢若腾身处险恶的海岛中，切身体会到海上生存的艰难险阻，他对岛上居民受恶劣自然环境摧残的境遇产生悲悯之心。台湾岛上"野牛未驯习""草根数尺深""官粮不充腹""刻期食新谷"等场景的想象，构成了他诗作中的叙事题材。官吏苛政又增加了一层摧残，造成百姓"饥死海东无人哭"的悲惨境况。读之，骇人眼目，惊愕顿生。恶劣的自然环境迫使百姓筚路蓝缕，但也因此培养了靠海生活的人们顽强拼搏、奋发进取、坚持不懈、不畏艰难险阻的可贵精神。卢若腾很敏锐地洞察到渔父身上所具有的这些精神品质。可见，海洋性地域文化特征对培养遗民文人的人格意识、忧患意识，形成遗民身份认同意识具有鲜明的促进作用。诗歌一方面写闽台恶劣的自然环境迫使百姓筚路蓝缕，生存困难。同时，又

---

① （清）卢若腾：《岛噫诗》，《台湾文献史料丛刊》，台湾大通书局1987年版，第245种，第24页。

由于官吏苛政造成百姓"饥死海东无人哭"的悲惨境况。此诗表现卢若腾对民众艰难处境的同情与悲悯，对国计民生给予充分的关注。

　　台湾地景想象，形塑了流亡境外安身立世的理想与艰难困苦的现实之间的激烈矛盾，造成严重的心灵冲击。对比大陆家国丧乱的创伤，流亡境外的惨状也同样不堪入目。境外的空间想象又重新激发作者浓厚的民生忧患思想和民族危机意识，海外几社对于几社实学用世精神的传承也从大陆流播出去。

　　卢若腾的诗作中寓含自身对于儒家忧患思想的价值体认，表达自身的身份归属的，自不在少数。他曾解释："岛居以来，虽屡有感触吟咏，未尝作诗观，未尝作工诗想，如痛者之呻，哀者之哭，噫气而已！"① 说明传统儒家思想在闽籍遗民文人身上得以传承和弘扬。读之，也自然让我们联想起同为遗民的清初三大思想家——黄宗羲、顾炎武和王夫之。他们的思想著作也无不体现对于民生的终极关怀。如顾炎武的《病起与蓟门当事书》写道："天生豪杰，必有所任，如人主于其臣，授之官与之职。今日者拯斯人于涂炭，为万世开太平，此吾辈之任也。仁以为己任，死而后已。故一病垂危，神思不乱，使遂溘焉长逝，而于此任已不可谓无尺寸之功。今既得生，是天以为稍能任事而不遽放归者也，又敢怠其职乎？"② 黄宗羲的《明夷待访录》写道："天下之治乱，不在一姓之兴亡，而在万民之忧乐。"③ 王夫之《读通鉴论》也认为："人君之大患，莫甚于有惠民之心。"④ 对于民生的亲切关怀，已成为明末清初遗民文人的共识。

　　卢若腾（1598—1664）相较于黄宗羲（1610—1695）、顾炎武

---

① （清）卢若腾：《牧洲自序》，《台湾文献史料丛刊》，台湾大通书局1987年版，第245种，第3页。
② （清）顾炎武：《亭林文集》卷三，中华书局1983年版，第48页。
③ （清）黄宗羲：《明夷待访录》，《黄宗羲全集》，浙江古籍出版社1985年版，第1册，第5页。
④ （清）王夫之著，傅云龙、吴可主编：《船山遗书》第5卷，北京出版社1999年版，第3083页。

（1613—1682）和王夫之（1619—1692）等，年长十几岁，甚至二十岁以上。目前，虽然难以证实卢若腾创作中民生意识对于三大思想家的直接影响，但从他们对于民生的关怀和体认，即可反观卢若腾作为闽籍遗民文人的典型代表之一，其诗作所表达的儒家传统的民生忧患思想和民族危机意识，具有可持续的传承与认同意义。

遗民志士的著述创作所蕴含的浓厚的社会民生意识和民族危机意识，是儒家忠、孝、仁、义的价值理念的传承和延续。

第二节 殉节气概与自我勉励的遗民品质

清初福建遗民文人中，有不少人在明朝危亡之际，将自己的生死置之度外，以身殉国表明自己不可质疑的遗民气节。也有因矢志复明的苦心得不到同情与理解，却仍能在孤独悲愤中自强自励者。

一　殉节气概

前述博学多闻的思想家、文学家、书画家黄道周，虽多次遭受明室权臣的误解与屈辱，在崇祯帝自缢于煤山之后，他已告病归家，但仍坚决拥护大明王朝，以一介书生之精神勇气，力挽狂澜于既倒，积极组织力量抗逆清朝统治，最后被执于南京。清廷对其置酒劝降，黄道周吟诗咒骂，神情自若，绝食十四日，惟求一死。"和墨伸纸，作小楷，次行书，幅甚长，力以大字竟之。又索纸作水墨大画二幅，残山剩水，长松怪石，逸趣横生，题识后加盖印章，始就刑。"[①] 临刑前，黄道周说道："此与高皇帝（朱元璋）陵寝近，可死矣！"[②] 遂慷慨赴义。

在生命的最后一刻，黄道周以镇定自若、从容不屈的心态安慰家人，其视死如归、尽忠报国的精神勇气有如气贯长虹的精神之光

---

① 由智超：《中国书法家全集·王铎》，河北教育出版社2002年版，第164页。
② 郑贞文：《闽贤事略初稿》，商务印书馆1938年版，第128页。

永远铭记在后人心中。黄道周以国事为重,勇于奏疏,敢言直谏,刚直不阿,直至被革职贬谪,最后治罪入狱,仍不计个人得失,将生命置之度外,表现了为国为民、光明磊落的遗民情怀。

隆武二年(1646)八月,清兵攻福州,唐王在汀州被俘。曹学佺曰:"我守非吾事,如天祚明,则《实录》可就;若不祚明,老臣惟有死而已,岂事二君耶!"①曹学佺将家属亲眷遣出城外,他决心以身殉国。曹学佺化僧入鼓山,于西峰中堂题壁曰:"生前一管笔,死后一条绳。"②曹学佺以自缢殉国,践行遗民志士强烈的价值认同与报国信念。这印证了曹学佺所言:"肯把丹心托青史,应看千载有芳名。"③乾隆帝为其爱国精神所感动,于乾隆十一年(1746),追封其"忠节"谥号,世人尊其为"曹忠节公",《明史》立其传。

卢若腾曾因得知隆武帝兵败汀州的消息而跳水自杀,后被同官救起。"寻潜入㵲,辗转入闽海,偕诸葛倬、沈宸荃、曾樱、许吉燝、辜朝荐、徐孚远、郭贞一、纪许国、沈光文等居浯洲屿,自号'留庵'。永历十八年(1664)与沈佺期、许吉燝东渡,寓澎湖。病亟,值崇祯当年殉难之日,一恸而绝。"④1683年,施琅攻破澎湖,郑克塽降清,宁靖王朱术桂毅然以身殉国。宁靖王殉身报国的勇气鼓舞了其五妃(即袁氏、王氏、秀姑、梅姐、何姐等五人),他们也不愿苟活失身,先于宁靖王自缢身亡。五妃和宁靖王身在台湾海峡,却心系大明王朝,他们宁死不屈的精神勇气,正是遗民士人忠君爱国、坚守志节的典范。

尽管也有不少观点认为遗民文人不必以殉节达志。但他们以身殉节的壮举,坚定地继承伯夷、叔齐忠于故国而饿死首阳山的遗民

---

① (清)曹孟善:《曹石仓行述》,1964年传抄本。
② (清)曹孟善:《明殉节荣禄大夫太子太保礼部尚书雁泽先府君行述》,《曹学佺集》卷二,江苏古籍出版社2003年版,第23页。
③ (清)曹学佺:《石仓诗稿》卷三二,《四库禁毁书丛刊》,北京出版社1998年版,集部,第143册,第631页。
④ 孔昭明:《台湾文献史料丛刊·弁言》,台湾大通书局1987年版,第245种,第2页。

精神，也给近现代多少仁人志士为国家民族大义而抛头颅洒热血提供了精神典范！遗民文人超脱生死的勇气和抗争精神，具有继往开来的积极意义，足以令我们敬佩和传扬。

二 自我勉励的遗民品质

"遗民文人具有的豪杰人格，即强化突出自我意识，坚持自我的独立，坚信自我的判断力，并自信具备扭转乾坤的能力。"① 郑经作为明郑政权的领袖人物之一，是遗民文人具有豪杰人格的典型代表，其作品颇能体现自强不息、自我勉励的遗民情怀，值得我们关注。在郑成功北伐失败之后，郑氏集团东渡台湾，内外困境重重，但郑经仍坚持自强自励，以诗作期许遗民之志。从历时性的时间层面看，东征台湾已坚持十年，尚未能取得胜利。"渡海今十载，未能大披胆。"② 从共时性的场域上看，郑氏集团东渡台湾，必须负清廷与荷虏的敌对压力，也招致入台遗民文人不解的责难与怀疑。郑经《独不见》诗曰："徒苦诸群黎，作计良不善。胡骑一朝至，人人自为变。我今兴王师，讨罪民是啻。"③ 郑经处于时空上的双重困境中，难免感到"岁月转相催，忧心自惨惨"④。郑经矢志复国的理想没有得到遗老的理解和同情，以致孤寂悲愤的心境油然而生："自恨无知己，惟鸟结知心。"⑤ 痛愤和孤独并没有使他一蹶不振，而是以诗勉励自己"尝胆卧薪思越主，复仇雪耻忆吴娃"⑥。作者借用越王勾践

---

① 李瑄：《明遗民群体心态与文学思想研究》，巴蜀书社2009年版，第127页。
② （清）郑经：《东碧楼集》，陈庆元等主编，杨天厚点校：《台湾古籍丛编》，福建教育出版社2017年版，第二辑，第83页。
③ 全台诗编辑小组编撰：《全台诗》，台北：远流出版事业有限公司2004年版，第1册，第74页。
④ （清）郑经：《东碧楼集》，陈庆元等主编，杨天厚点校：《台湾古籍丛编》，福建教育出版社2017年版，第二辑，第104页。
⑤ 全台诗编辑小组编撰：《全台诗》，台北：远流出版事业有限公司2004年版，第1册，第93页。
⑥ 全台诗编辑小组编撰：《全台诗》，台北：远流出版事业有限公司2004年版，第1册，第134页。

的典故，勉励自己刻苦努力，发愤图强，表达了励精图治，立志驱逐荷虏，恢复明室的坚定信心和雄图大略。这种自我慰藉，自我勉励的遗民情怀，本身就具有不朽的生命价值意义。

综上观之，明清福建遗民文人面临着共同的时代鼎革危机，形成强烈的亡国悲愤意识。他们以身殉国的遗民气节，成为后人培养民族自尊心和凝聚力的精神典范。遗民文人不仅武装抗清，也积极著书立说，抒写不仕新朝的遗民心志和忠贞不贰、以身殉国的遗民气节。他们的文学著作足以振奋民族士气，形成强烈的精神力量。遗民士人不为人理解的匡复之志，促使他们将孤寂悲愤化为精神力量，自强自励。遗民文人共时性的多元化心态特征是遗民文学和闽台文学多样化发展的心理基础。透过清初福建遗民文人共时性的多元化心态，可见传统儒家集体潜意识的文化心理结构和价值理念具有可持续的弘扬和传承意义。

第三节　历时性的多元化心态嬗变

由于政局转变，时代背景不同，也伴随遗民个体对所留寓地域文化环境不同的认知、体验与感受，他们各自的思想心态呈现多元化的变迁轨迹。在留寓、漂泊的遗民群体中，跟随郑氏集团渡台抗清的遗民群体心态的变迁尤为值得我们探讨与研究。郑氏集团在东征台湾过程中不断改进战略措施，逐渐取得了成效，郑氏父子胸怀大略、维护民众利益的政治立场也日渐深入民心。许多东南沿海遗民文人，先后依附郑氏集团，漂洋过海，移居台湾。入台遗民文人从最初的羁客处境逐渐向台湾乡土认同转化，从矢志抗清的心志转向安贫躬耕、隐逸旷达的遗民操守，也有遗民文人出于家族生计，周旋于坚守志节与请托仕宦的双重困境中。

一　矢志抗清与隐逸旷达心态的转变

大部分遗民文人希望通过依附郑氏集团实现复明的"立功"之

志。但最后抗清时局不容乐观，他们认为自己"立功"不足，只能以"立德"加以弥补。于是，从矢志抗清转向安贫躬耕、隐逸旷达的遗民操守。这一"立德"的愿望，也充分体现于他们"立言"之作。

海外几社领袖徐孚远矢志抗清的"立功"宏愿，在其《陪宁靖集王愧两斋中》中即有鲜明的体现："龙无云雨神何恃？剑落渊潭气自存。饮罢不须愁倒极，还期珍重在中原！"① 诗句表达作者即使抗清的仗剑掉落渊潭，也不愿放弃其重返中原、重振故明王朝的勇气和决心。作者强烈的忠君复明思想和坚定的遗民气节由此可见一斑。

而迁居台湾后，徐孚远所作的《东宁咏》诗云：

自从漂泊臻兹岛，历数飞蓬十八年。函谷谁占藏史气？汉家空叹子卿贤！士民衣服真如古，荒屿星河又一天。荷锄带笠安愚分，草木余生任所便。②

诗作也提及自己在台湾漂泊无定，首如飞蓬的经历。同时，以老子、苏武相比拟，表达自己愿为国效忠的恒心堪与星河相比。但既然报国无门，就在台湾安分守己地过着穿蓑衣、戴斗笠的遗民躬耕生活。一方面，以服饰表达自己作为儒家思想传承者的身份意识，同时，字里行间也流露了作者宁愿以安贫乐道的生存方式保持遗民文人的道德操守。

福建漳州龙溪县岱南人李茂春（？—1675），字正青，早年投奔郑成功。永历十八年（1664），随郑经东渡台湾，于台南永康里，建筑草庐隐居，题名"梦蝶处"。李茂春在此"手植梅竹，日诵佛

---

① 全台诗编辑小组编撰：《全台诗》，台北：远流出版事业有限公司2004年版，第1册，第24页。
② 全台诗编辑小组编撰：《全台诗》，台北：远流出版事业有限公司2004年版，第1册，第25页。

经自娱,人称'李普萨'"①。李茂春手植梅竹,表现他向梅花、竹子的高洁品性看齐。他到台湾不久就建筑草庐隐居,让自己度过十几年悠然自得的生活,说明他早已从抗清形势中领悟到作为一位遗民文人真正的价值追求应是旷达隐逸,保持遗民文人应有的超凡脱俗的高洁品性。

李茂春这种旷达隐逸的心理追求,影响了不少友人。陈永华曾是立志抗清的重要将领,后来受李茂春旷达坦荡心境的启发,曾作《梦蝶园记》,表达对李茂春在台湾怡然自得的隐逸生活的向往和追慕。

> 昔庄周为漆园吏,梦而化为蝴蝶,栩栩然蝶化。人皆谓庄生善寐,余独谓不然。夫心闲则意适,达生可以观化,故处山林而不寂,入朝市而不梦。醒何必不梦,梦何必不蝶哉?吾友正青,善寐而喜庄氏书,晚年能自解脱;择地于州治之东,伐芳辟圃,临流而坐,日与二三小童,植蔬种竹,滋药弄卉,卜处其中,而求名于于。夫正青,旷者也。其胸怀潇洒,无物者也。无物,则无不物。故虽郊邑烟火之所比邻,游客樵夫之所阗咽,而翛然自远,竹篱茅舍,若在世外,闲花野萃,时供枕席;则君真栩栩然蝶矣。不梦,梦也;梦,尤梦也。余慕其景而未能自脱,且羡君之先得,因名其室曰"梦蝶处",而为文记之。②

陈永华举庄周梦蝶的典故,说明李茂春自我解脱、潇洒无拘、以山水为友、淡泊名利、与世无争的生活方式与庄周的处世态度具有一脉相承的关系。同时,也明确表达自己作为一位遗民文人,对

---

① 连横:《台湾通史》,《台湾文献史料丛刊》,台湾大通书局1984年影印重版,第128种,第752页。
② (清)陈永华:《梦蝶园记》,《台湾文献丛刊》,台湾银行经济研究室1962年版,第218种,第161—162页。

如此僻然宁静、山明水秀、超凡脱俗的隐逸生活的极大羡慕与追求。

可见遗民文人在入台前后，他们矢志复国的"立功"心志逐渐转向隐逸躬耕的"立德"心境。这种心境的变迁与儒家"达则兼济天下，穷则独善其身"的处世思想又是互相呼应的。

二 坚守志节与请托官员之间的抉择

一部分入台遗民文人虽然也坚守遗民志节，但为了个人及家族生计，他们不得不周旋徘徊于坚守志节与联系仕宦的双重困境中。王忠孝即是处于这一双重困境中的典型代表人物。

王忠孝是郑氏集团重要的幕僚，长期参加抗清征战，他无疑是一名坚守民族气节的遗民志士。但迫于家族生计，王忠孝在入台后也常与清廷官员有所联系、请托。

王忠孝的家乡泉州惠安沙格村，是郑氏集团和清朝势力集团互相争夺的要地。王忠孝的族人往往遭受肆虐的骚扰和掠夺，无法安身。王忠孝不得不在闽台两地经营贩运货物以维持生计。王忠孝在《复惠安县令邢虞建书》中说："捧教备悉近况，衙斋如佥寮，而以风尘当诵论，苦行当有圆满日也。"① 可见，王忠孝与清廷官员之间存在着一定的联系。他与官员之间的联系，目的在于请托他们在租税上给予减免。王忠孝的内心要忠于明室，坚守节操，而在行为方式上却又能以谦卑的姿态与清朝官员联络、请托，以完善生计问题。在这种双重的狭缝中求取生存，更为不易。

三 羁客心境与乡土认同心态的变迁

遗民文人留寓闽台沿海，成为背井离乡、无家可归的征人羁客。作为征人羁客，必然要重新适应新的自然和社会环境。明末清初的闽粤沿海尚处于待开垦的蛮荒境地。波涛汹涌的海浪和荆棘丛生的荒野，使得遗民文人的生活困难重重。同时，南明政权灭亡导致他

---

① （明）王忠孝：《王忠孝公集》卷之第七，上海辞书出版社2013年点校本，第77页。

们精神上重重焦虑与苦闷。现实生活无从安逸，思想精神又陷入困境，自然引起遗民文人们浓烈的思归情结，他们在创作上也自然流露出这种羁客的处境和心态。

徐孚远（1599—1665），字闇公，晚号复斋，江苏华亭人，是一位坚贞不渝的抗清志士。清军南下，明室遭陷，他远离故乡，召兵投奔唐王，受黄道周力荐，留寓闽粤参加艰苦卓绝的抗清斗争。隆武二年（1646），随张肯堂北伐，避居舟山。1651年，随鲁王奔赴厦门，为郑氏叔侄监军，在明郑政权中处于重要地位。1661年随郑氏集团入台抗清。

徐孚远的《梦归》写：

离家已复十余年，望远不睹江南烟。梦中忽载羁魂去，推门入户还历然。娇女三人何婀娜，一哫一默安坐在。然者二女何有三，存亡杂出那能谙。微闻言及亡人事，雁书不达相传异。初云堕水浮沧浪，复云赴火随姚光。非水非火了自知，愁叹入耳心茫茫。居者旋失梦者返，云路差池双翩断。①

作者感叹长年漂泊异地，想念故乡，思念亲人，以致梦见自己羁旅他乡的魂魄回家探亲。他进门后看到离家时的情景仍历历在目，可令人哀痛的是其中一个女儿却已杳无音信。他正想到处寻找女儿的下落，却忽然梦醒，发现云层重重阻隔了归家的路途。现实中无法回家，在梦中也想回家看望亲人，可梦中也难以寻回女儿的魂魄，梦境给他带来的是更多的悲伤与哀痛，读来令人惆怅！字里行间表达了作者因漂泊异乡而生发的强烈的思乡情怀与作为一位父亲无法保护自己亲生骨肉的自责与难言的哀恸之情。又如《乡梦》："乡关入梦旅魂飞，朝看青山暮落晖。闲把渔竿垂水

---

① （清）徐孚远：《钓璜堂存稿》卷六，郭秋显、赖丽娟主编：《清代宦台文人文献选编》，台北：龙文出版社有限公司2012年版，第一种，第521页。

钓，长风蹴浪溅罗衣。"① 这首诗也是梦回故乡之作。写作者梦见自己回归家乡观赏青山落日，过着悠闲垂钓的安宁生活，情真意切地表达了对故乡的思念之情。从中反衬出一位羁客对回归家乡的向往与追求。

沈光文（1612—1688），字文开，号斯庵，浙江鄞县人。他曾与徐孚远、卢若腾、纪许国等遗民文人留寓金门，后入台湾。寓居金门、台湾期间，创作了不少感时伤怀的乡愁之作，羁客的处境尤为明显。如《思归》其一：

> 岁岁思归思不穷，泣歧无路更谁同？蝉鸣吸露高难饱，鹤去凌霄路自空。青海涛奔花浪雪，商飙夜动叶梢风。待看塞雁南飞至，问讯还应过越东。②

此诗被收入《全台诗》中，也有学者认为此诗作于金门。而不论它的创作地点在台湾或是金门，诗作所体现的作者对于故乡的极度思念而无望回家，难以寄回书信的惆怅孤寂心境是确信无疑的。

首联的"泣歧"出自《吕氏春秋》："墨子见歧道而哭之"③，表达因不知所往而涕泪沾襟的心情。颔联中"蝉"的典故与骆宾王《在狱咏蝉》中所刻画的"蝉"的意象有异曲同工之妙。"露重飞难进，风多响易沉。无人信高洁，谁为表予心？"④ 作者与骆宾王同出一意，借蝉鸣比喻虽然生活困顿、风餐露宿，却坚持操守、品行高洁。鹤去凌霄，比喻自己志存高远却又前途渺茫的心理困境。颈联和尾联写波涛汹涌的海浪冷似霜雪，以环境之冷寓意作者身边缺少精神慰藉，令人心冷。深秋的夜晚被狂风摧残的叶梢，犹如作者孤

---

① （清）徐孚远：《钓璜堂存稿》卷十八，郭秋显、赖丽娟主编：《清代宦台文人文献选编》，台北：龙文出版社有限公司2012年版，第一种，第1184—1185页。
② 全台诗编辑小组编撰：《全台诗》，台北：远流出版公司2004年版，第1册，第59页。
③ （战国）吕不韦：《吕氏春秋》，中华书局2007年译注本，第169页。
④ 萧涤非等：《唐诗鉴赏辞典》，上海辞书出版社2004年第2版，第13页。

寂的身躯随风漂泊，自然引发他对故乡、亲人的思念之情。正如林立先生所言："遗民文人往往借助一些外在的意象来予以反衬、烘托和比拟他们的志意和立场，或挪用一些'语码'，建立他们与前人作品在内容和意识方面的文本关系，触动（有丰富的阅历经验的）读者的联想。最重要的是，所有这些事象或词汇几乎都具有柔美、脆弱的特质，特别适合他们想要塑造的飘零落魄、内敛委屈的自我身份和形象。"[1] 思念故乡而不得回，于是，作者希望等待塞北南飞的大雁帮他寄回问候亲人的书信。可即使等到大雁南来，也要待它飞回越东才能将自己的问候和思念寄回家乡。这在空间上令人感觉家乡更为遥远，而问讯的时间也自然需要加倍延长。这种双重的时空阻隔，使得思念家乡、亲人的心情倍加惆怅。读之令人感觉凄恻悲怆！遗民文人对家乡的书写，反映了他们对家乡的向往与思念，更寄寓着强烈的故国之思。

沈光文以自己诗性的笔锋抒写有家不能归的满腔愁闷哀伤之情。这类诗作数不胜数。如《望月》："望月家千里，怀人水一方。每逢北来客，借问几时还。"[2] 家乡在千里之外，只好将问候亲人的希望托付给将要还乡的友人。希望友人早日回乡，传达自己的思念之情。《至湾匝月矣》："闭门只是爱深山，梦里家乡夜夜还。"[3] 诗人望月怀远，借月寄乡思之情，以致梦中也想归家。遗民文人强烈的羁客心态和惆怅哀伤的处境展露无遗。

沈光文定居台湾，并非由于闽台交通堵塞不能回乡，而是因为他不愿回乡接受清朝的统治。他的《山间》（第三）写道："长安难得去，不是为途遥。"[4] 因此，这一羁客的心态并不能仅仅理解为对

---

[1] 林立：《沧海遗音：民国时期清遗民词研究》，香港中文大学出版社2012年版，第72页。

[2] 龚显宗编著：《沈光文全集及其研究资料增编》，《纪念沈光文诞辰400年》，台南市政府文化局2012年版，第49页。

[3] 全台诗编辑小组编撰：《全台诗》，台北：远流出版公司2004年版，第1册，第64—65页。

[4] 全台诗编辑小组编撰：《全台诗》，台北：远流出版公司2004年版，第1册，第48页。

空间距离遥远的家乡的思念，更重要的是对于已经衰亡的明王朝的追忆和眷顾。他的乡愁情结和羁客心态也因此同时具有普遍的共时性意义和深远的历时性意义。

沈光文的《蛙声有序》写：

> 寓居窄逼，庭草不生，时值秋霖，云深日暝，入夜至更余，雨声暂歇，残宿于天际，微月出于东方，忽有蛙声出自庭侧，仅仅孤鸣，或断或续，岂呼类而寡朋，抑离群而自咏……①

由于极度的思念故国故土，作者深夜未眠，以"微月"露于东方寓意复兴明朝的念想。但他又以秋雨过后孤独鸣叫的青蛙自喻，表达自己离群索居、势单力薄的处境，无法挽回明王朝，只能"雨后竹中空自怨"，表达了虽身处台湾却仍一心眷念故国故土的深沉、浓烈的羁客心绪。

王忠孝入台后，也多有笔端抒写自己作为遗老羁客身份的作品。他的《东宁友人贻丹荔枝十颗有怀》：

> 海外何从得异果，于今不见已更年。色香疑自云中落，苞叶宛然旧国迁。好友寄械嫌少许，老人开篚喜多缘。余甘分啖惊心候，遥忆上林红杏天。②

此诗以惊喜表达乡愁，写台湾友人赠送荔枝给他，虽然数量不多，只有十颗，但却让他惊喜万分。他的家乡惠安与盛产荔枝的仙游枫亭相毗邻。从前在家乡应多有机会品尝新鲜的荔枝。而自从离开家乡后就难得见到香甜可口的荔枝，突然发现台湾也种植荔枝，

---

① 全台诗编辑小组编撰：《全台诗》，台北：远流出版公司2004年版，第1册，第61—62页。
② 全台诗编辑小组编撰：《全台诗》，台北：远流出版公司2004年版，第1册，第21页。

惊叹不已，自然牵引他对于故乡的思念之情。虽然只字未言羁客之"愁"，但这种对于家乡故土的追忆之情，已溢于言表。

王忠孝寓居台湾期间，其羁客的心境一直挥之不去，以致在临终前仍念念不忘回归故土，吩咐后人为他归葬故乡。《王忠孝传》记载："癸丑年，东人送公柩归里，葬于惠北松亭之原。"①

如果说王忠孝托付后人为他送回灵柩还是一个活生生的遗民文人羁客心态的反映，而卢若腾却是在去世后的灵魂上也流露着浓厚的羁客心境。其子梦见他"在外苦寒"。与其说是他儿子梦见，更应是卢若腾不安的英魂托梦给他儿子。于是，其子遂将他移葬金门，并遵其遗嘱，在其墓碑上刻"有明自许先生牧洲卢公之墓"。在他们内心，惟有魂归故里，才足以心安理得无愧于"明遗民"的称号。

可见，羁客的心情和处境，在入台遗民文人中普遍存在。相同的离乡背井、离亲别子的经历，造就了他们对于"乡愁"文学主题的共同书写，丰富了"乡愁"文学的题材内容，为闽台文化的交流与融合奠定了深厚的文学基础。遗民文人们归葬故里的价值理念，进一步体现了他们眷念故国的浓厚意识，具有垂范后世的重要意义。

由于遗民文人们长期居住的大陆，已成为清朝统治的天下，他们回乡抗清已无回天之力。一味地沉溺于对故乡的眷念与追忆，与坚贞不渝、勇于抗争、吃苦耐劳的遗民精神似不相吻合。他们一方面不忘故亲、故土，一方面为了求取生存，必须振作精神，在台湾这片正值开垦的新土地上挥洒血汗，辛勤耕耘，努力适应台湾现有的自然和人文环境，对台湾"乡土"给予积极的认同。于是，经历一段时间的积淀，遗民文人们羁客的心境渐渐淡出，"乡土"认同心态则逐渐深入内心。入台遗民文人这一历时性的心态嬗变充分展现

---

① （明）王忠孝：《王忠孝公集》卷之第十二，上海辞书出版社2013年点校本，第133页。

在他们的文学创作中。

徐孚远的《柚花》：

> 惟彼柚花，白质绿柎。既滋内美，馥烈爰殊。野人之圃，土薄枝疎。微风拂之，袭袭我裾。①

柚子是闽台地区共有的美味果树。徐孚远抓住闽台这一共同的风物，以表达他对台湾乡土的赞美，自然流露了作者对于台湾乡土生活的认可。

沈光文的台湾乡土之作也十分丰富。从他的《台湾赋》中可见作者对于宝岛台湾美丽的风光和丰富的物产给予极力赞扬。

> 北线尾夜静潮平，月沉水镜；下港冈春明谷秀，树缀红妆。……东番社山藏金矿，下淡水地产硫磺。……梓栗之树更多，桥柚之园甚广。西瓜莳于圃者如斗，甘蔗毓于坡者如菽。②

可见，沈光文对于台湾山水风物已经十分熟悉，并充满了热爱和赞许之情。他的《番妇》诗写：

> 社里朝朝出，同群担负行；野花头插满，黑齿草涂成。赛胜缠红锦，新妆挂白珩；鹿脂搽抹惯，欲与麝兰争。③

《番桔》：

---

① （清）徐孚远：《钓璜堂存稿》卷一，郭秋显、赖丽娟主编：《清代宦台文人文献选编》，台北：龙文出版社有限公司2012年版，第1种，第155页。
② 龚显宗编著：《沈光文全集及其研究资料增编》，《纪念沈光文诞辰400年》，台南市政府文化局2012年版，第71页。
③ 龚显宗编著：《沈光文全集及其研究资料增编》，《纪念沈光文诞辰400年》，台南市政府文化局2012年版，第52页。

第二章　共时性与历时性的心态特征与嬗变 / 113

枝头俨若挂繁星，此地何堪比洞庭；除是土番寻得到，满筐携出小金铃。①

说明沈光文不仅感受到了台湾风物之美，也逐渐融入了当地的族群村社，对当地人民的民俗风情和躬耕生活给予热情讴歌，字里行间洋溢着作者对于台湾乡土文化的充分认可。

上述作品让我们感受到入台遗民文人微妙的内心变迁历程。他们从羁客的处境向台湾乡土文化认可的心态变迁，也带动了两岸乡愁文学与乡土文化的共同发展。他们的乡愁作品与乡土文学作品，为两岸文化交流提供了宝贵的题材和文献支撑，具有积极的意义。

历经时局转变与时间的沉淀，入台遗民文人从最初的羁客处境转为对台湾乡土文化的认同，从矢志抗清，恢复明室的"立功"之志转向隐逸山林，以"立德""立言"保持遗民的操守，也有遗民文人为求取生存机会，周旋徘徊于坚守志节与请托清朝官员的双重困境中。这些多元化、历时性的心态嬗变特征，蕴含于他们的文学创作中，使得闽台文学中乡愁主题与乡土文化认同主题不断争鸣，并互相融合。它们共同推动着闽台文学的发展与进步。无论是"乡愁"文学主题，还是"乡土"文化认同主题，都体现了入台遗民文人对于中华文化"乡土情谊"的重视和传承，都能表达遗民文人的高洁情怀与忠于故土的民族气节。

遗民士人共时性的多元化心态和历时性的心态嬗变过程，共同促进了遗民文学的发展与演变，为两岸民族文化的融合与交流，增强民族凝聚力，促进民族统一事业的发展，奠定了深厚的文化基础，具有积极的现实意义。

---

① 龚显宗编著：《沈光文全集及其研究资料增编》，《纪念沈光文诞辰400年》，台南市政府文化局2012年版，第49页。

第三章

清初福建遗民群体的特殊性

福建山海结合的地域环境、南强北弱的华夷观以及毗邻江南发达地区具有与江南先贤互动交流的优势性，促成清初福建遗民群体具有明显的特殊性。本章从横向的地域环境与社会思想变迁、地域交流等客观因素对形成清初福建遗民身份认同思想的特殊性进行研究论述。

第一节 山海地域环境养成坚韧不屈形象的突出性

从地域环境看，福建隶属我国东南边陲一隅，西北多山，东南沿海。福建地处中国边陲，福建三面环山，东临海岸线，地理环境上具有鲜明的山海结合的特征，对培养遗民文人的身份认同意识、人格意识与坚韧不屈的性格特征，具有鲜明的促进作用。从历史上大规模的战乱纷争上看，福建境内往往是抗击异族入侵的后方根据地，也是遗民志士隐逸抵抗之所。《闽都别记》记载："盖闽都东南滨海，西北联山，重关内阻，群溪交流，三峰鼎峙于域中。"① 《漳州府志小序》记载："傍山多硗瘠，……然泉石峭洌，磅礴浩荡，钟气清劲，士多负气岸、尚节概，固举朝教养培积滋厚，而扶舆之情

---

① （清）里人何求：《闽都别记》，福建人民出版社1987年版，第1页。

淑，河岳之精英，亦多毓萃焉。"① 可以说，山海结合的地域文化环境是清初福建遗民文人形成身份认同意识的关键因素。

山海结合的特殊地理条件和恶劣的生存环境，丰富了闽地居民的内心世界，形成了坚韧不屈的人格特征和乐天知命的人生观。闽地人民形塑了冒险犯难、勇于抗争和豁达豪放的精神品质。这些因素都为明遗民形成忠义爱民、坚强不屈、敢于反抗的高贵品质奠定了坚实而独特的地域文化基础。明遗民黄道周、曹学佺、林古度、李世熊、陈轼、郑成功、卢若腾等，即为忠实贞刚、磊落大节之士。可见，闽地明遗民的身份认同意识及其躬蹈忠义精神的养成，与其地域文化环境关系尤为密切。

一　闽西多山的地域环境培养闽人坚韧不屈的性格

"冷暖、干湿等气候因素，地形、位置、交通条件等地理因素，以及政治、经济、宗教、法律、教育等种种人文社会因素，都可能使原来同出于一、而后分散于不同'环境'中的人群，产生各自的文化个性。它提示了某种区域文化'小传统'的存在。"② 福建三面环山的地理特征，也有利于挡住北来的寒流，将古代中原的争战板荡之声隔绝在外，形成偏安之隅。北方的先民们为躲避战乱，逃避灾难，他们背井离乡，历经几次大规模的向南迁徙，将北方的传统文化带入福建，并与福建当地古百越文化相融合，形成极其丰富而独特的福建地域文化。"山国之地，地土晓瘠，阻于交通，故民之生其间者，崇尚实际，修身力行，有坚韧不拔之风。"③ 钱基博先生更指出："崇山迭岭，滩河峻激，而舟车不易为交通；顽石储土，地质

---

① （清）李维钰修，沈定均续修，吴联薰纂：《漳州府志》卷首，福建省图书馆藏光绪三年芝山书院刻本。
② 朱双一：《闽台文学的文化亲缘》，福建人民出版社2003年版，第3页。
③ 刘师培：《南北学派不同论》，《刘师培辛亥前文选》，生活·读书·新知三联书店1998年版，第370页。

刚坚，而民性多流于倔强。"① "一方水土于一方民风的习成与人格的熏陶，实有难以具说而又涵养至深者。"② 这些论述说明山区地理位置、地域条件等因素对培养人们务实求真、坚韧不屈的优良品质具有很关键的促进作用。

福建社会文化的形成，一方面受古百越文化的影响，一方面受南蛮体系的畲族农耕文化与汉族客家文化的影响。刘禹锡《唐故福建等州都团练观察处置使福州刺史兼御史中丞赠左散骑常侍薛公神道碑》中指出："闽有负海之饶……居洞砦，家浮筏者，与华言不通。"③ "居洞砦"者，即指畲族先民。"家浮筏"者，即水居民族的疍民。畲族先民每到一处，就放火烧山将草木灰当作农作物的肥料，种植植物，即"烧畲"。他们过着刀耕火种、迁徙不定的生活，一山吃尽便往另一山迁移。畲族先民择山而耕的生活极为不易，他们也因此培养了顽强不屈、不畏艰险的优良品质。

福建西部层峦叠嶂的荒野，迫使移居福建的人们勇于面对恶劣的地域环境，培养坚忍不拔、勇于拼搏的精神锐气，战胜种种生存困境。而在这一拼搏过程中，爱拼敢赢、坚强不屈的性格特征则进一步得以强化和凸显。

二 闽东南海洋文化环境培养闽人冒险犯难的精神

福建山区森林茂密，野兽刁蛮，刀耕火种的农耕方式无法满足人们的生活需求。福建地处亚热带季风气候，民众往往遭遇海啸、台风、地震和洪涝等自然灾害。福建地少人多，丘陵起伏、山峰耸峙，山地丘陵贫瘠，濒临沿海，地理环境十分恶劣，农业收成十分有限，民众不得不靠海谋生。

波澜壮阔的东南沿海，虽凶险重重，但海洋资源丰富，赋予福

---

① 钱基博：《近百年湖南学风》，岳麓书社1985年版，第1页。
② 巩本栋：《文艺学与文献学的完美结合——程千帆先生的古代文学研究》，《文学遗产》2002年第2期。
③ （唐）刘禹锡：《刘禹锡全集》卷三，上海古籍出版社1999年版，第20页。

建沿海居民向往海上生活的精神力量。地狭人多，台风、地震和海啸等自然灾害不可抗拒，人们不得不适应海上生活。

中国古代东南沿海一带，主要是越人活动区域。由于分布地域范围广袤，内部支系繁多，因此，古代越人被称为古百越人。中国社会几千年纷争战乱的历史，使得人们不断地从北向南迁徙移居。距今约六七千年，长江以南的一部分古百越族，即往南迁徙。他们南迁到福建以及包括台湾岛的诸多岛屿上。这部分古百越人又被称为闽越人。"闽，东南越，蛇种，从虫门声。"① 晋朝郭璞所注《山海经·海内南经》记载："闽在海中。"② 闽，即今之福建福州一带。不仅说明了福建的地理位置，同时也说明福建的海洋文化特性。福建及包括台湾岛在内的诸多岛屿中所聚集居住的先民大部分来自古百越人。

早在北宋时期，有不少诗人以诗体现福建山谷贫瘠，人民靠海谋生的艰难处境。谢履《泉南歌》写："泉州人稠山谷瘠，虽欲就耕无地辟。州南有海浩无穷，每岁造舟通异域。"③ 这首歌谣很真实地刻画了福建泉州地区的自然地域环境，闽地先民们必须经受狂风巨浪、险滩暗礁的考验求取生存。福建人积极造船航海，"以海为田"，探索海洋特性，他们在不断与海洋碰撞、磨合中，开发海洋资源，从事海洋文化事业。宋《太平寰宇记·泉州风俗》记载，泉州一带生活着一群水上居民，"其居止常在船上，兼结庐海畔，随时移徙，不常厥所"④。蔡襄《宿海边寺》诗曰："潮头欲上风先至，海面初明日近来。怪得寺南多语笑，疍船争送早鱼回。"⑤ 可见，科技落后、自然灾害频仍的社会地域环境中，迁徙到福建的古百越人，

---

① （汉）许慎：《说文解字》卷十三上，《虫部》，中华书局1963年版，第282页。
② 袁珂校注：《山海经校注》，上海古籍出版社1980年版，第267—290页。
③ 李如龙：《福建方言》，福建人民出版社1997年版，第95页。
④ （宋）乐史：《太平寰宇记》卷一〇二，《泉州风俗》，清光绪八年金陵书局刻本，第59页。
⑤ 杨瑞堂选注：《古渔诗词选》，海洋出版社1991年版，第49页。

往往居住于船上，以海为生。这使得福建人的精神特质及其文学思想在很大程度上受海洋文化的熏陶和影响。

"闽封虽褊，负水凭山。"① 这说明福建具有依山傍海的独特地理优势，且与中国北方行政辖区相距甚远，文士们受闽地"磅礴浩荡，钟气清劲"的地域环境影响，具有"负气岸、尚节概"的品质特征。自然的海洋性地理环境塑造了闽地人民强烈的个人自觉意识，敢于冒险犯难的开拓意识和崇尚自由高洁的人格意识。

古闽越民族根深蒂固的崇巫尚鬼、信奉鬼神的思想，促成古闽越文化原生态与中原文化并存相融，福建人的民俗风情突出，信仰习俗繁多。古百越人与中原汉族南迁定居在福建的先民，在生活中不断冲突、融合，形成具有鲜明地域色彩和富有个性特征的福建人。

福建与台湾隔海相望，在远古时期，福建与台湾甚至是一体相连的。现今福建闽南地区与台湾之间的距离宽处不到 200 千米，狭处仅有 130 千米。考古地质学家研究发现，在 300 万年到 1 万年前，地球曾经历了四次冰河期。每次冰河期海平面则降低 100 多米。当今台湾海平面深度约 80 米，最浅处仅有 20 米左右。远古冰河期，福建闽南地区与台湾是完全相连在一起的。生活在福建闽南和台湾地区的一切生物，都可以自由往来。在距今约 1 万年前，气候变暖，地球逐渐升温，冰雪融化，海平面也随之升高，形成如今的台湾海峡地貌。考古专家们进一步研究，认为台湾海峡至少历经 7 次海进海退。在此期间，台湾海峡逐渐缩小面积，最后只剩下狭窄的陆地可以通过。

从北往南迁的一部分闽越人，在台湾海峡地貌发生变化之际，也从福建沿海前往台湾。因此，海峡两岸闽籍人，自然形成认祖同宗、同风同俗、同根同源、文化相融的思想。

史学家连横在《台湾通史》中说："台湾固东番之地，越在南

---

① 陈力主编：《中国野史集萃》（2），巴蜀书社 2000 年版，第 487 页。

纪，中倚层峦，四面环海，荒古以来，不通人世。"① 黄大受还撰文阐述："台湾先住民的族源主要是祖国大陆东南地区的古越人。"② 生活在福建沿海地区的先民，最初面对气势滔天、汹涌澎湃的海洋，内心充满了恐惧与不安。为了生存，先民们不得不适应海洋性的地理特征，以海谋生，久而久之，海峡两岸的先民们练就了直视大海，横渡海峡的信心和勇气。他们也因此对海流、海潮、季风、海洋生物等知识了解得十分透彻。

特殊的海洋地域环境铸就不畏生死的英雄气概，令人敬佩。萨义德先生指出："流亡的知识分子回应的不是惯常的逻辑，而是大胆无畏；代表着改变、前进，而不是故步自封。"③ 正是这种地理环境，种下了闽台文化同根同源的海洋文化基因。卢若腾的《岛噫诗》从闽海险恶的自然环境着笔，颇能体现海洋性地域特征对塑造闽地遗民文人高尚道德操守，培养高洁遗民品质的影响力。他的《哀渔父》写道：

> 人言岛上稀杀掠，隔断胡马赖海若。那料海若渐不仁，一年几度风波恶。风波之恶可奈何，岛上渔父已无多。④

闽地居民为了躲避掳掠战乱和异族统治而靠海为生，可仍免不了遭遇狂风巨浪和荒山野物对生命的摧残，作者表达了对渔父在恶劣的自然海岛环境中艰难生存的深切同情。

清初东南地区遗民，尤其是入台遗民，明知面对狂暴的海洋险境和清兵的厮杀掠夺，前途未卜，但他们仍以大胆无畏的勇气砥砺

---

① 连横：《台湾通史》（上），商务印书馆1996年版，第1页。
② 黄大受：《台湾先住民源自在陆古越人》，《国是评论》（台北）1999年第11期。
③ [美]爱德华·W. 萨义德：《知识分子论》，单德兴译，生活·读书·新知三联书店2002年版，第57页。
④ （清）卢若腾：《岛噫诗》，《台湾文献史料丛刊》，台湾大通书局1987年版，第245种，第26页。

前行。这正展现了遗民志士历经狂暴的海洋争战体验后，越挫越勇，决心为殉身战士报仇，与清军作战到底的坚毅不屈品质。也在这种悲剧性的海洋书写中，入台遗民对自身的身份价值具有更为深刻的体认，促成了遗民意识空间从大陆播迁出去。

海洋汹涌澎湃、波涛如怒的特性，培养了福建民众不怕困难、勇于冒险、坚韧不屈的性格特征。与同时代其他地区的遗民文人相比，福建遗民文人在抗清过程中所体现的意志力则更为坚强，抗压性与豁达乐天的形象特征也更为明显。

福建文化的重要特征之一，也即闽文化的海洋性，正是由闽台两岸特殊的地理特征与先民们坚韧不拔、勇于冒险、积极拓荒的精神勇气所沉淀而成的。可以说，闽台两岸先民们是中华民族认识海洋、与海共生的先驱，福建海洋文化也是中华民族传统文化从大陆走向海洋的经验智慧与思想结晶。

三　闽人具有远儒性与崇儒性的双重性格特征

先秦时期，福建被认为是蛮荒之地。蛮，即强悍粗野之意。而闽南方言中，"蛮"与"闽"同音。因此，"闽"作为福建的简称，包含了鲜明的福建地域文化色彩与蕴含。虽然中原人民的向南迁徙为福建带来北方汉文化，使得福建社会文明程度得以提高，而战乱频仍也导致民众接受高等文化教育的机会十分有限。又因福建北边多山陵丘地，交通十分不便，远离中原统治中心，中原内陆视野被隔绝于外，儒家文化难以传入。

定居在福建的民众难与经济文化相对发达的江南人民进行交流往来，感受北方政治文化思想的机会则更难得。因此，福建地域文化较少受儒家文化的教化和制约。福建地域环境形成的"远儒性"，造就了士人自由开放的性格特征与叛逆精神。福建人在自身区域范围内逐渐形成粗犷豪爽、率直耿介的个性特征。

福建人蔑视权威、好于逞强、争勇斗狠的性格特质，使得他们追求自由、反对束缚、冒险强悍的行为习惯尤为明显。因此，当清朝的统治势力延展到福建时，福建遗民的反抗力十分强大，排斥情绪特别强烈。

宋代朱熹一改福建"远儒性"的蛮荒特征，倡导发展理学，"崇儒性"的特征得以凸显。朱熹理学的"崇儒性"又将福建地域文化的特质加以融合、制约。

泉州人李清馥《闽中理学渊源录》序曰：

> 吾乡先正素尚朴学，自唐宋迄元明，传经说理之盛，溯厥渊源，粹然者不少，而所以奋起作兴者，皆耆贤宿学，启迪之功为多。考其旨归，大都崇奖典型，共趋敦厚，师传友授，饬躬厉行。①

福建士人在宋代朱熹理学风气的影响下，传统儒家的民族气节、忠君爱民的思想得以继承和发扬。

来自不同地域的福建先民，他们在艰难的谋生过程中，深切感受到宗族团结的重要性。对团结宗族的重视也逐渐培养了先民们的集体意识、家国意识与民族凝聚力意识。他们一方面保持原有宗族的宗教信仰、民风习俗与语言文化，另一方面也在互相交流融合中彼此汲取文化精华，互相推动促进，传承和发扬传统礼仪文化与汉族传统思想。

由于福建地理环境多山地丘陵，东临台湾海峡，在古代科技经济相对落后的状况下，交通也十分不便，导致闽人与外界交流的机会甚少，受外界异质文化的影响相对有限。从客观上看，福建人因此能在一个相对封闭的地域环境中传承儒家传统文化与传统习俗，中华民族传统文化思想、伦理道德思想与忠义爱国思想等，得以较为完整地传承和弘扬。

福建山地刀耕火种的农耕文化，培养了人们安土重迁的文化思

---

① （清）李清馥：《闽中理学渊源录》，凤凰出版社2011年版，第12页。

想。而沿海地域特性，又促使人们勇于走向海洋，具有冒险犯难、靠海为生的精神。吞云吐雾、包容万象的海洋文化精神，淡化了人们重农抑商的传统观念。福建人安土重迁的观念逐渐转化为对祖宗神灵的敬奉。沿海的地理环境，更便于与国外交流。福建人以海为田、以舟为车，处于外来异质文化不断碰撞、交流与融合的环境中。因此，他们具有不安于现状、积极向上的精神力量。福建靠山面海的海洋地域环境，培养了人们豪放开朗、爱拼敢赢的文化精神。福建特殊的山海结合的地域文化环境，培养了闽地遗民文人不畏艰险、坚韧不屈的反抗精神与鲜明的遗民身份认同意识。

山海结合的特殊地理条件和恶劣的生存环境，丰富了闽地居民的内心世界，形成了坚韧不屈的人格特征和乐天知命的人生观。闽地人民形塑了冒险犯难、勇于抗争和豁达豪放的精神品质。福建地区因山峰林立、海洋汹涌，造就了与北方隔绝的相对封闭环境，远儒性与叛逆性十分强烈，又因朱熹理学的发展，形成"崇儒性"的特征，具有根深蒂固的尊重儒学道统的习惯。"远儒性"与"崇儒性"并存的福建地区，遗民士人华夷之辩的意识相对北方士人更为强烈。这些因素都为清初福建遗民群体形成忠义爱民、坚强不屈、敢于反抗的特殊品质奠定了坚实而独特的地域文化基础。

第二节 南强北弱的华夷观促成叛逆意识的深刻性

随着儒学中心的南移，朱熹理学在福建逐渐发展，南方遗民士人在科考仕途上得利，他们对大明王朝感恩戴德，逐渐形成南强北弱的华夷观。

一 朱熹华夷有别观念的影响

早在北宋时期，福建人杨时（1053—1135）、罗从彦（1072—1135）、李侗（1093—?）等人即十分注重发扬儒家传统文化理念，倡导理学。朱熹早年拜学于李侗门下，并得"二程"之传，兼从周敦颐、张载的观点学说，成为宋代理学之集大成者，世称"闽学"。

清代李光地说："吾闽僻在天末，然自朱子以来，道学之正，为海内宗。"① 虽然福建地处中央集权边陲，由于朱熹对理学的倡导与发扬，福建儒学正统在华夏九州闻名遐迩。朱熹所倡导之闽学，十分注重思想与行动的统一，也即倡导躬行践履的重要性。朱熹认为理学观点不能只停留于字面文章，必须与道德实践相结合。朱熹的理学思想也尤为明显地体现在他抗金的态度上。朱熹强调坚守民族气节，提出"华夷之辨高于君臣之分"的观点，他认为民族大义高于一切，必须以务实躬行的精神抵抗金朝统治。朱熹崇高的民族气节，为宋代福建学人在抗金斗争中鼓舞士气。宋末元初民族矛盾激化，闽学一派以民族气节相标榜，严辞拒绝元统治者的征召，他们作为福建人抗元的精神支撑力量，影响至深。华夷有别的观念在宋元代时期就已根深蒂固地植入福建人的思想观念中。因此，到了明末清初，遗民士人沿着宋人抵抗异质文化统治的思想，形成极具福建地域色彩的叛逆意识，对抗清朝统治。

二 清初南强北弱华夷观逐渐形成

从南北方地域上看，北方明朝中央政权溃败于李自成之手，而非清军。因此，北方遗民士人对清军的仇恨程度明显低于南方。甚至，在清军入关之初，他们富有针对性地以李自成农民军作为战争对象，很少与清朝官方政权展开大规模战争。清军已经十分透彻地看清北方明朝政权与农民军之间的矛盾冲突，因此，为获取政权，清军假惺惺地打着为大明王朝复仇雪耻的旗号。多尔衮曾对史可法称："夫国家之抚定燕都，乃得之于闯贼，非取之于明朝也。……况闯贼为仇明朝，未曾得罪于国家也。徒以薄海同仇，共申大义。"②

---

① （清）李光地：《重修蔡虚斋先生祠引》，《榕村全书》卷十三，福建人民出版社2013年版，第334页。

② （清）江日升：《台湾外记》，福建人民出版社1983年版，第49页。

多尔衮堂而皇之的一番骗局，难免让受到李自成军队威胁的明朝北方官员误以为可以借助异族势力平定内乱。实际情况也是李自成农民军队士气浩荡，明朝官方军力多消耗于与李自成农民军的战争。在内援不足的危急关头，借助于外部势力拥护大明政权的策略，对于北方士人而言就显得顺其自然。如此，则北方大明王朝的官方士人与刚入关的清军，表面上似乎形成一种实质上是扭曲的合力，共同对付李自成的军队。既然形成合作关系，北方汉族士人对外来的清军的态度与情感，甚至尚有依赖情绪，这明显异于南方士人对清军切齿的痛恨与报仇雪耻的悲愤情绪。

遗民，作为一种身份的象征，要承受来自不同向度的压力与舆论，甚至是生命的威胁与丧失。作为遗民，必定需要有坚强的勇气与充分的道德能量作为思想支柱。福建遗民士人，或选择留寓他乡或选择隐逸山林，或选择东渡台湾，或选择以身殉国，这样的人生态度往往与常人不群，他们的内心既悲愤又无助，既孤寂又不甘。是什么力量促使福建遗民能如此坚持忠贞不渝、矢志抗清的理想信念呢？清军得逞后，一路南下，并强迫施行剃发令，变易汉服。南方民众竭力反抗清军的政治文化施压，江南地区民众自发组织"乡兵"，形成南方抗清中坚力量。这种自发组织的"乡兵"，往往以宗族为单位发起，南方宗族结构逐渐稳定。明末清初时期，福建遗民所在的团体，往往是宗族社会结构。以宗族为单位的社会组织，富有抗争精神，他们奋起反抗清军的统治。

宗族社会讲究忠孝节义，讲究儒家伦理道德，更讲究夷夏之别。明代的儒学中心已经南移到江南地区，南方士人在华夷之别与忠孝伦理观念上更为根深蒂固。《明史》记载：

> 洪熙元年，仁宗命杨士奇等定取士之额，南人十六，北人十四。宣德、正统间，分为南、北、中卷，以百人为率，则南

取五十五名，北取三十五名，中取十名。①

　　南卷：应天及苏、松诸府，浙江，江西，福建，湖广，广东。②

由此说明，明代科举考试已按南方、北方、中原分布的区域分卷录士，且在录取率上明显倾向于南方士人。可见南方士人更受明朝政权青睐。这其中重要的原因在于明朝士人强烈的道统观念与夷夏观念，录用南方士人有助于明朝巩固自身的政权。南方遗民士人在科举仕途上得力，他们对大明王朝感恩戴德。

明清易代之际，南北方士人对于夷夏之别的观念，确实存在明显的差异性。金元时期的中国北方汉人，一直处于胡夷少数民族的统治中，甚至遭遇残酷的掠杀。"两河、山东数千里，人民杀戮几尽，金帛、子女、羊畜牛马席卷而去，屋庐焚毁，城郭丘墟。"③涌进中原地区的是一大批游牧民族。他们在中原地区逐渐适应当地生活习惯、民俗风情，改姓易名，与汉族民众在长期的磨合中，逐渐融合。少数民族对汉民族文化的认知程度愈来愈高，如此，则北方汉族民众对夷夏之别的观念意识与对金元统治政权的排斥心理逐渐弱化。北方地区历经金元统治，再到明清之际，北方士人接受少数民族政权的程度明显高于南方士人。因此，明清易代之际的"贰臣"往往出自北方。

张兵指出："清代列入《贰臣传》的125位文武官僚中，有100名出自长江以北，占贰臣总数的80%。其中山东20名，河南7名，山西11名，陕西16名，甘肃1名。"④由此可见，清代绝大多数的

---

① （清）张廷玉等：《明史》卷七〇，吉林人民出版社1995年版，第1086页。
② 白寿彝总主编，王毓铨主编：《中国通史》第9卷，上海人民出版社2015年版，第1045页。
③ （清）毕沅：《续资治通鉴》，岳麓书社2008年版，第729页。
④ 张兵：《清初遗民诗创作的社会文化环境与遗民诗群的地域分布》，《西北师大学报（社会科学版）》1999年第4期。

贰臣出自北方，北方士人在历史政治文化社会的进程中，已逐渐接受少数民族政权统治中原的习惯。而南方地区，仅受元朝80余年的少数民族政权统治，其余是汉民族政权统治。北方少数游牧民族也难与南方汉族民众聚集融合。

易代之际，儒学中心向南迁移，福建遗民士人受朱熹华夷观念的影响逐渐深入。北方汉族与游牧民族在思想文化上逐渐融合，汉族士人对少数民族文化的排斥心理逐渐减弱，南方汉族士人华夷观念明显强于北方士人。在汉民族政治文化深受威胁甚至衰亡之际，南强北弱的华夷观使得南方汉族士人的思想叛逆性更为明显和强烈，他们更愿意挺身而出，不惜一切代价对抗清朝统治。

第三节　毗邻江南发达地区具有互动交流的优势性

福建以北毗邻当时经济文化相对发达的江南地区，两地士人在交流互动上具有明显的优势性。清初福建遗民文人与江南地区遗民士人的交游最为频繁，福建遗民留寓、客居江南地区的人数也明显多于其他地区。他们在与江南先贤交游的过程中，互相唱和，共同组成诗社，促进了地域文学之间的互动与交流。随着江南遗民士人南下福建抗清，福建遗民文人与江南地区遗民士人的交流也逐渐深入，两地遗民文人形成互动关系，在遗民文化思想上互相认同，在遗民文学创作上互相影响，相须相融，相激相应，促进福建地域文学多向度的发展与传播。通过普遍性与特殊性之间的辩证关系，对清初福建遗民群体的特殊性加以研究，更能挖掘此际遗民士人身份意识形成的地域文化因素。

一　由闽地留寓江南的遗民群体之间的互动交流

蒋寅曾指出："迄今为止的地域文学研究，较多地着眼于区域性特征的发掘，而很少关注不同区域文学的比较乃至相互间特定的影响关系。究其原因，是在于对地域概念的理解较为机械，往往执着于籍贯，而忽视了文学家的流动。"① 因此，不同地域文学家之间的流动学习，应成为研究地域文学必须关注的着眼点。前文所述，由于福建背山临海的地域环境不利于遗民士人与外界的交往，但仍有遗民士人翻山越岭，与周边毗邻的发达地区文人互动交流。清初福建遗民文人与江南地区遗民士人的交游最为频繁，福建遗民留寓、客居江南地区的人数也明显多于其他地区。他们在与江南遗民士人交游的过程中，互相唱和，共同组成诗社，促进了地域文学之间的互动与交流。

随着江南遗民士人南下福建抗清，福建遗民文人与江南地区遗民士人的交流也逐渐深入，两地遗民文人形成互动关系，在遗民文化思想上互相认同，在遗民文学创作上互相影响，"达成文学观念的相须相融，文学创作的相激相应，文献传布的相济相助等"②。

在与江南文人互动交流方面，被誉为闽中三才子的许友、徐延寿和陈𣴎尤为突出。顾景星曾说："予始过闽，求闽之才士于抚军。举有介与徐延寿存永、陈𣴎开仲，谓之侯官三才子。"③

徐延寿（1614—1662），字存永，闽县（今福州市）人，徐𤊹之子。明诸生，明亡后不仕，才华出众，有《尺木堂集》。徐延寿继承父业，善于藏书，将其父亲所建"鳌峰"书楼改为"鳌峰书舍"，并建有"红雨楼"藏书阁，藏书数量可观，名著一时。清兵入闽后，其藏书楼被毁，藏书大多失散。后由同乡郑杰搜集保藏。郑杰因辑《红雨楼题跋》。其中《红雨楼题跋·序》对福建明嘉靖之后的藏书情况给予周全的论述。

徐延寿少年时即受其父亲熏陶、教育，追随其父亲到富有诗文渊薮之称的江南地区拜师学文。徐延寿曾多次拜访清初诗坛的盟主

---

① 蒋寅：《流寓文学初探》，《中国社会科学报》2013年1月11日第11版。
② 梁尔涛：《论明清之际中州与吴地的文学互动——以归德府为中心的考察》，《苏州大学学报（哲学社会科学版）》2013年第2期。
③ （清）顾景星：《白茅堂集》卷三十四，《清代诗文集汇编》，上海古籍出版社2010年版，第76册，第548页。

之一——钱谦益。徐延寿与其父亲于崇祯十二年（1639）初次拜访钱谦益，给钱谦益留下深刻的印象。钱谦益在其《牧斋有学集》中称："崇祯己卯，存永侍尊甫兴公访余拂水。存永方绮岁，才藻丽逸，余以徐孝穆期之。"① 可见，钱谦益对徐延寿的才华颇为赞赏。永历四年（1650），徐延寿与其好友陈濬复访金陵，拜钱谦益为师。钱谦益与徐延寿、陈濬亦师亦友，互相唱和。钱谦益作《夏日宴新乐小侯于燕誉堂林若抚徐永存陈开仲诸词人并集》《闽中徐永存陈开仲乱后过访各有诗见赠次韵奉答四首》等，并在其《牧斋有学集》中写道："坐绛云楼下，摩挲沁雪石，周视插架古书旧文，谈兴公、孟扬游迹。"② 永历十三年（1659），徐延寿再次到访金陵，学习钱谦益宗法杜诗、援宋入唐的创作理念，并对钱谦益以学问为根底的钻研精神致以高度的崇敬。为表达求师学艺的虔诚与对钱谦益的敬重，徐延寿与陈濬在亲自拜访钱谦益之前，总是先以书面申请告知。钱谦益《大梁周氏金陵寿燕序》说道："闽之门人陈子输、徐子延寿、陈子濬撰书币而来告。"③ 徐延寿有诗曰："忆昔己卯春，龙门登在始。别去十二霜，庚寅夏月四。兹来隔十秋，亥岁又逢己。"④ 徐延寿此诗叙写自己三次拜访钱谦益的时间，感慨之情寄寓其中。

徐延寿除了拜钱谦益为师，与"海内八大家"之一的沈荃交往也十分密切。沈荃（1624—1684），字贞蕤，号绎堂，别号充斋，华亭（今上海松江）人。沈荃善书法，以米芾、董其昌为宗，为康熙年间极为重要的书法家之一。沈荃作诗强调复古、调格，并师法吴梅村、宋辕文等。徐延寿邀请沈荃为其《尺木堂集》作序，可见，徐延寿对沈荃也十分敬重。沈荃在序中说道："今春存永复来自江

---

① （清）钱谦益：《牧斋有学集》，上海古籍出版社2013年校注本，第787页。
② （清）钱谦益：《牧斋有学集》，上海古籍出版社2013年校注本，第787页。
③ （清）钱谦益：《牧斋有学集》，上海古籍出版社2013年校注本，第951页。
④ （清）徐延寿：《尺木堂集》不分卷，福建师范大学藏清顺治十六年抄本。

左，客余幕经月。啸咏谈宴，备极留连。"① 可见，徐延寿与沈荃畅谈交流极为欢洽，沈荃对徐延寿的到访也备极欣喜。

徐延寿与江南、云间诗人交流广泛，其诗作受钱谦益、沈荃的影响颇深。钱谦益与沈荃二人虽仕清，但他们在继承传统诗作思想及格调上，仍能体现维护传统道德的理念。徐延寿曾作五言律诗《大宗伯曹能始先生挽章一百八十韵》曰："哭公兼哭国，天道总茫茫。"② 黄曾樾评价说："挽曹能始五排百八十韵，不独裁对工整，演迤群瞻，而委婉曲折，如水银泻地，笔有春秋，无愧诗史。"③ 黄曾樾赞叹徐延寿为诗史，可见徐延寿作诗的春秋笔法与写实精神颇为值得称赞。徐延寿诗作成就的获得，与其遍访名师，师事钱谦益、沈荃等江南、云间诗坛重要人物具有密切的关系。

徐延寿《新淦县拜周公瑾墓》诗曰："水畔巴丘古县开，周郎祠宇傍泉台。霸图当日成何事，才士无年实可哀。荆楚干戈终古恨，小乔环佩几时来？来涯孤客逢寒食，特为停舟酹一杯。"④ 诗作使事用典，寓意深刻，抒发不平之气，格调雄浑，又表达遗民文人的期待与无奈的矛盾心境。徐延寿的好友许友也在其《尺木堂集序》中评价曰："诗体无不备，法格不肯稍一放松，故与人论天下之诗，亦甚严持。"⑤

许友游历江南时，也结识了倪元璐、朱彝尊、龚鼎孳、钱谦益、顾景星等才华出众的师友。许友年轻时拜倪元璐为师。倪元璐（1594—1644），字汝玉（玉汝），号鸿宝，浙江绍兴府上虞人，明

---

① （清）沈荃：《〈尺木堂集〉序》，见（清）徐延寿《尺木堂集》不分卷，福建师范大学藏清顺治十六年抄本。

② （清）徐延寿：《尺木堂集·五言排律》不分卷，福建师范大学藏清顺治十六年抄本。

③ 黄曾樾：《读尺木堂集》，《福建师范大学学报（哲学社会科学版）》1957年第2期。

④ （清）徐延寿：《尺木堂集·七言排律》不分卷，福建师范大学藏清顺治十六年抄本。

⑤ （清）许友：《〈尺木堂集〉序》，见（清）徐延寿《尺木堂集》不分卷，福建师范大学藏清顺治十六年抄本。

末官员、书法家。倪元璐书法灵修清隽，行草飘逸，师法王羲之、颜真卿、苏东坡之笔法，笔锋苍浑，书风奇伟，浓墨侧笔相结合，有"势足、韵足、意足"之"三足"与"字奇、笔奇、格奇"之"三奇"的美誉。倪元璐的书法风格富有个性色彩，摒弃明末柔媚的书风，自成一家，与王铎、黄道周等，并称明末书坛三株树，又与傅山、王铎、张瑞图、黄道周等，被称为"晚明五大家"，是为明末书法家的典型代表。著有书法作品《行草诗翰》轴和文学作品《倪文贞集》等。许友在诗文书画创作上受倪元璐影响很大。杨钟曦《雪桥诗话余集》称："许瓯香师事倪鸿宝，善书画，诗尤孤旷高迥。"① 永历十一年（1657），许友游历江南，结识龚鼎孳，两人互相唱和，结下深厚的友谊。许友将还闽时，龚鼎孳曾作诗《送有介还闽兼怀栎公》表达不舍与牵挂之情。

此外，闽中七子之一的高兆，也热衷于结交江南作家。高兆，字云客，号固斋居士、栖贤学人，康熙时闽县（今福州市区）鼓山镇后屿村人，生卒年不详。高兆年幼时即与父亲赴江左求学，后因战乱还闽，善诗文，工书法，尤其是行书和楷书，著述极为丰富，有《续高士传》五卷、《端溪砚石考》、《启祯宫词》、《砚石录》、《观石录》、《揽胜图谱》、《怪石考》、《荔社纪事》等。其《观石录》被誉为寿山石鉴赏文献第一篇，是历史上第一部对寿山石进行详细记述和研究的重要书籍，在寿山石文化发展史上具有重要的地位。

高兆才华出众，曾受唐王器重，后因受郑芝龙排挤，离开隆武政权，奔赴金陵。《福州西湖宛在堂》载："唐王授以官，为郑芝龙所忌，走之金陵。明亡，耿藩欲招致之，不可得。避居江宁陶吴镇清隐寺。"② 高兆留寓金陵期间，结识了纪映钟、胡介、毛奇龄、屠

---

① 杨钟曦：《雪桥诗话余集》卷一，北京古籍出版社1992年版，第31页。
② 陈世镕纂，汪波、陈叙侗点校：《福州西湖宛在堂诗龛征录》，福建人民出版社2007年版，第607页。

爊等诗人，并互相唱和学习，切磋文艺。屠爊、纪映钟、胡介等均乐于为高兆《续高士传》作序。值得注意的是，高兆本人及其作序者在文中均不取清代年号，体现了拒不屈服于清朝统治的强烈思想态度。"览者处网纶法觚棱刋泖之时，此孤迥卓绝之操，谿刻诡激之行，何异靡靡沮洳中，陡然华岳三峰劈天插地，有不惊心洞目狂叫而痛哭哉！"①

被誉为"圣湖渔者"的孙学稼"尝寓姑苏、白下间，以诗交海内"②，"出游吴、楚、齐、鲁、燕、赵、秦、晋，耽杭州西湖之胜，自号'圣湖渔者'，历三十年，每间岁归一省母而已"③。孙学稼遍游九州，除了每隔一年回乡看望母亲，其余皆处于游历中。永历十四年（1660），孙学稼游历杭州，拜识朱彝尊。永历十五年（1661），孙学稼拜见明末清初三大儒之一——顾炎武。丰富的游历经历，使孙学稼拓宽了文化视野，增进了遗民精神士气。

黄晋良，留寓金陵期间，也结识了复社重要诗人纪映钟。纪映钟（1609—1681），字伯紫，又作伯子、檗子，号戆叟，自称钟山逸老，江南上元（今江苏南京）人，有《戆叟诗钞》四卷。纪映钟与黄晋良均极力提倡忠孝节义。明亡后，纪映钟不仕，放弃诸生身份，以布衣躬耕，孝养母亲。黄晋良居于虎丘时与纪映钟往来交流频繁，纪映钟曾作《虎丘访黄处安不遇》诗。陈伯骝和黄晋良也曾共同协助顾湄修撰《虎丘山志》。"有闽人陈䮄字伯骝、黄晋良字处安，亦侨居东塔院，与太仓顾湄同修《虎丘山志》。"④ 陈伯骝与黄晋良客居他乡却能参与修撰方志，受如此殊荣，可见他们在江浙地

---

① （清）高兆：《续高士传·纪映钟序》，《观自得斋丛书》，光绪壬辰徐氏观自得斋校刊。
② 陈世镕纂，汪波、陈叙侗点校：《福州西湖宛在堂诗龛征录》，福建人民出版社2007年版，第656页。
③ 陈世镕纂，汪波、陈叙侗点校：《福州西湖宛在堂诗龛征录》，福建人民出版社2007年版，第615页。
④ （清）顾禄：《桐桥倚棹录·余木品寓舍》卷八，上海古籍出版社1980年版，第122页。

区极为刻苦努力钻研学问，并得到当地方志家的高度认可。

林古度晚年也因经济穷困留寓江陵，而其德行高尚至令无数文士慕名前去金陵拜访。林古度的遗民气节得到一代大儒顾炎武的极力赞誉。其《赠林处士古度》诗曰：

> 江山忽改色，草木皆枯萎。受命松柏独，不改青青姿。①

林古度身上佩戴万历铜钱的忠义精神也名扬四海。扬州著名的遗民作家吴嘉纪因此作《一钱行赠林茂之》。号称"岭南三大家"之一的屈大均，大概也因游走江南期间结识林古度，对林古度身佩万历铜钱的举动感触颇深，因之也仿效其佩戴永历钱于身上。即使是被认为徘徊于遗民与贰臣之间的钱谦益，也十分敬佩林古度的遗民气节，并作诗赠和。

侯官人陈轼在明亡后留寓金陵、江浙一带，广泛结识朋友，其中与黄周星、钱澄之等交流尤为密切，感情极为深厚。

陈轼的叔父陈伯骝也曾一度游历江浙一带。陈伯骝，名骝，生卒年不详，幼年即聪慧好学，喜好游览山川名胜，中年游历燕、齐、吴、越，晚年回闽与兄陈瀚隐居于溪湄。陈伯骝工于诗书，著述丰富，有《金陵怀古》《雪鸿堂诗集》《中轩集》《南雅堂纪事诗》《蓟游草》等篇。陈伯骝游历江南时，结识广泛。著名的柳州词派盟主曹尔堪，即其友人之一。同时，陈伯骝也结识了江苏无锡人钱肃润。钱肃润曾为陈伯骝和赠《满江红·题金治文秋林诗思图和陈伯骝韵》。陈伯骝与"清初画圣"王翚感情深厚。1676年，陈伯骝即将从江浙回闽时，王翚为其作《晴峦晓别图》（即《送陈伯骝去毘陵图》）。更值得一提的是，王翚词作得到江浙十位名流的题词唱

---

① （清）顾炎武：《赠林处士古度》，《顾炎武全集》卷三，上海古籍出版社2011年版，第410页。

和。① 这十位名流分别是：闽县黄晋良、长洲宋实颖、太仓顾湄、莆田余怀、武进许之渐、吴县沈世奕、宁都曾灿、常熟徐宾、籍贯未详的赵燨以及山阴杨宾。从上述书画家王翚的画作与十位名流雅士的题词，可见陈伯骑在江浙留寓期间，与他们互相学习、互相勉励，建立了深厚的友谊。

综上可见，福建遗民作家到江浙一带，与当地名流雅士学习交流，声气相通，他们在创作上仍以家国意识、家乡情怀为主题，体现了福建遗民文人与江南文士之间以传承和传播传统民族文化为旨归的精神面貌。

二　江浙名流入闽带动两地遗民互动学习

福建遗民作家批量留寓江南后，也多次往返于福建与江浙地区，因此他们向外学习的结果，也为福建遗民文学的发展奠定了稳定的基础。同时，也有一批江南文人，如海外几社徐孚远、张煌言以及黄周星、沈光文、纪映钟等遗民志士，在隆武政权存续期间，纷纷南下福建，砥砺前行，文武兼并，奋力抗清。"不少江南、两广的追随者断然南下，陆续翻山越岭来到福州。"② 左东岭指出："无论是地域文化、地域文学还是地域文学观念的研究，其实都存在着互为关联的两个侧面：一个是地域之间的差异性或者叫做地域的个性色彩，这往往是许多学者所重点关注的；另一个是地域之间的互动关系或者叫做地域的共同性，而这一点往往是许多学者较少关注而且也是难度较大的一个方面。"③ 闽地遗民与江浙遗民之间的互动交流确实复杂多样，对两地遗民群体的互动往来进行研究梳理，尤为困难，但也因此而显得更具有研究的价值与意义。

1645（乙酉）年五月，清军攻下南京，福王被俘。黄周星悲恸

---

①《晴峦晓别图》及其题词唱和参见张之望、张嵋珥《过云楼秘藏王翚〈晴峦晓别图〉考》（下），《文物鉴定与鉴赏》2015 年第 4 期。

② 张晖：《帝国的流亡：南明诗歌与战乱》，中国社会科学出版社 2014 年版，第 90 页。

③ 左东岭：《影响中国近古文学观念的三要素》，《文艺研究》2015 年第 6 期。

至极，变名易号，改字略似，号半非，别号而庵，流离于吴越之间，生活困顿，寄食旅舍。黄周星《戏为逆旅主人责皋伯通书》曰："半非道人，乱后无家，往往侨寓。逆旅逆旅，主人不礼焉，至乞一椽不可得。"① 黄周星生活穷困到乞食仍无法温饱的程度。同年六月，鲁王在张国维等人的拥护下在绍兴成立政权。后，黄道周、郑芝龙等极力拥戴唐王，并于福州成立隆武政权。黄周星因此南下福建，与好友陈轼共同辅佐唐王抗清。"至乙酉秋，板荡间关，崎岖岭海，余乃复得与静机相见于榕城。"② 1646年（丙戌），黄道周募兵北上，攻不胜防，清军入福州，唐王政权灭亡。黄周星转避古田，投靠郑善。"丙戌后避地古田，主郑工部家，凡高人韵士与郑善者，诗酒皆得欢洽，独变姓名曰吉生，郑亦目笑存之。"③ 1647年（丁亥）冬，黄周星从古田赴浙江。黄周星虽然留寓福建时间并不长，也在一定程度上促进江浙遗民与福建遗民之间的互动与文学创作的传播和发展。

崇祯二年（1629）陈子龙、徐孚远、夏允彝、彭宾、周立勋、杜麟徵等人组织成立"几社"，著述文章以救亡图存、经世致用为宗旨。清军南下攻占松江，徐孚远也随机南下赴福建投奔隆武政权，辗转于福建、舟山之间，后随郑氏集团东渡台湾。著有《钓璜堂存稿》《几社会义》五集及《交行摘稿》等。

1645年南明弘光政权灭亡后，沈光文辗转于福王、鲁王、唐王、桂王及郑氏集团之间，极力抗清。后沈光文又转战金门、台湾，居住于台湾三十多年，历经荷兰殖民者对台湾的统治以及郑氏集团在台湾的盛衰。

---

① （清）黄周星撰，谢孝明、马美著校点：《黄周星集》，岳麓书社2013年版，第104页。
② （清）黄周星：《〈道山堂集〉序》，（清）陈轼：《道山堂集》，广陵书社2016年点校本，第1页。
③ （乾隆）《古田县志》卷七，转引自王汉民《清代戏曲考论》，中国戏剧出版社2019年版，第306页。

徐孚远与沈光文南下福建，拜黄道周为师，并受到黄道周的极力推荐。他们在闽台地区留下一批感人至深的励精图治、砥砺抗清的诗文，也对闽台地区风土民情、物产舆地等进行真情实感的描述，抒发他们的所见所闻所想。他们与福建遗民文人之间互相交流唱和，并流转于闽台、浙江舟山诸岛之间，为闽地遗民文学与江南遗民文学之间的互动、交流奠定了开创性的基础。沈光文在闽台期间的著述，尤其在台湾期间关于物产、舆地、风俗和人物等创作，为台湾文学的发展做出拓荒性的贡献。徐孚远堪称徐氏入台第一人，为中华文化在台湾的传播与发展奠定开拓性的基础。

沈光文《移居目加湾留别》诗曰：

> 流离相见便欣依，闽越周旋荷解衣。敢谓鲁连深自耻，不知重耳竟何归？欲聆佳信频西望，却讶离群又北飞！但令双鱼无或间，困穷亦足慰周饥。①

永历七年（1653），张名振率军北上抗击清军。沈光文极其不愿意听闻这样的消息。他以诗为信，寄给宁靖王朱术桂和徐孚远，表明自己对北伐极不赞同的态度。他本来期盼的是希望大陆能传来好消息，但结果令他感到十分惊讶与失落。因此，沈光文用"西望""讶""离群"，说明此时沈光文确实已到台湾，听闻北伐的消息，沈光文深感诧异与担忧。

沈光文《己亥除夕》诗曰：

> 年年送穷穷愈留，今年不送穷且羞。穷亦知羞穷自去，明朝恰与新年遇。赠我椒樽属故交，频频推解为同胞。客路相依十四载，明年此日知何在。修门遥遥路难通，古来击楫更谁同。

---

① 侯中一：《沈光文（斯庵）先生专集》，《近代中国史料丛刊》，文海出版社1980年版，第76页。

也怜婆空嗟无告，犹欲坚持冰雪操。爆竹声喧似故乡，繁华满目总堪伤。起去看天天未晓，鸡声一唱残年了。①

己亥，应为1659年，此时沈光文已东渡台湾。沈光文在诗作首联就将自己穷困潦倒的生活状态揭露无疑，后面"客路相依十四载"，也十分鲜明地表达了自己与南明小朝廷十几年相互依存、相依为命的漂泊生涯状态。诗作表达了作者初到台湾居无定所，而恰逢除夕之夜，听闻响亮的鞭炮，见到满目通明的街市，自己却只身寄居荒岛，遥忆故乡，尽夜未眠，无奈忧愁之情缠绕在心头，精神世界悲寂忧伤。

徐孚远永历五年（1651）与张名振等军队护送鲁王至厦门。徐孚远与闽南遗民卢若腾、沈佺期、王忠孝等同被郑成功授任于储贤馆，论诗作文，振兴文教，影响渐著，文风蔚然。福建同安人林霍，隆武二年（1646）移居厦门，与南明忠臣纪许国等人结为生死之交，明亡后，以遗民自称，流连于山水之间。林霍工于诗文，博闻强识，其诗作"如空山发翠，馨香不绝，别留神韵于笔墨之外"②。著有《鹇亭诗草》《双声谱》《沧湄诗话》《续闽书》《沧湄文集》《荷楼诗选》等。林霍结识徐孚远后，对徐孚远的民族气节与忠义精神敬佩有加，因此，拜徐孚远为师。林霍《庚午冬书稿》载：

忆先师当癸卯岛破，漂泊铜山，将南帆。临别，执敝郡沈佺期公手曰："吾居岛十有四载，以为一片干净土耳。今遇倾覆，不得已南奔，得送儿子登岸，守先人宗祧，即返，而与卢牧舟、王愧两诸公共颠沛流离大海中，虽百死我无恨也。"讵知

---

① 侯中一：《沈光文（斯庵）先生专集》，《近代中国史料丛刊》，文海出版社1980年版，第71页。
② 厦门市地方志编纂委员会办公室整理：《厦门志（清·道光十九年镌）》，鹭江出版社1996年版，第947页。

事与心违，从此入粤，遂不得继见。①

1664年，清军围攻铜山（即今之东山），徐孚远不得已离开铜山岛，诗作表达不舍之情。但为了守孝先人，徐孚远须送其子回乡继承家族宗祧。由于铜山已无法登岸送其子回乡，徐孚远选择送儿子南下广东上岸再北归。而他自己却始终坚守遗民的忠义气节，坚定不移地跟随郑氏集团东渡台湾。徐孚远赴台前后，创作了一系列诗文，触景生情，有感而发，如《东行阻风》《书怀》《将耕东方，感念维斗、卧子，怆然有作》《东宁咏》《海居》《桃花》等，或记述东征台湾受阻的惆怅心情，或悼念遗民挚友，或抒发在台湾所见所闻所感，表达对台湾风俗民情的好奇之情。

沈光文、徐孚远等江南先贤对闽台文化、教育事业与医学文化的发展等，做出卓著的贡献，可以说，他们是台湾文学的拓荒者。沈光文、徐孚远与闽台遗民之间的交流互动，以及他们所赋予的文学、文化能量，在很大程度上促进了闽台文化根深叶茂地发展。因此，沈光文、徐孚远等在台湾被共同奉祀于朱子祠。可见，他们在台湾民众心中的地位十分重要。

因此，蒋寅在《中国社会科学报》接受有关"留寓文学"相关问题的访谈时说："地域文学史别于文学通史的特性，不在于只论述出生于某个地域的作家，而在于说明文学在某个地域的发生和发展，说明历代文学活动与这个地域的关系，以此呈现文学史生态的多样性和区域特色。这也正是地域文学研究的独特价值所在。"② 这一论述也颇为适合福建遗民文学与江南地区留寓文学之间的互动关系的阐述。

福建毗邻江南发达地区，这一地域优势为两地之间的互动交流

---

① （清）林霍：《庚午冬书稿》，载陈乃乾、陈洙《徐闇公先生年谱·附录一》，《台湾文献丛刊》，台湾银行经济研究室1961年版，第123种，第80页。

② 参见李俊杰《流寓文学：古代文学研究新视角》，《中国社会科学报》2016年5月26日第20版。

奠定了有利的地域环境条件，使得清初福建遗民与江南名流之间的学习互动相比与其他地区遗民之间的层级互动更具优势性。福建遗民留寓江南地区学习交流，大部分晚年即回到福建，为福建遗民文学的发展汲取了富有江南文化色彩的精神养分；同时，江南遗民的南下抗清，也促进了闽台遗民文学对江南遗民文化意识的吸收。不同地域之间的遗民互动往来，促使遗民文学的层级交流更为多样化，也对地域文学的发展具有更为多向性的启发。

第四章

与历代遗民相比的渐进性与时代性

相较于历代遗民,清初福建遗民群体在抗清斗争中,文化立场更具坚定性,家国意识更具悲剧性,救亡图存的思想更具意识性。这与历代遗民心理积淀、社会战乱迁徙、隆武政权在福州的支撑作用、时代变迁以及实学风尚等因素密切相关。对清初福建遗民思想所体现的渐进性与时代性形成的原因加以深入研究,有利于为进一步挖掘遗民文人群体特征拓宽研究视野。

第一节 历代文士的心理积淀造就文化立场的坚定性

从内在的本质因素上看,我们还应从纵向的遗民文化心理结构,即历代遗民的集体潜意识的积淀与发展方面,对清初福建遗民形成文化立场的坚定性的原因加以研究。历朝遗民内心深层的文化心理结构和价值理念,经过时间的沉淀,成为福建遗民文人坚持抗清,坚守民族气节的精神动力。

在一个特定领域中的群体,往往具有共同的深层文化心理结构,也即浓厚的集体潜意识。泰纳曾说:

> 在同一群体生活中的人们可能由于时代、环境因素而迁徙、分支,但"在它的语言、宗教、文学、哲学中,仍显示出血统和智力的共同点",直到今天,这个共同点还把这一种族的各个

支派结合起来。这些支派虽然不同,但他们的血统并没有被消灭。①

作为在特定历史时空上具有典型身份的南明福建遗民文人,大多数是汉族身份,他们认为自己是炎黄子孙的后代,理应弘扬汉族传统文化,承续华夷有别的思想。遗民士人们在语言、思维、道德规范、情感和行为准则等方面,认同汉族族群共有的集体潜意识和深层的文化心理结构。他们认为唯有全力以赴发扬儒家"立功""立德""立言"的思想,竭尽全力反抗清朝的统治,才得以展现自身的政治立场与身份价值,才能获得汉族族群的认可。

一 宋以前士人集体文化心理的培养

先秦两汉魏晋南北朝时期,士人们历经频繁的朝代更替与皇权篡位,他们的节义品格与文化心理积淀,在一定程度上为明末清初遗民士人的集体文化心理意识的形成奠定了民族文化支撑力量。但此一时期的士人们对朝代更迭现象的抗逆意识并未像明末清初遗民士人一样强烈,究其本质因素,在于无论朝代更迭如何频繁,但其掌握皇权者仍站在汉族文化立场,此一时期尚未出现异质文化统治中原汉族文化的现象。换言之,此一时期的朝代鼎革只是皇权更替,并没有异质文化统治导致汉族文化受到颠覆性的摒弃。

武王灭商后,伯夷、叔齐"义不食周粟,隐于首阳山,采薇而食"②。伯夷、叔齐因耻食周粟,采薇而食,饿死于首阳山,他们堪称中华民族诚信礼让、抱节守志、忠于故国、廉明清正的典范志士。春秋战国时期,大多士人视皇朝易代为正常现象。《易》革卦象辞:"革而信之,文明以说,大亨以正;革而当,其悔乃亡,天地革,而

---

① [法] H. A. 泰纳:《英国文学史·序言》,伍蠡甫主编:《西方文论选》(下卷),上海译文出版社1979年版,第237页。

② (西汉)司马迁:《伯夷列传》,《史记》(卷六一),中华书局1959年版,第2123页。

四时成。汤武革命,顺乎天而应乎人。革之时大矣哉。"① 士人们认为顺应天理即是历史发展的合理现象。《正义》曰:"汤武革命,顺乎天而应乎人者,以明人革也。夏桀殷纣,凶狂无度,天既震怒,人亦叛主。殷汤周武,聪明睿智,上顺天命,下应人心,放桀鸣条,诛纣牧野,革其王命,改其恶俗,故曰汤武革命,顺乎天而应乎人。"② 对于皇朝易代的现象,士人们主要着眼于革命是否具有正义性,是否顺应天命人心,君主是否暴虐。因此,在《孟子·梁惠王下》中也记载:

> 齐宣王问曰:"汤放桀,武王伐纣,有诸?"
> 孟子对曰:"于传有之。"
> 曰:"臣弑其君,可乎?"
> 曰:"贼仁者谓之'贼',贼义者谓之'残'。残贼之人谓之'一夫'。闻诛一夫纣矣,未闻弑君也。"③

可见,相对于改朝易代,儒士们更注重君王之道德品质。

西汉时期士人也已具有相当自觉的节义意识。刘向在《说苑·立节篇》中对《韩诗外传》关于士节的观点给予极力赞同,也加以论述曰:"故夫士欲立义行道,毋论难易,而后能行之;立身著名,无顾利害,而后能成之"④。西汉士人坚守节操的人格精神在历史发展中形成一种文化积淀,为后代士人的忠义节气品格的养成起到了榜样与模范的作用。

魏晋南北朝甚至是唐五代时期,朝代更迭就更为频繁。从曹魏时期到隋朝期间的三百多年,汉族皇权出现六次更迭,篡权僭位现象更是屡见不鲜。唐五代短短五十几年时间,也出现五次朝代更迭,

---

① 《周易本义》(卷二),《四书五经》,中国书店1985年版,第5种,第43页。
② 李瑄:《明遗民群体心态与文学思想研究》,巴蜀书社2009年版,第30页。
③ (战国)孟子:《中华国学经典读本·孟子》,北方文艺出版社2018年版,第24页。
④ 向宗鲁:《说苑校正》,中华书局1987年版,第77页。

政权割据局面更是混乱不堪。士人们已视朝代更迭为正常现象。更重要的是，这些时期的朝代更迭并未伴随异质文化征服汉民族传统文化的现象，即使是皇权易主，但仍以汉族文化为主导。因此，士人们少有亡国之恨与故国之思的强烈意识。陶渊明、刘程之等被视为魏晋时期著名的遗民文人。而刘程之的辞官归隐并非出于遗民文化立场的考虑。刘程之最初担任政府参军，而后前往庐山东林寺拜慧远大师，修习念佛。慧远大师问刘程之缘何离开官禄显赫的仕宦生涯，刘程之回慧远大师说因为晋朝并没有奠定坚固的磐石为基础，时刻都有危亡的可能。可见，刘程之更多的是出于自身考虑离开仕宦生涯，他对晋室并未有深刻的眷怀之情。陶渊明因建功立业、兼济苍生的理想入仕，也因家族衰微，家贫而仕。袁行霈先生曾说："陶渊明虽然是一个本性恬静的人，但毕竟也像封建时代许多士大夫一样，怀有建功立业大济苍生的壮志。"① 陶渊明《归去来兮辞·序》曰：

> 余家贫，耕植不足以自给。幼稚盈室，瓶无储粟，生生所资，未见其术。②

而陶渊明最终在晋室衰亡之前即归隐田园。他也在晋朝危亡之际"但书甲子"③，表达对晋室王朝的眷念之情，但陶渊明弃官归隐主要是他建功立业的理想和愿望无法在当时混乱的政局下实现，因此选择回归田园坚守初心。归隐后，陶渊明仍然要为衣食而忧，彷徨于仕与隐之间。陶渊明的耕作技术相当一般。《归园田居》其

---

① 袁行霈：《陶渊明与晋宋之际的政治风云》，《中国社会科学》1990年第2期。
② （刘宋）陶渊明著，袁行霈编：《陶渊明集》，国家图书馆出版社2020年版，第176页。
③ 《宋书·陶潜传》曰："自高祖（刘裕）王业渐隆，（陶）不复肯仕，所著文章，皆题其年月，义熙以前则书晋氏年号，永初以来，唯云甲子而已。"[沈约：《宋书》（卷九三），中华书局1974年版，第2288—2289页]

三曰：

> 种豆南山下，草盛豆苗稀。晨兴理荒秽，戴月荷锄归。①

陶渊明的田园生活并非诗意的想象，他尽力地辛勤耕种，早出晚归，但结果却是草盛豆苗稀。陶渊明《乞食》中说："饥来驱我去，不知竟何之。"② 可见，陶渊明的生活处于困顿的境况中，他一方面要承担全家衣食温饱的重任，另一方面，作为古代传统知识分子，陶渊明虽弃官归隐，但仍心系兼济苍生的理想愿望。《归去来兮辞》曰："善万物之得时，感吾生之行休。"③ 陶渊明羡慕自然万物得逢吉时，而自己却在行休之间辗转反侧，内心不免愁闷难言。陶渊明《归去来兮辞》曰：

> 已矣乎！寓形宇内复几时，曷不委心任去留？胡为乎遑遑兮欲何之？富贵非吾愿，帝乡不可期。怀良辰以孤往，或植杖而耘耔。登东皋以舒啸，临清流而赋诗。聊乘化以归尽，乐夫天命复奚疑！④

陶渊明在归隐之处，受压抑束缚的心境得以解脱，但与此同时，他仍然无法安逸于现状，这一系列的感叹与反问，道出了他内心极度的无奈与纠结。陶渊明在归隐后仍然牵挂着他的政治理想，惦记着仕宦生涯，入仕的愿望在寻求质性自然的归隐生活后依然存在，

---

① （刘宋）陶渊明著，袁行霈编：《陶渊明集》，国家图书馆出版社2020年版，第37页。
② （刘宋）陶渊明著，袁行霈编：《陶渊明集》，国家图书馆出版社2020年版，第44页。
③ （刘宋）陶渊明著，袁行霈编：《陶渊明集》，国家图书馆出版社2020年版，第176页。
④ （刘宋）陶渊明著，袁行霈编：《陶渊明集》，国家图书馆出版社2020年版，第179页。

而且辞官归隐即代表陶渊明政治理想的破灭。"在《陶渊明集》中，我们所能看到的，更多的是陶渊明对人生最终归依的执着追问，是现成的人生答案无法解除他的怀疑的痛苦纠结。我们可以设想，晋宋的更迭对其人生体验产生过重大影响，但很难明确指点出他作为晋代世臣应有的故国之思、亡国之情。"① 可见，陶渊明归隐田园更多的是出于自身因素考虑。

即使是在唐五代政权频繁更迭时期，士人虽也有亡国之诉，但此一时期并未形成一个个内心能量充足、气势磅礴的士人群体，也未出现专事吟诵亡国之痛的标志性文学群体。由此可见，宋以前的遗民与明末清初时期遗民的文化心理具有本质的区别。魏晋时期因朝代更迭尚未出现异质文化统治，士人辞官归隐田园主要为了摆脱世俗、委运任化，寻求自身内心的宁静，魏晋时期的遗民思想倾向上更接近于"隐士"。而明清时期的遗民，身处清朝异质文化的高压与统治，他们切身体会汉民族文化被征服与被弃绝的精神创伤，深刻感受家国衰亡之后的无助与孤寂，因此，即使文网恢恢，明遗民也仍表现大义凛然的无畏精神，以诗性的笔触书写他们对汉室王朝的牵挂与怀念，书写异族统治的抗逆姿态，表征自己坚持汉民族文化的坚定立场。

需要指出的是，夷夏观念早在先秦时期就已存在，《尚书·舜典》中已有关于警惕夷狄侵犯的记载。《春秋左氏传》曰："裔不谋夏，夷不乱华。"② 华夷之别的观念在当时已被普遍认可。而正如李瑄先生所言，春秋时期，"分辨华夏主要是一种防御，是对本民族文化的崇尚与对此文化秩序被破坏的忧虑。由于中国历史上一直面临着戎夷的武力威胁，这种忧虑也就一直未曾中止过"③。因此，春秋时期士人的夷夏之分观念与宋元时期、明清时期遗民士人的夷狄观

---

① 李瑄：《明遗民群体心态与文学思想研究》，巴蜀书社2009年版，第31—32页。
② （西晋）杜预注，孔颖达疏：《春秋左传集解》，上海人民出版社1977年版，第1675页。
③ 李瑄：《明遗民群体心态与文学思想研究》，巴蜀书社2009年版，第37页。

念有别。前者所担忧的是外在社会环境的被破坏，而后者则从根本上考虑民族文化精神的被征服。而后代士人的文化心理往往也是前代士人文化心理积淀的反映。虽然宋以前的士人尚未受异质文化统治，但士人隐逸田园，超脱凡俗，反对束缚，追求身心自由的文化心理也在一定程度上影响了宋元之际、明清之际的遗民集体文化心理结构。因此，可以说，宋以前的士人集体文化心理处于培养期，为后代遗民士人表征坚定的文化立场奠定了基础。

二 宋遗民集体文化意识的发展

南明福建遗民文人的集体潜意识和文化心理结构，很大程度上受历代士人行为准则和价值追求的启发。谢明阳先生曾说："圣贤豪杰在追寻人生理想的过程中，时常会奉前人为典范，藉以确定一己的生命内涵。"① 对于福建遗民文人而言，他们救亡图存的理想和孤独悲愤的内心，必须寻求前代遗民典范作为精神支撑，自我比拟，以跨越时空的思想共鸣，证明自身的生存价值与政治立场。

宋代以来，福建地区人才辈出，文士云集，"自有宋闽中之士始大振发"②。宋代福建士人精通诗词音律，喜好文辞，注重科第。在泉州地区，士人"习诗书，儒雅之俗多与江淮类"③。在邵武，士人"力农重谷，然颇好儒，所至村落，皆聚徒教授"④。因此，陈必复曾说："世之言衣冠文物之盛，必称七闽。"⑤ 由此可见，宋代福建地区已具有独特的地域文化氛围，人才涌现，形成文化繁荣的局面。

---

① 谢明阳：《明遗民的庄子定位论题》，台湾大学出版委员会 2010 年版，第 23 页。
② （宋）黄裳：《送黄教授序》，见曾枣庄，刘琳主编《全宋文》卷二二四八，上海辞书出版社 2006 年版，第 68 页。
③ 刘咸炘：《推十书·增补全书·史志全书》（四），上海科学技术文献出版社 2009 年版，第 741 页。
④ （宋）王象之：《舆地纪胜》卷一百三十四，《福建路·邵武军》，中华书局 1992 年版，第 3833 页。
⑤ （宋）陈必复：《端隐吟稿序》，《江湖小集》卷三十三，（清）文渊阁《四库全书》。

文士聚集必将形成一股正气影响文坛，同时，文士们自身所具有的正义感、责任感与民族意识，忠贞爱国、华夏至上的民族气节和崇高精神，具有强大的号召力，影响一代代文人志士形成浓厚的家国情怀与民族意识。

宋代君臣之义随着程朱理学的兴起而成为天经地义之理。程颢曰："父子君臣，天下之至理，无所逃于天地之间。"① 朱熹曰："君臣父子之大伦，天之经，地之义，而所谓民彝也。故臣之于君，子之于父，生则敬养之，没则哀送之，所以致其忠孝之诚者无所不用其极，而非虚加之也，以为不如是则无以尽乎吾心云尔。"② 由此可见，宋代的忠君行为不仅仅是等级制度规范下的外在表现，更是士人思想意识中道德自律的一种自觉态度。朱子理学思想对宋代福建知识分子的影响是极为明显的。尤其是南宋灭亡之际，遗民士人在文学创作上往往具有遗民主题意识，而且以遗民群体创作的形象出现。山河破碎的痛苦是宋代福建遗民文化心理中极为重要的组成部分。元蒙统治者的入侵与战乱，造成山河满目疮痍，宋遗民士人赖以生存的地域文化环境也消失殆尽。"元既有江南，以豪侈粗戾，变礼文之俗，未数十年熏渍狃狎，胥化成风，而宋之遗俗销灭尽矣。"③ 社会风俗变异中最为显著的是衣冠礼俗的变化。

> 初元世祖起自朔漠，以有天下。悉以胡俗变易中国之制，士庶咸辫发椎髻，深襜胡帽，衣服则为胯褶窄袖及辫线腰褶，妇女衣窄袖短下服。天尊地卑，道之常矣。君处上，臣处下，理之常矣。男在外，女在内，义之常矣。天地君臣男女各得其

---

① （宋）程颐、程颢：《二程集》，《河南程氏遗书》卷五，中华书局2004年版，第77页。
② 《戊午谠议序》，《朱熹序跋集》，《四库家藏》卷第一，山东画报出版社2004年版，第9页。
③ 王祎：《时斋先生俞公墓表》，任继愈主编：《中华传世文选》，吉林人民出版社1998年版，第830页。

正，常莫大焉。裙裳，无复中国衣冠之旧。①

衣冠礼俗之变，是最为直接感观的，也是最能刺痛遗民内心深处的文化礼仪之变，因为衣冠礼俗的变化代表着汉民族文化的被征服与沦陷。再从文化教育制度上看，科举制度被无情地废除，也就意味着隋唐以来士人实现建功立业的理想与自我精神期待的途径被灭绝。士人们一方面要忍受传统文化被吞噬的精神屈辱，一方面要面对异质文化的压迫，因此，在家国衰亡之际，他们奋起反抗的力量，以集体文化心理为精神武器，展开与元蒙统治者的抗争。井底传《心史》的郑思肖和登严子陵钓台的谢翱等宋代福建遗民作家，创作大量诗文作品，寄托亡国的悲愤和哀思，坚持民族认同心理。

郑思肖《德祐六年岁旦歌》曰：

> 天运无情岁事新，大宝虚位孤王春。昼出衔恤夜梦哭，皇皇五载臣无君。南望二王未驻跸，北忆三宫犹蒙尘。袄祲蚀日地轴折，冤气上腾霾苍旻。百姓茹苦痛彻髓，大事未定焦如焚。我宁久处遁闷中，遽忍中死为逆民！大哉父母之遗体，与生俱生仁义身。天炼精金铸我心，上（箍）忠孝两字文。痛忆我君我父母，眼中不识天下人。不变不变不不变，万挫以死无二心！醉喝海岳尚翻动，不信不灭犬羊群。或谓逝水不可复，叱我痴忠空愁辇。焉知汉绝十八载，光武乃兴舂陵兵！即此一语断世事，仰面再拜泪如倾。②

此诗可见郑思肖因大宋王朝衰亡而产生极度的忧郁悲愤之情，更因战争导致父母双亡而倍感悲痛欲绝。战乱带来山河满目疮痍，

---

① 《明太祖实录》卷三〇，《明实录》，"中央"研究院历史语言研究所1962年校印，第525页。

② （元）郑思肖：《心史》，（明）杨尔曾：《中华秘本》第10卷，印刷工业出版社2001年版，第7874页。

社会民不聊生,失落感、孤独感、悲痛感油然而生。

1276年,文天祥起兵,谢翱倾家赀,率兵赴难,最后文天祥被执,他也被迫"匿民间,流离久之"①,陷入极度的孤独悲痛之中,但谢翱并不屈服于现状,他与王英孙、郑朴翁、林景熙等爱国志士相依互助。他们积极以诗文创作,互相勉励,互相鼓舞,在思想精神上结成志同道合之士,凝聚和强化遗民意识。谢翱的《登西台恸哭记》曰:

> 始,故人唐宰相鲁公开府南服,余以布衣从戎。明年,别公漳水湄。后明年,公以事过张睢阳庙及颜杲卿所尝往来处,悲歌慷慨,卒不负其言而从之游。今其具在,可考也。
>
> 余恨死无以藉手见公,而独记别时语,每一动念,即于梦中寻之。或山水池榭,云岚草木,与所别之处及其时适相类,则徘徊顾盼,悲不敢泣。又后三年,过姑苏。姑苏,公初开府旧治也,望夫差之台而始哭公焉。又后四年,而哭之于越台。又后五年及今,而哭于子陵之台。
>
> 先是一日,与友人甲、乙若丙约,越宿而集。午,雨未止,买榜江涘。登岸,谒子陵祠;憩祠旁僧舍,毁垣枯甃,如入墟墓。还,与榜人治祭具。须臾,雨止,登西台,设主于荒亭隅;再拜,跪伏,祝毕,号而恸者三,复再拜,起。又念余弱冠时,往来必谒拜祠下。其始至也,侍先君焉。今余且老。江山人物,睠焉若失。复东望,泣拜不已。有云从南来,泞洇浡郁,气薄林木,若相助以悲者。乃以竹如意击石,作楚歌招之曰:"魂朝往兮何极?莫归来兮关塞黑。化为朱鸟兮有咮焉食?"歌阕,竹石俱碎,于是相向感唶。复登东台,抚苍石,还憩于榜中。榜人始惊余哭,云:"适有逻舟之过也,盍移诸?"遂移榜中流,

---

① (明)胡翰:《谢翱传》,《四库提要著录丛书》编纂委员会编:《四库提要著录丛书·集部》,《皇明文衡》卷之五十七,北京出版社2010年版,第146册,第474页。

举酒相属,各为诗以寄所思。薄暮,雪作风凛,不可留,登岸宿乙家。夜复赋诗怀古。明日,益风雪,别甲于江,余与丙独归。行三十里,又越宿乃至。

其后,甲以书及别诗来,言:"是日风帆怒驶,逾久而后济;既济,疑有神阴相,以著兹游之伟。"余曰:"呜呼!阮步兵死,空山无哭声且千年矣!若神之助固不可知,然兹游亦良伟。其为文词因以达意,亦诚可悲已!"余尝欲仿太史公著《季汉月表》,如秦楚之际。今人不有知余心,后之人必有知余者。于此宜得书,故纪之,以附季汉事后。

时,先君登台后二十六年也。先君讳某字某,登台之岁在乙丑云。①

此作以春秋笔法出之,借用唐代忠臣义士颜真卿寓意文天祥,以张巡、颜杲卿在安史之乱中竭尽全力保卫睢阳却惨遭杀害,隐含文天祥视死如归、英勇就义的忠烈精神。谢翱通过沉重哀悼殉国英雄文天祥,表达对文天祥无所畏惧的大义凛然精神的敬佩之情,也表现遗民志士强烈的悲恸情绪和民族认同心理。

宋元时期的福建地区,像谢翱一样具有浓烈亡国之痛、故国之思的遗民作家已经形成一个群体。他们同声相应,互相交流,形成了以道德准则、文化立场与地域色彩为鲜明标志的宋代福建遗民群体。

熊禾(1253—1312),字去非,号勿轩,又号退斋,建阳人。幼志濂、关、洛、闽之学,师事辅广,是朱熹的三传弟子。咸淳十年(1274)举进士,授汀州司户参军。宋亡后拒不仕元朝,留寓崇安武夷山,构建洪源书堂,晚年主持鳌峰书院,追随者数以百计,问道于孔孟,互相交流切磋,有《勿轩集》八卷传于世。

---

① (元)谢翱:《登西台恸哭记》,见田晓娜编《四库全书精编·集部》,国际文化出版公司1996年版,第240页。

陈普（1244—1315），字尚德，号惧斋，世称"石堂先生"，宁德人，朱熹的三传弟子，倡导性命义理学说，精通诗赋，尤善于以史入诗。陈普富有民族气节，南宋灭亡后，拒不仕新，以斯道自任，隐居授学，追慕者数百人。其《四皓》《尚父伯夷》等，往往以古代气节超群之士勉励自己坚守节操。传世作品有《石堂先生遗集》二十二卷。

丘葵（1244—1333），字吉甫，自号钓矶翁，福建同安人。尤崇拜朱子，钻研闽学。南宋灭亡后，自居海岛，杜门不出，刻苦励学，以诗明志，感叹黍离之悲。严词拒绝御史马祖常以俸禄征召。存世作品有《钓矶诗集》五卷。

韩信同（1252—1332），字伯循，别号古遗，福建宁德人。曾拜陈普为师，学习理学知识。崇尚民族气节，南宋灭亡后拒不入仕，以遗民自居。作诗文集十卷，因战乱散佚颇多。

黄镇成（1287—1362），字元镇，福建邵武人。少年有志于圣贤道学，被誉为存斋先生。南宋灭亡后，拒不仕元，筑室南田耕舍，并隐居赋诗抒怀。著有《秋声集》十卷，四库全书仅录四卷。其文章"如飘风行云，大音希声，天籁自鸣。……抑亦有所激而鸣其不平者邪"①。四库馆臣评价曰："则镇成盖遭逢乱世，有匡时之志，而不能行，乃有托而逃，故诗多忧时感事之语。"② 可见，黄镇成作为南宋遗民，对朱熹道学正统理解尤为深刻，具有浓厚的匡时忧患意识与民族正气精神。

赵必晔，生卒不详，字伯炜，号大蓬，福建晋江人。精通儒学典籍，赋诗作文，渊懿浩博，世称"硕儒"。诗文多抒发亡宋之痛苦与抑郁之情，拒不仕元，与渔樵方外之士班荆燕坐，互相切磋，著有《茹芝》《东陵》等，均已散佚。

---

① （清）顾嗣立：《元诗选·初集庚》黄镇成小传引，见（清）陆心源编，许静波点校《皕宋楼藏书志》，浙江古籍出版社2016年版，第6册，第162页。
② （元）黄镇成：《秋声集》，《四库全书总目提要·集部·别集类》，商务印书馆1923年版，第63页。

刘边生卒不详，字近道，福建建安人。与熊禾志趣相投，感情深厚，为志同道合之士，常切磋诗文，以气节相标榜，入元后不仕新朝。"（刘边）崇尚理学，与理学家熊禾友善，其工诗能文，与同邑虞韶、虞廷硕、毛直方齐名。"① 因其在全元年间听闻浙江浦江吴渭发起月泉吟社，遂赴会饮酒赋诗，时四方遗民吟士数千人声气相通，以诗明志。刘边自署"自家意思"，意即自愿加入遗民诗社，坚守遗民志节，并将自己诗集名曰《自家意思集》，可惜未被完整保留，今仅存诗十余首。"加入月泉吟社的福建籍遗民吟士还有连文凤，字伯正，号应山，自署罗公福，宋末尝游于太学；刘汝钧，序君鼎，号蒙山，自署邓草径，尝与文凤为同舍生；高镕，字声玉，号悦云，自署骑牛翁，宋末曾为婺州教授，三人俱为三山（今福州）人。"②

谢翱、熊禾、陈普、丘葵、黄镇成、赵必晔、刘边、连文凤、刘汝钧、高镕等遗民志士群体的榜样力量，给后代福建遗民士人以极大的鼓舞。他们的遗民身份认同形成深层的文化心理结构，对提高南宋遗民群体乃至明遗民群体的整体反抗意识和民族主义思想，具有深远的影响作用。

"当某种历史精神贯入地缘，成为一种积淀于民性中的深层心理结构或曰：'集体潜意识'，就会在该地的历史进程中反复上演相似的一幕。"③ 宋代福建遗民文人高尚的民族精神和坚贞的遗民品质，在南明抗清志士群体中引起了强烈的共鸣。这种具有集体潜意识的遗民情怀和忠贞品质，经过时间的积淀，一脉相承，成为南明福建遗民文人坚持抗清，坚守民族气节的精神动力。

三　清初福建遗民文化立场的坚定性

清初福建遗民多受前朝遗民作家的熏陶与感染，砥砺操守，不

---

① 徐俐华主编：《武夷文籍择录》，华艺出版社2011年版，第162页。
② 方勇：《南宋遗民诗人群体研究》，人民出版社2011年版，第96—97页。
③ 朱双一：《闽台文学的文化亲缘》，福建人民出版社2003年版，第42页。

畏强权，以自己的笔力书写遗民心志，表达对于遗民身份强烈的认同感，表达对于明王朝深沉强烈的依恋与复兴明朝的理想志向。

黄道周受历代遗民文化思想的影响是十分明显的。他潜心作《儒行集传》，反复强调儒家学说以德行为宗旨，挖掘和弘扬《儒行》中所体现的君子儒的精神境界和德行操守，并身体力行，以身作则，维护儒家的纲常德行。他曾说："臣所惜者纲常名教，非私也。"① 黄道周的儒家思想意识是体现在立身行道之上的。明朝衰亡，与黄道周同为抗清英雄的史可法、刘宗周等相继战死、自绝，黄道周以"大明孤臣"自称。《孟子·尽心上》说："孤臣孽子，其操心也危，其虑患也深，故达。"②"孤臣"，一方面，体现儒家思想意识的延续；另一方面，表明抗清遗民相继殉身之后，黄道周内心孤独无援，却仍意志坚定。黄道周被俘、入狱后，写下不少诗句，均用"孤臣"一词，如"孤臣曲折何堪道，别与苍黎起痼瘵"（《归畔八章》）③，"六朝旧事生芳草，只有孤臣泪未涯"[《卧禁城，渐闻钟声，蘧然惊觉，次第有怀十二章（其四）》]④。可见，在抗清形势处于十分无援的境地，黄道周仍与清朝统治者势不两立，他不愿随波逐流，而是坚持遗民文化立场，体现了鲜明的遗民姿态。"有怀惟国难，图报在今辰"（《陛见后门下士毛生来，作诗示之》）⑤，黄道周志在报国，抗清复明的理想志愿跃然纸上。他以前朝遗民典范为学习、效仿的对象，曾作诗道："晋室推陶祖，宋家有岳张。同心靖国难，仅得守南方"[《示赖、赵二门人五律二首》（其一）]⑥。"陶祖"即陶侃和祖逖，"岳张"即岳飞与张宪，他们都志在北伐征战。黄道周受前朝遗民文人的熏陶与感染，砥砺操守，不畏强权，

---

① （清）谷应泰：《明史纪事本末》（卷七十二），中华书局1977年版，第1437页。
② 《孟子》，上海古籍出版社1987年校注版，第129页。
③ （明）黄道周：《黄道周集》，中华书局2017年整理本，第2485页。
④ （明）黄道周：《黄道周集》，中华书局2017年整理本，第2626页。
⑤ （明）黄道周：《黄道周集》，中华书局2017年整理本，第2673页。
⑥ （明）黄道周：《黄道周集》，中华书局2017年整理本，第2673页。

身体力行，展现遗民心志，表达对遗民身份的强烈认同和对明王朝深沉强烈的依恋情感与复兴明朝的理想志向。

金门人卢若腾，是一位忠义耿介的遗民文人。卢若腾的著述也在字里行间渗透着遗民的文化心理，表现忠义耿介的遗民气节。《叶茂林》诗后四句写："缓死须臾竟死矣，遗臭万年讵可任。惟有茂林终不死，长使忠义发哀吟。"① 诗作前后形成鲜明的对比，前两句写晋江人张维机贪生怕死、屈节辱身、虽生犹死的卑劣人格，最终落得遗臭万年的恶名。张维机的义仆叶茂林在面临生死关头时毅然选择殉身，坚守遗民的忠义气节。卢若腾写作此诗悼念叶茂林，弘扬其视死如归，虽死犹生的遗民精神，言下之意也流露了作者鲜明的遗民文化心理和忠君爱国的政治立场。

卢若腾晚年常为遗民友人的诗文集作序，表达其对友人砥砺节操的肯定与尊敬之情，渗透着鲜明的遗民文化立场与身份认同意识。《许而鉴诗序》云：

> 吾岛中多才略志节之士，而许子而鉴其一也。……当虏之蹯吾乡也，而鉴倾橐募士，从诸义师击虏……颠沛流离，伏处海滨，惟恐为虏氛所染。其愤激牢骚之况，时时泄之于诗。……余读而悲之，壮之……②

卢若腾认为许而鉴才略志节，其诗作常常流露对敌军侵入金门岛的牢骚愤激之情。他为之有感而发，作序颂扬许而鉴的砥砺操守。此外，《骆亦至诗序》《林子濩诗序》等，也表达了作者对遗民文人所特有的忠义气节价值的追求与欣赏。

"人生中有多少典型情景就有多少原型，这些经验由于不断重复

---

① （清）卢若腾：《岛噫诗》，《台湾文献丛刊》，台湾大通书局1987年版，第245种，第46页。
② （清）卢若腾：《留菴文选》，《台湾文献丛刊》，台湾大通书局1987年版，第245种，第46页。

而被深深地镂刻在我们的心理结构之中。这种镂刻，不是以充满内容的意象形式，而是最初作为没有内容的形式，它所代表的不过是某种类型的知觉和行为的可能性而已。"① "所谓原型，是指最初的模式，而这一模式可以被所有与它类似的事物所模仿。"② 基于上述认识，历朝遗民内心深层的文化心理结构和价值理念，在南明福建遗民文人中形成文化积淀，并被他们所仿效和传承。他们对历代遗民的身份判断、行为准则与思想精神的认可与追求，代表着对遗民文化心理的认同。

因此，当满族文化入主中原时，遗民文人们自然形成防御意识，对异族文化给予强烈的排斥，对汉族文化的认同感则逐渐得到强化。这自然也增强了他们的族群身份认同心理，并以各种形式展开与清朝统治者的对峙。可见，在特定时空背景下，历代遗民所倡导的忠君复兴思想与忠贞不渝的高尚节操，历经时间的沉淀，在南明福建遗民文人的文化心理结构上形成了共同的体认。历代文士的集体心理文化意识的积淀，造就清初福建遗民士人文化立场的坚定性。

第二节 战乱迁徙与时移世变促成家国意识的悲剧性

明末清初福建遗民文人群作为鼎革之际遗民群体的一个分支，具有与其他地区遗民文人群共有的汉民族情怀特征，而在他们的内心思想中，也更为鲜明地突出家国意识的悲剧性。

一 战乱迁徙：福建遗民家国意识更具悲剧性

福建社会文化体系的形成，与先民时期中原战乱南迁，魏晋南北朝时期八姓入闽、唐代开漳圣王陈元光以及宋代闽王王审知大规

---

① [美] 霍尔等：《荣格心理学入门》，冯川译，生活·读书·新知三联书店1987年版，第44—45页。
② 孔定芳：《清初明遗民的身份认同与意义寻求》，《历史档案》2006年第2期。

模入闽开发具有密切关系。中原汉族士人为躲避战乱、逃避自然灾害,他们从北往南迁徙,一直奔向闽越蛮荒地区,并开荒垦田,拓展疆域,明清时期,大批移民东渡台湾谋求生存。中原士人将中原汉文化带入福建,并与福建当地原生态古百越文化历经冲突、交流与融合,最终形成多元文化并存、富有独立个性、色彩鲜明的闽文化。

腥风血雨的战争,令遗民士人肩负家国衰亡的悲恸,他们对清朝充满刻骨铭心的仇恨。正是依靠深刻的家国意识,黄道周、曹学佺等遗民志士大义凛然,以身殉国。东渡台湾的遗民志士,面临南明诸王分立,他们对时局的剧变具有深刻敏锐的体会,内心充满坚守故土与流离海外的矛盾与抉择。当他们不得已展开不同向度的离散,从陆地救亡走向海外抗争,则必然面对荒野榛莽的海洋地域环境:交通阻塞、狂风巨浪和险滩暗礁。

海外几社成员卢若腾对台湾岛生存境况的想象与描述也极富悲剧性色彩。其《长蛇篇》写:

闻道海东之蛇百寻长,阿谁曾向蛇身量。蛇身伏藏不可见,来时但觉勃窣腥风扬。……当时洞庭已有此异物,况于万古闭塞之夷荒。夷荒久作长蛇窟,技非神羿孰能伤?天地不绝此种类,人来争之犯不祥。往往活蟒长蛇腹,何不翩然还故乡?①

万古闭塞的台湾岛,潜藏着吞蚀人的蟒蛇,流亡的生命岌岌可危。可怕的蟒蛇窟是不祥之地,自然引起流亡者思念家国故土。这虽然不是作者目睹,但耳闻如此恶劣的自然生物环境,足以令人毛骨悚然。正如高嘉谦先生曾说:"南渡诗文感动人心者,往往并非眼前地理风貌的流连,而是想象的山河,与亡国激越的悲情,奠定南

---

① (清)卢若腾:《岛噫诗》,《台湾文献丛刊》,台湾大通书局1987年版,第245种,第25页。

渡诗文的文学魅力。"① 遗民志士内心深处对家国故土的无限眷恋与回归的渴望，正是从"翩然还故乡"的现实基础产生的。

战乱流亡，民众流离失所，在恶劣的自然生物面前没有任何安全感，安定的生活只是流亡者的幻影。遗民士人投身境外，飘零异域的体验，让重构汉室生活秩序的理想瞬间破灭，一种被时局弃离的愁闷哀伤、茫然若失的内心情态油然而生。流放境外险峻的人生，引发对家国故土的无限眷恋与回归的渴望。诗歌创设的境外流放空间，最终又回归遗民文人的身份意识与价值体认。卢若腾将自己虚拟于这样的地景体验中，自然也将遗民文学通过想象的空间植入台湾。

海上离散生涯和惊骇的争战见闻，促成了悲剧性的海洋文学书写。这其中又隐含着海外几社对艰难的海岛生存处境的深刻思考，对遗民志士内在品质和真实人性的重新认识。家国离散导致民众不得已漂泊海岛，恶劣的海洋性地域特征赋予海外几社的悲剧性色彩尤为突出。流亡海外的惊险悲壮和严酷的海洋生存方式被揭示得淋漓尽致，呈现出一种诗性的批判力量。从中也让我们深刻领会海上争战历程比大陆遗民抗清更为艰难的斑斑心迹。

频繁的战乱与抗争，给福建民众留下了深刻的心灵冲击，也激发了他们强烈的斗争意识、民族精神与必胜的信心和勇气，这是福建遗民面对清朝统治，表现出忠于大明王朝、以身殉国的大无畏英勇抗争的宝贵精神财富与思想支柱。他们在抗逆清朝异质文化统治的不屈不挠斗争中，表现出传统民族文化极为可贵的家国意识、民族意识与抗争精神。

二 时移世变：福建遗民身份意识更具深刻性

明末清初，在整个中国历史上是一个特殊的时代。时代变迁，

---

① 高嘉谦：《遗民、疆界与现代性：汉诗的南方离散与抒情（1895—1945）》，联经出版事业股份有限公司2016年版，第56页。

在很大程度上促成福建遗民对身份意识深刻的认同。时代变迁让遗民文人深感时局巨变与人世沧桑，他们更需要在时代剧变中坚守自己的遗民价值体认，反抗清朝统治。

明末政坛上，昏君愚臣统治不力，宦官把政，世道日衰，国势渐趋衰落。明末统治者为了追求奢侈享乐，往往变相碾压民众，加重赋税，聚敛钱财，出现"无官不赂贿，而人人皆吏士之为矣；无守不盗窃，而人人皆僮竖之为矣"①的恶劣现象。政坛腐败之风盛行，贪官污吏横征暴敛，民不堪忧，农民大量逃亡，激起民变。除了内忧，各方边患也大量消耗明朝的国力，国外侵略者纷纷入侵。"红毛……复泛舟东来……后又侵夺台湾地，筑室耕田，久留不去……又出据澎湖，筑城设守，渐为求市计。……掠渔舟六百余艘，俾华人运土石助筑。"②日本、荷兰殖民者以强权之势侵入中国沿海地区，福建、台湾等地受到极大的威胁。边疆少数民族也趁机入侵，东北的女真族势力逐渐强大，形成与明朝对峙的局面。明朝社会危机四伏，土崩瓦解之势不可逆转。崇祯二年（1629），皇太极侵入长城，直抵京城，袁崇焕被处死，军心涣散，国力已是苟延残喘。1644年，崇祯帝吊死煤山，清军入主中原，开始了对全国的统治。

经济上，新兴的资本主义萌芽，商人队伍扩大，商人与外国人交流和贸易往来更为频繁，商品经济较前代有了长足的发展。中国传统的封建社会向近代社会转型的趋势渐趋明显。经济的发展代表着社会生产力的进步，经济发展对社会政治、文化发展起到决定性的作用。因此，明末商品经济领域的极大发展，与社会政治衰败的状况极不和谐，这要求社会政治、思想文化领域必须进行相应的变革。士人群体作为时代的精英，具有超强的敏锐洞察力与变革意识，

---

① （清）顾炎武著，黄汝成集释：《日知录集释》，花山文艺出版社1990年版，第598页。

② （清）张廷玉：《明史》卷三二五，《外国列传六·和兰列传》，中华书局1974年版，第8436页。

他们深切感受空谈误国的危害，也担负着积极变革的历史使命与责任担当。

> 当民族性格和周围环境发生影响的时候，它们不是影响于一张白纸，而是影响于一个已经印有标记的底子。人们在不同的倾间里运用这个底子，因而印记也不相同；这就使得整个效果也不相同。……一个民族的情况就像一种植物的情况；相同的树液、温度和土壤，却在向前发展的若干不同阶段里产生出不同的形态，芽、花、果、子、壳，其方式是必须有它的前驱者，必须从前驱者的死亡中诞生。①

泰纳所说的"倾间"，即指某一特定的时代。"前驱者的死亡"即用于比作朝代的灭亡。时代鼎革，中原汉族文化受到强烈的冲击和震荡，给遗民文人内心造成巨大的精神磨难。他们在"顷刻间"无法接受明朝走向衰亡并受新朝统治的事实。面对物是人非、今非昔比的境况，遗民志士身体力行，全力反抗清朝的统治，也以自身的笔力抒发慨叹，表达他们对明朝的强烈思念和对自身身份价值的重新思考。

世称"东南魁硕"的林古度，其怀古之作，或以咏怀古迹抒发兴亡之叹与对大明王朝的眷恋之情，或借历史人物事件寓意时代变迁，表达因大明王朝衰败而产生的感伤怆然。林古度曾作六朝怀古组诗，分别名为《六朝怀古·吴》《六朝怀古·晋》《六朝怀古·宋》《六朝怀古·齐》《六朝怀古·梁》《六朝怀古·陈》。作者依次对六朝朝代更迭的历史事件、历史遗迹抒发议论。最后一首《六朝怀古·陈》最为沉痛哀伤：

---

① ［法］H. A. 泰纳：《英国文学史·序言》，伍蠡甫主编：《西方文论选》（下卷），上海译文出版社1979年版，第239—240页。

第四章　与历代遗民相比的渐进性与时代性　/　159

绮罗珠翠盛当时，叔宝风流世所知。一自后庭歌玉树，独留荒井泣胭脂。临春阁下迷秋草，安德宫中没古池。往代兴亡多少恨，不堪哀册诵文辞。①

作者借六朝历史事件的经验教训，托古喻今，感慨大明时局的动乱衰败和自己的身世遭遇，抒发物是人非的沧桑之感，寄托对明朝的深切哀思。林古度的《芳草》也写：

春风催百卉，草色遍相侵。到处没马足，有时惊客心。远连空汉上，寒漾碧波浔。独有明妃冢，青青恨至今。②

春风吹拂花草，春草苍翠葱茏、茁壮成长，本来应是一派欣欣向荣的景象，这里却反而让羁客的心头为之震惊，漫无边际的草丛高得淹没了马足，碧绿的江水波涛澎湃，让人深感寒凉。因为富有爱国情怀的羁客由此联想起了草原尽头塞外的明妃冢，遗恨犹在。作者以此表达对故明王朝的思念之情。

侯官人陈轼，在崇祯朝时任南海县令，常游览东皋园林。他曾作《过东皋》说："东皋者，南海陈侍御园也，余为令时常游其地。丙戌再过，已为墟矣。"③ 1646 年，陈轼重游故地，所见到的东皋园林已今非昔比，诗人抒发感慨，作诗以寄。

忆昔全盛日，丽□纷无数。……阔绝会几时，物象已非故。

---

① （清）林古度：《林茂之诗选二卷》，国家图书馆藏清康熙四十九年（1710）程哲、殷誉刻本。
② （清）林古度：《林茂之诗选二卷》，国家图书馆藏清康熙四十九年（1710）程哲、殷誉刻本。
③ （清）陈轼：《道山堂集》，康熙甲戌年闽中陈氏刊本，福建师范大学图书馆藏，第 334 页。

瓦砾堆道旁，不见桥边树。踯躅试延伫，归鸦日欲暮。①

诗作以今昔东皋园林内环境及景物的变迁，烘托重游东皋时萧瑟悲戚的境况。作者借景抒情，感叹时局动荡与朝廷政变给社会环境带来巨大的变化，从中渗透着诗人对故明王朝的追思与怀念之情，其遗民身份意识也自然寓含于其中。永历朝时，陈轼任苍梧县令，后即将归闽，与其共事好友袁特丘分别，因作《粤归别袁特丘》（时特丘将归公安）：

百泓浔堤岸，横流没平原。独掌埋巨河，安能无倾翻？……朝暮黄牛路，空岩啼夜猿。②

诗作描写洪流淹没平原，比喻时代变迁，时局动荡，社会环境极为不利。因此，诗用反诘句"独掌埋巨河，安能无倾翻"，比喻当时政局不稳，受外族压迫，导致仕途受挫，渗透着作者的身世际遇和人生感慨，寄无限的人生感慨于依依惜别之中，其中所寓含的对故明乡土的怀念，渲染着遗民文人忧愤深广的孤寂愁怀。

明末社会政治的腐败，内忧外患的局势激起士人群体对明朝统治的不满情绪，对清朝入主中原更是奋力反击。遗民士人从空谈心性转向追求实学用世，实干兴邦，他们强烈的抗争意识与兼济之志成为一代豪杰的鲜明特征。

可见，时代变迁让遗民文人深感时局巨变与人世沧桑，时代变迁促成遗民文人对身份价值的重新思考。朝代鼎革，扰乱了他们原有的社会生活秩序，汉族族群生活受到严重破坏，族群力量逐渐衰弱，遗民文人身份遭受种种打击。因此，他们需要在时代剧变中坚

---

① （清）陈轼：《道山堂集》，康熙甲戌年闽中陈氏刊本，福建师范大学图书馆藏，第334页。
② （清）陈轼：《道山堂集》，康熙甲戌年闽中陈氏刊本，福建师范大学图书馆藏，第335页。

守自己的遗民价值体认，坚守自身的遗民品质，才能力挽狂澜反抗新朝，复兴明朝。正是在这样的时代变迁冲击下，遗民文人的身份认同意识得以加强。

历史上频繁的战乱与迁徙，使福建先民们的内心受到极大的冲击，家国悲剧意识尤为强烈。又因时代鼎革，物是人非，今非昔比，面对清朝异质文化的统治，清初福建遗民士人深感时局巨变与人世沧桑，他们对家国悲剧意识的体验尤为深刻，因此，清初福建遗民士人更能在时代剧变中坚守遗民人格节操与抗争精神。

第三节 隆武政权与实学风尚助推救亡图存的执着性

隆武政权在福建的存续，激发了遗民士人强烈的斗争意识、民族精神与必胜的信心和勇气，他们对救亡图存的宗旨更具执着性。实学风尚为他们坚守民族气节，以豪杰人格为奋斗目标，传承和弘扬中华民族精神提供了精神支撑。

一 隆武政权的激励作用

隆武帝朱聿键是南明闽地举足轻重的抗清领袖人物，他的号召力和影响力，对福建遗民士人身份认同的形成具有相当程度的促进作用。

隆武帝朱聿键从小受到良好的家庭教育，苦读诗书，富有忧国忧民的思想。《台湾文献丛刊》记载一段关于隆武帝的自述：

> 裕王，万历二十二年封世子。长子，即朕也。家庭多难，端不悦裕，在内官宅。母毛娘娘，生朕于万历三十年四月初五日申时。……八岁延师，仅辨句读。十二岁，曾祖母薨，祖即将朕与父同禁，篝佛灯，日夜苦读。……崇祯二年二月，父为叔鸩，朕誓报仇。……今朕四十四岁，共分四节：一节二十八岁，为家难；二节自二十八岁十二月至三十五岁，为治国；九年十一月奉遣，三十六岁至四十三岁八月，皆高墙囚禁八年事，

为三节；四节则上年至今年事也。①

综观隆武帝朱聿键的身世经历，可知隆武帝饱读诗书，人生阅历丰富，具有修身齐家治国平天下的爱国爱民思想。他的爱国忧患意识很自然得到当时群臣的普遍认可和赞赏。

朱聿键南下福建，遗民士人抗击清朝统治的信心和勇气倍增，他们作为明臣的身份认同意识也逐渐加强。福建遗民士人十分拥戴朱聿键，并主动投靠其幕下，希望在朱聿键的带领下反抗清朝，恢复明朝一统。《东南纪事》记载：

> 闰六月三日次水口驿。驿吏具大舟，却之；乘民舟，不饰彩幔，导去鼓吹，民人聚观相庆。临驿廨相谒，行四拜礼。王答二拜，赐坐。安南伯郑芝龙、靖鲁伯郑鸿逵、巡抚都御史张肯堂、闽广督巡刘若金、巡按吴春枝、户部侍郎何楷、大理卿郑瑄、左通政马思理、光禄少卿林铭鼎、四川按察使曹学佺、御史郭贞一诸臣自南都来者，皆素服待罪；旨弗问。②

弘光元年（1644）闰六月，朱聿键入福建，福建一大批文武士官对朱聿键寄予厚望，拥立其继皇位，隆武政权成立。

朱聿键继皇位后，为遗民士人树立了鲜明的民族文化立场和对抗清朝的自信形象。他大量任用崇祯朝和弘光朝的重要官员作为重要政治力量，赋予他们较高的社会地位。"曹学佺太常寺卿，起蒋德璟、黄景昉、苏观生、何吾驺、黄鸣俊、陈子壮、林欲楫、

---

① （清）陈燕翼：《思文大纪》，《台湾文献丛刊》，台湾大通书局1987年版，第111种，第21—22页。

② （清）邵廷采：《东南纪事》，《台湾文献丛刊》，台湾大通书局1961年版，第96种，第3页。

曾樱、朱继祚、傅冠皆为大学士。"①"黄道周为礼部尚书兼武英殿大学士。"② 隆武帝任用的这些官员中，曹学佺、黄景昉、黄鸣俊、林欲楫、朱继祚、黄道周等，均为福建籍士人，且官衔品位较高。隆武帝对福建遗民士人给予积极的鼓励和充分的信任，赋予他们施展才华的机会。遗民士人受隆武帝的器重，深感抗清有望，隆武政权成为他们抗清的重要支柱。

著名的抗清英雄黄道周的遗民身份意识与复兴明朝的思想受隆武帝的影响甚为明显。他曾在奏疏、诗作中屡次表现对隆武帝充满热情和信心。他曾劝疏道："险阻备尝，晋公子之播迁，良有以也；闾阎亲历，史皇孙之艰难，岂徒然哉？"③ 黄道周在此以历史上晋公子播迁的史实作比，对隆武帝寄予深切的期望。黄道周在《赴召留别亲友兼示白石》一诗中也用少康中兴的历史典事勉励隆武帝：

> 缅怀幽蓟三千里，惆怅江东仅一春。幸遇少康光旧物，残念岂敢惜余身。六十年来事已非，翻翻覆覆少生机。老臣拼尽一腔血，会看中兴万里归。④

黄道周在此以少康作比，表达对隆武帝复兴明朝之志的赞赏与期许。更重要的是黄道周因受隆武帝的召用，内心充满浓厚的遗民身份意识与复国必胜的信心和勇气。他表示自己愿意拼尽一腔热血，不惜牺牲自己的生命，为复国理想鞠躬尽瘁。

黄道周受任隆武政权后，向隆武帝呈报《召入内廷面谕，国事艰难，群工须尽改崇、弘时陋习，庶可光复旧物。臣道周伏地痛哭，内监掖之起，赐御诗一章，恭和原韵，呈进上慰宸衷》：

---

① （清）陈燕翼：《思文大纪》，《台湾文献丛刊》，台湾大通书局1987年版，第111种，第4页。
② 孟森：《明史讲义》，上海古籍出版社2002年版，第655页。
③ 徐晓望：《论隆武帝与郑氏家族的权力之争》，《福建师范大学学报》2002年第1期。
④ （清）黄道周：《黄道周集》，中华书局2017年整理本，第2673页。

> 丑夷寇掠几时休，扰害民生二十秋。岂有残山容立马，更无剩水荡扁舟。君臣立志卑南宋，文武齐心勠北酋。人定胜天天降鉴，乾坤万里克时收。①

首句以"丑夷"代称清军，足见作者对清朝入主中原的强烈不满与愤慨之情；接着又以"扰害民生""残山""剩水"等客观情况描述清军入侵中原对民众生活所造成的强大破坏性；面对山河破碎、民不聊生的动乱时局，黄道周喊出了"君臣立志""文武齐心""人定胜天"的豪言壮语。黄道周对清军的蔑视与对复兴明朝的必胜信心，在很大程度上受隆武政权赋予的支撑力量所鼓舞。

福建遗民士人在隆武政权的支撑下，遗民身份得到承认，内心充满抗清必胜的信心和豪情壮志，他们在福建形成一股具有广泛社会影响力的抗清政治势力。他们坚持汉族文化立场，忠于大明王朝，符合广大汉族民众反抗民族压迫的愿望。隆武帝对遗民士人的鼓励和信任，进一步强化了他们对遗民身份价值的认同，也增强了遗民文人反抗清朝的信心和勇气。因此，广大遗民群体纷纷加入抗清队伍中，南明的军事力量逐渐得以加强。于是，一大批遗民士人对自身遗民身份的认同意识也与日俱增。

二 实学风尚激发救国的执着性

我国从春秋战国时期，士人逐渐兴起。士人作为传递社会文明、振兴家国民族与促进社会发展，引领社会风尚的群体，逐渐得到社会的公认。士人的风气，也成为衡量社会风貌的重要标尺。

北宋末年，李侗、杨时等理学家极力倡导、推崇理学思想。朱熹受学于李侗，将理学思想发扬光大，形成宋代"闽学"的繁荣局面。李光地曾评价："吾闽僻在天末，然自朱子以来，道学之正，为

---

① （清）黄道周：《黄道周集》，中华书局2017年整理本，第2673页。

海内宗。"① 朱熹理学注重民族气节，强调身体力行，践行诺言的重要性，反对空谈学问，提醒士人应具有崇高的民族气节，并以实践品格践行忠君爱民的思想，具有鲜明的经世务实思想。因此，当宋末元初，异族入侵中原，一批批爱国志士发自内心地践行爱国精神，坚守民族气节，甚至以身殉国，坚决抵抗元蒙统治者。朱熹的理学思想影响了宋末元初的遗民志士，福建地区形成了具有闽学文化色彩的遗民情怀与民族精神。这些都为明末清初的遗民文化精神奠定了深厚的文化心理因素。

朱熹在漳州兴学施教，兴建书院，受学之士众多，朱子门庭兴旺，文教风会大盛。

> 漳郡为朱子旧治之邦，自南宋至今五百余年，礼教犹新，名贤辈出，旧称"海滨邹鲁"。②
>
> 维漳郡始于唐初，……有宋朱文公莅郡以后，陈北溪、王东湖两先生亲承其统绪，道术既一，礼法大明。胜朝陈剩夫、蔡鹤峰等又起而赓续之，沿及明季周忠愍、黄石斋、何黄如诸公气节文章，尤皭然为天下望。流风余韵，至今犹存。③

可见，从朱子文化浸润于漳州开始，陈北溪（陈淳）、王东湖（王遇）、周忠愍、黄道周、何黄如等相承其文教兴学之风，蔚为大观。黄道周对朱熹的崇敬尤为明显："吾乡诸老儒，颇亦事追逐。邹鲁五百年，风采尚新沐。"④ 明末清初漳州郡的遗民士人掀起崇尚朱子之风。朱子诗文惠泽闽地，黄道周《邺山讲仪记》小引载：

---

① （清）李光地：《重修蔡虚斋先生祠引》，《榕村全书》卷十三，福建人民出版社2013年版，第334页。
② 《康熙甲午漳郡志序》，《漳州府志》，光绪丁丑冬镌芝山书院藏版。
③ 《康熙甲午漳郡志序》，《漳州府志》，光绪丁丑冬镌芝山书院藏版。
④ （清）黄道周：《黄道周集》，中华书局2017年整理本，第1817页。

> （黄道周）与榕坛诸门人讲业紫阳书院，辄时时以礼乐不可斯须去身戒学者。不十年，而漳上诸生皆悠然有礼乐之思，一日会四方问业者三百八十四人于邺山之下，以讲以习，一时盖彬彬焉。①

在明末时代鼎革之际，黄道周学习朱子在外敌入侵，家国危亡的景况下登堂讲学，宣扬儒学精神。黄道周门下贤才辈出，师生教学相长，诗笔互相唱和，互相启发，促进清初漳州遗民以诗文抒发救国之志的理想志愿。闽南地区的遗民身份意识由此兴发和凝聚。

随着明末社会经济的发展，市民的生活方式发生了很大的变化，新兴的思想观念产生。士人天生的敏感性与敏锐的洞察力，很容易切身体会社会形势的变化。各地有识之士风起云涌，参与政治救亡，复兴古学，兴起实学的思潮，增强抵抗清朝统治的精神力量。他们敢于面对现实，大胆冲破传统思想，宣扬新主张，思想文化领域出现异常活跃的局面。尤其是复社、几社成员与东林学派形成呼应，关注现实，关心民瘼，以坚贞不屈、以身殉国的一身正气力挽狂澜于既倒，表现强烈的遗民身份意识与民族文化使命感。这些都为文学创作理念突破传统思想创造了条件和土壤。诗文、戏曲和小说等文学体裁所反映的世俗人情色彩浓厚，叛逆思想也空前强烈。最明显的是汤显祖的《牡丹亭》对女主人公杜丽娘追求幸福爱情生活的肯定和颂扬，从深层意义上说明士人们逐渐觉醒，对传统礼教持强烈的反抗态度。这种反抗精神在士人群体中形成一股强烈的力量，以致清朝统治者对汉族士人加强思想控制和人身束缚时，这种叛逆性格即喷薄而出。士人们反抗清朝统治，复兴明朝的民族思想异常强烈，其遗民身份意识和家国情怀在思想、创作及实践上得以展现。

明初对士人的选拔采取八股取士的制度。士人们为了考取科举，只学僵化、空洞的理论，在实际上却不能学以致用。受阳明心学的

---

① （清）黄道周：《黄道周集》，中华书局2017年整理本，第1006页。

影响，士人走向崇尚清谈之路，不关心兵农政务。顾炎武曾说：

> （明末士人）不习六艺之文，不考百王之典，不综当代之务，举夫子论学论政之大端，一切不问，而曰"一贯"，曰"无言"，以明心见性之空言，代修已治人之实学。①

可见，明末学风确实已走向空泛虚无，不务正业，远离现实的极端。在这种境况下，一批有识之士开始觉醒反思，提出务实兴邦，经世致用的实学理念，实学用世之风由此掀起。

在学术领域，复社领袖张溥提出：

> 自世教衰，士子不通经术，但剽耳绘目，几悻弋获有司，登明堂不能致君，长郡县不能泽民，人才日下，吏治日偷，皆由于此。……期于四方多士，共兴复古学，将使异日务为有用之学。②

复社成员在张溥的带领下以兴复古学为己任。蕺山学派的刘宗周主张"学必以古为程，以前言往行为则"③，明末士人们力图纠正理学和心学之极端，以古学之经服务于现实政治，治理社会，促进发展。顾炎武明确提出"明学术、正人心、拨乱世以兴太平之事"④的观点。顾炎武倡导做学问目的在于明道救亡，具有鲜明的经世致用思想。东林党人更是明确提出学以致用的理念："风声、雨声、读书声，声声入耳；家事、国事、天下事，事事关心。"⑤ 可见，东林

---

① （清）顾炎武：《日知录》卷七，商务印书馆1929年版，第32页。
② 蒋逸雪：《张溥年谱》，齐鲁书社1982年版，第22页。
③ （清）黄宗羲：《明儒学案》，中华书局1985年版，第1568页。
④ （清）顾炎武：《顾亭林诗文集》，中华书局1957年版，第27页。
⑤ （明）顾宪成：《东林书院门前对联》，天人主编：《中国诗词名句解析》，内蒙古人民出版社2016年版，第56页。

党人的经世致用思想十分强烈。黄宗羲曾评价顾宪成说：

> 先生论学，与世为体。尝言：官辇毂，念头不在君父上；官封疆，念头不在百姓上；至于水间林下，三三两两，相与讲求性命，切磨德义，念头不在世道上，即有他美，君子不齿也。①

顾宪成所说之"念头"即为经世之学的理念。顾宪成十分重视学问的实用价值。黄尊素认为士人应"以开物成务为学，视天下之安危为安危"②。这种思想境界之高堪与范仲淹的"先天下之忧而忧，后天下之乐而乐"相比。

"如果文化水准越高，即受到传统文化熏陶越深，士人们在朝代更替之际就越有可能萌发出传统的气节观念。"③ 在这些有识之士的经世理念的影响和熏陶下，明末清初的士人们"或以经学济理学之弊，以复兴古学（经学）为己任；……或探究'切用于世'的学问，以求实功实用；或会通西学，倾心于'质测之学'的研究。尽管他们在不同学术领域各领风骚，各显风采，但他们有一个特点是共同的，就是在抨击理学空疏之弊的同时，竭力提倡经世致用、实学实用，从学风、学术上呈现出一股崇实黜虚、舍虚务实的新风尚"④。明末清初的实学思潮，为遗民士人增强了应对政局剧变，坚决抵抗清朝统治的信心和力量，也为他们坚守民族气节，以豪杰人格为奋斗目标，传承和弘扬中华民族精神提供了支撑力量。顾炎武曾说："天生豪杰，必有所任。如人主于其臣，授之官而与以职。今日者，拯斯人于涂炭，为万世开太平，此吾辈之任也。"⑤ "明代中

---

① （清）黄宗羲：《明儒学案》卷五十八，中国书店1990年版，第650页。
② （清）黄宗羲：《明儒学案》卷六十一，中国书店1990年版，第701页。
③ 方勇：《南宋遗民诗人群体研究》，人民出版社2011年版，第103页。
④ 王杰：《论明清之际的经世实学思潮》，《文史哲》2001年第4期。
⑤ 顾炎武：《亭林文集》卷三，《顾亭林诗文集》，中华书局1983年，第48页。

晚期虽多庸君、昏君，却多直臣；清代虽少昏君，却鲜直臣，而多庸臣。多直臣，则士气奋，故虽衰败，而民族的正气不衰……多庸臣，则士气衰，人习苟安，害怕改革，不敢改革。"① 可见，遗民士人以豪杰身份勉励自身努力扭转世局，复兴明朝的精神士气得到后人的认可。

遗民士人以修身、齐家、治国、平天下为己任，以经世致用为目标，建言献策，纷纷提出革新政治的主张，力图扭转明末"俗儒是古而非今，文士撷华而舍实"②的虚浮文风和学风，挽救残存的明王朝。夏允彝、陈子龙、徐孚远、杜麟徵、周立勋、彭宾等以学术研究、实学用世为宗旨，成立几社。几社是明末著名的文学社团。几社之"几"，源自《易·系辞上》："夫《易》，圣人所以极深而研几也。唯深也，故能通天下之志。唯几也，故能成天下之务。"③ 杜登春《社事始末》记载："几者，绝学有再兴之几，而得知几其神之义也。"④ 徐孚远等几社成员撷取明朝有识之士有关世事国务之文，旁采征实，编成《皇明经世文编》。贺长龄、魏源等指出："清代经世致用史学，实由《明经世文编》肇端，'明编'为晚明松江陈子龙、徐孚远、宋徵璧主编，凡五百零四卷，补遗四卷。……这为稍后的顾炎武、黄宗羲等人讲求经世致用之学开了先河。"⑤ 该书以明治乱、详军事、重经济为编选原则，内容翔实，明确表征几社成员的用世思想与实学精神，影响颇为深远，对后世顾炎武、黄宗羲等人讲究经世致用之学树立了典范。

甲申国变后，几社成员极力关注国事和政局，形成一股政治势

---

① 马积高：《清代学术思想的变迁与文学》，湖南人民出版社2002年版，第4页。
② （清）陈子龙：《明经世文编序》，见《四库禁毁书丛刊·集部》，北京出版社1997年版，第22册，第40页。
③ （三国魏）王弼等注，孔颖达等正义：《周易正义》，李学勤主编：《十三经注疏》卷七，台湾古籍出版公司2001年版，第335页。
④ 杜登春：《社事始末》，中华书局1991年版，第3页。
⑤ （清）贺长龄、魏源等编：《清经世文编》，中华书局1992年版，第2页。

力,竭尽全力反抗清朝统治。"他们会文的事情,一变而为革命的豪举。"① 几社成员逐渐从复兴古学转向讲求忠义气节和救亡图存。夏允彝、陈子龙和夏完淳先后在救亡中殉身。"选择死节的忠义之士在殉国的时候,基本上也就完成了个人对于天下国家的责任;而选择存活于世的遗民,却需要有充足的理由和具体的行动,来证明自己余生的价值,俾能无愧于破亡的国家与死难的亲友。此生命价值的追寻,也就是用有限的生命来创造无限的意义,以企古人所谓的'不朽'。"② 几社成员殉国救亡的忠义气节和英雄气概,进一步激励徐孚远对家国情怀、民族意识和遗民身份价值的深刻思考。

海外几社是南明时期,漂泊、留寓闽、浙、粤及境外台湾等东南沿海岛屿的遗民志士所组成的抗清文社。连横先生《台湾诗乘》载:"闇公寓居海上,曾与张尚书煌言、卢尚书若腾、沈都御史佺期、曹都御史从龙、陈光禄士京为诗社,互相唱和,时称海外几社六子,而闇公为之领袖。"③ 海外几社成员之间唱和往来,交流频繁,徐孚远作为海外几社领袖是连接几社与海外几社的桥梁人物,也将几社经世致用的思想灌输于海外几社成员中,并在闽、浙、粤等沿海地区贯彻落实经世之学。

海外几社漂泊、留寓闽、浙、粤及境外台湾等东南沿海岛屿,他们的活动空间对立于清廷统治范围,明确标举不为清朝统治的强烈抗争姿态。海外几社以跨越疆界的流亡空间反抗清朝统治,将"遗民"意识的范畴"从时间的错置延伸为空间的位移"④。他们以漂泊海外的空间存在体验,延伸汉室王朝的时间存在,彰显遗民的身份意识。海外几社从陆地救亡走向海外抗争,必然面对比陆地更

---

① 谢国桢:《明清之际党社运动考》,辽宁教育出版社1998年版,第132页。
② 谢明阳:《明遗民的庄子定位论题》,台湾大学出版委员会2001年版,第12页。
③ 连横:《台湾诗乘》,《台湾文献史料丛刊》,台湾银行经济研究室1960年版,第64种,第11页。
④ 王德威:《开往南洋的慢船》,高嘉谦:《遗民、疆界与现代性:汉诗的南方离散与抒情(1895—1945)》(序),联经出版事业股份有限公司2016年版,第5页。

为艰险的海洋地域环境:交通阻塞、波涛如怒和险滩暗礁。海上惊骇的战争见闻和离散生涯,主导了海外几社背后的文学生产。如何借助苍茫空旷、波澜壮阔的海洋地域环境,书写富有海洋文化精神的家国情怀与遗民身份意识,又如何克服海上抗战的惶恐心理,发挥精卫填海式的实践品格与拓荒精神,反抗清朝统治,恢复大明王朝的文教制度,则是海外几社共同追求的思想宗旨。海外几社这种跨越式的发展理念,正是以几社救亡图存,提倡经世之学的思想为基础的。

海外几社成员卢若腾、沈佺期等闽籍遗民深受徐孚远经世致用思想的影响。徐孚远南下福建后,与闽籍遗民联系十分密切,他身上所具有的经世致用之风不仅影响了海外几社成员,也影响了闽籍黄道周、王忠孝、陈永华等遗民士人,福建地区兴起了一股经世之学的实学之风。海外几社对几社实学用世、救亡图存思想的发扬,首先体现在他们以劲节拓荒之志,开辟海外抗清基地,对抗清朝的统治。

卢若腾曾往舟山参战,兵败后回闽,随郑氏军队东征台湾,途中因病留居澎湖,作《岛居随录》。罗联棠先生为其作序曰:"独计先生当颠覆流离之际,愤时事不可为,欲以澎湖作田横之岛,自托殷顽,日与波臣为伍,所见皆蛮烟瘴雨、鲛人蜑舍。可惊可愕之状……"① 困处荒岛,卢若腾以田横作比,以牺牲海岛之志开辟抗清基地,体现离散海外的遗民志士矢志拓荒的精神和勇气。张煌言(1620—1664),带领军队作战舟山,其《翁洲行》诉说了海上战争的恶劣环境:"甬东百户古翁洲,居然天堑高碣石。青雀黄龙似列屏,蛟螭不敢波间鸣。"② 翁洲海洋环境十分险恶,蛟龙尚不敢在狂暴汹涌的海上鸣叫,但遗民志士克服畏惧的心理,奋力崛起,齐心

---

① (清)卢若腾:《岛居随录》,《影印笔记小说大观》,江苏广陵古籍刻印社1995年版,第6册,第469页。

② (清)张煌言:《张苍水集》,上海古籍出版社1960年版,第75页。

协力，渡海抗清。"忠臣尽瘗伯夷山，义士悉到田横岛。"①"安得一剑扫天狼，重酹椒浆慰国殇！"②忠臣义士壮烈牺牲海岛，甚至遭遇弃尸海滨的惨状，但他们仍以"知其不可而为之"的劲节拓荒精神，坚决对抗清军的统治。萨义德先生指出："流亡的知识分子回应的不是惯常的逻辑，而是大胆无畏；代表着改变、前进，而不是故步自封。"③面对狂暴的海洋险境和清兵的厮杀掠夺，抗清志士不断勉励自己以大胆无畏的勇气砥砺前行。险峻的海洋环境对塑造流亡者的个人自觉意识、冒险犯难的开拓意识和坚毅不屈的抗争精神，具有特殊的作用。从海上荒野险峻的境况和海上战争的悲壮性，可见海外遗民志士历经狂暴的海洋抗争体验后，越挫越勇，具有竭尽全力恢复大明王朝的家国壮志和坚强不屈的拓荒抗清精神。

海外几社东渡台湾，面对一片尚未开垦的荒岛，他们一方面将诗文作为家国情怀和遗民精神的寄托，一方面倡导兴贤育才、务实尚本的为政思想，以精卫填海的精神，协助郑氏集团治理和发展台湾社会。

海外几社卢若腾困处澎湖海岛，他坚持与海外几社一系的抗清遗民患难与共。卢若腾秉持几社经世致用的思想，并进一步强调"文章自有神，立言贵创获"④的思想观念。清人林豪在《卢牧洲中丞》中评价卢若腾时说："正气作山河，嚘声留海岛。"⑤综观卢若腾的诗文作品，无不体现砥砺节操、悲悯苍生、道德伦理、表彰节烈、衣冠守制、谴责暴行等主题。卢若腾以其一生的文学生产与履海蹈险的实践，诠释为学贵在明理，为文立说必须有益于世道人心

---

① （清）张煌言：《张苍水集》，上海古籍出版社1960年版，第75页。
② （清）张煌言：《张苍水集》，上海古籍出版社1960年版，第76页。
③ ［美］爱德华·W.萨义德：《知识分子论》，单德兴译，生活·读书·新知三联书店2002年版，第57页。
④ （清）卢若腾著，吴岛校释：《岛嚘诗校释》，台湾古籍出版公司2003年版，第11页。
⑤ 林豪：《金门耆旧诗》，陈汉光：《台湾诗录》，台湾省文献委员会1971年版，第845页。

的务实尚本思想。这正是海上抗清的遗民志士身份价值取向与家国之志的具体体现。

被誉为"台湾医祖"的海外几社成员沈佺期（1609—1682），是郑成功幕府中医术精湛的军医。明郑时期的台湾蛮荒瘴气，瘟疫蔓延，众多军民病痛难耐，危在旦夕。沈佺期入台后，悬壶济世，致力于培养医学人才，救死扶伤无数。《乾隆泉州府志》记载："（沈佺期）旋往台湾，闭户谢客，累征不就。常以医药济人，全活无算。为古文词，安详融练，卓然名家。"[1] 沈佺期将海外几社兴贤育才、经世务实的思想体现于传播传统中医文化之上，开拓传统中医文化思想的新天地。他一方面倡导兴利革弊，参与垦田拓荒，一方面将精进的医术传入台湾。可以说，沈佺期是向台湾传授传统中医文化的拓荒者，为大陆传统中医文化传向境外做出卓越的贡献。

海外几社领袖徐孚远，是抗清英雄郑成功十分敬佩的师长。留寓福建的遗民志士，以实践品格反抗清朝统治，践行救亡图存的宗旨。郑氏集团东征台湾，在台湾开荒垦田，培育人才，提高台湾下层民众的文化水平，拓宽知识视野，发展文教事业，促进台湾社会政治、经济、文化的长足发展，这与徐孚远一系所倡导的经世致用思想具有一脉相承的联系。清人全祖望《徐都御史传》载：

> 延平之少也，以肄业入南监，尝欲学诗于公。及闻公至，亲迎之。公以忠义为镞厉，延平听之，娓娓竟夕。凡有大事，谘而后行。[2]

1654年（永历八年），郑成功为培育贤才，在厦门设立储贤馆，徐孚远、卢若腾和沈佺期等海外几社成员都被聘为教授，教习儒家

---

[1] （清）怀荫布修，黄任、郭赓武纂：《乾隆泉州府志》（三）卷五十四，《中国地方志集成·福建府县志辑》，上海书店出版社2000年版，第101页。

[2] （清）全祖望：《鲒埼亭集外编》卷十二，全祖望：《全祖望集汇校集注》，上海古籍出版社2000年版，第962页。

子弟。被誉为"今之卧龙"的陈永华也曾在储贤馆师事徐孚远,他们之间成为师徒关系。徐孚远赴台后,身体力行,不遗余力设立民学,推行儒学教育,注重培养人才,为郑成功治理台湾社会选拔优秀的人才。他在《重九寿陈复甫参军》说:"世事方屯艰,经营赖上材。小心参帷幄,大力运昭回。"① 徐孚远对陈永华寄予厚望和赏识,称其为"上材",希望陈永华身体力行,协助郑氏集团治理和发展台湾社会。陈永华入台后,不负徐孚远的期望,极力推广兴学重教的思想,全力辅助郑经,促进台湾军政、文教事业的发展。陈永华经营长才的人才观为郑氏集团抵御外族入侵,储备了富有民族意识的经世之才。盛成先生说:"(陈永华)似曾熟读《农政全书》与《天工开物》及《皇明经世文编》者然。"② 《皇明经世文编》正是徐孚远等富有家国情怀的遗民志士努力编纂的经世致用之作。朱双一先生曾说:"论者谓'几社上承自徐光启之经世理念、科学思想,与闽南人的经营长才相结合,体现于陈永华身上,成为明郑政权得以较长时间延续的一个关键。'"③ 可以说,陈永华的为政思想,正是海外几社一脉倡导的兴贤育才、务实尚本发展理念的具体体现。

虽然海外几社最终难挽狂澜于既倒,但他们将生死置之度外的海上抗争与冒险犯难精神,与几社救亡图存的宗旨形成了一脉相承的关系。海外几社走出在地救亡,具有投身海洋重振大明雄风的家国之志。他们将几社经世之学、救亡图存的思想发展为拓荒抗清之志与悲悯苍生、经营长才、务实尚本的为政理念,以精卫填海般的精神助力郑氏集团建立境外抗清基地,治理台湾经济社会。海外几社的文学生产中所体现的这一系列富有现实意义的为政思想,与几社的思想宗旨具有一脉相承的关系,又有实质性的质的飞跃。

综上所述,历代遗民文人深层的文化心理结构对南明福建遗民

---

① (清)徐孚远:《钓璜堂存稿》,郭秋显、赖丽娟主编:《清代宦台文人文献选编》,台北:龙文出版社股份有限公司2012年版,第1种,第1144页。
② 盛成:《复社与几社对台湾文化的影响》,《台湾文献》第十三卷,1962年第3期。
③ 朱双一:《闽台文学的文化亲缘》,人民出版社2013年版,第42页。

文人坚守民族气节，坚持遗民文化立场具有深远的影响作用。南明福建遗民文人以历代遗民思想为精神支撑，形成独特的身份认同意识。时代变迁在一定程度上促成了福建遗民文人今非昔比的慨叹，激发他们对大明王朝生活情景的怀念和对自我身份的重新思考。南明福建遗民文人富有厚重的历史意识，又具深刻的遗民身份之思。遗民士人围绕时代变迁，对具体历史人物事件进行品评，表达自身对历史的自觉理解与反思。他们也以历史文化中某种人生哲学为参照，反观其自身所处的境况，表达遗民文人的处世态度及其身份认同意识。隆武政权的成立，对福建遗民文人身份认同的形成起到了非凡的促进作用。隆武帝对闽地遗民官员给予充分的信任和器重，也逐渐增强遗民文人反抗清朝的信心和勇气。他们对遗民身份价值的体认不断增强，影响了一大批闽地遗民士人，形成一股特殊的福建遗民抗清力量。

明末实学风尚的盛行，明末资本主义经济的发展，国内政治的危机四伏，外国列强的入侵，中原战乱频仍，边疆少数民族政权崛起等国内外形势的变化，推动了明末清初士人的学风从空谈心性转向救国兴邦。士人受整个社会形态转变的影响，思想逐渐活跃，他们对人的生命价值有了进一步的思考和认识，对人生充满热情和期望，也更具有反抗叛逆的个性特征，敢于冲破传统思想的牢笼，勇于直言进谏批判不合理的社会制度，更具有以身作则，复兴明朝的家国情怀与遗民身份意识。

基于以上各方面的综合因素，促成清初福建遗民文人的身份认同意识。福建遗民士人共同的家国悲情与民族主义意识，促进各地遗民群体具有共同的理想目标与审美价值标准，各地遗民群体既具有自身的地域文化特色，又互相交流、互相补充、互相渗透、互相影响，促成清初福建遗民与历代遗民相比，更具渐进性与时代性的特征。

综上说明，形成清初福建遗民文人群体特殊性的影响因素具有多元化的特征。它告诉我们历代遗民文人在具有共性文化特征的同时，也由于特殊的历史境遇、人文地理环境和执政者的思想素养等方面的因素，促成一定地域文化范围内的遗民群体具有鲜明的个性特征。这启发我们应以纵向和横向相结合的网络结构多元化方式进行研究，点面结合，才更有利于进一步拓宽遗民文化的研究视野。

第五章

遗民代表性著作的思想蕴含与艺术风貌

从福建遗民文人的文学生产上看，家国之思成为他们反复吟咏的共同主题。他们的文学生产也呈现多元化的遗民心志，影响后世。国破家亡的悲恸是明末清初遗民士人文化心理的突出表现。在福建地区，战乱导致社会景象残败不堪："城中马萧萧，城外浮云横。楼观新烧焚，飞鸟盘空鸣。斯民服徭役，春田芜不耕。"① 更令人担忧的是遗民赖以生存的精神家园、文化氛围被破坏。物质环境、精神环境的双重破坏，使遗民士人身心疲惫，精神上受到极大的挫伤和刺激。清朝统治者的入侵，使得士人遭遇"斯文扫地"的屈辱，士人们对清朝的统治持有强烈的抵抗情绪。选择作为大明遗民，是他们面对这种屈辱，坚守忠君爱国的重要方式。诗文书画成了遗民士人抒发自我心志、坚守大明之志的精神寄托。这些内外因素的合力，产生了一股强大的精神士气，他们互通声气，互相影响、互相激励，形成了坚守遗民文化立场与鲜明的道德准则为标志的福建遗民文人群体。

---

① （清）高兆：《送徐存永移家长沙》，四库禁毁书丛刊编纂委员会编：《四库禁毁书丛刊·集部》，北京出版社1997年版，第21册，第565页。

第一节　黄道周的绝笔之唱——《石斋逸诗》

《石斋逸诗》是黄道周被俘后的理想信念与忠义精神的书写。《石斋逸诗》充分展现黄道周为国捐躯的孤忠形象，黄道周虽身受屈辱与诬陷，却仍坚守节义，坚决痛斥清廷对他高爵重禄的引诱，表现对挽回大明王朝的誓死精神与英雄气概。通过解读《石斋逸诗》，我们可深切感受黄道周作为明遗民遭遇被俘仍心系家国安危的忠义思想，在矛盾与困境中仍坚持遗民的情怀与信念，力挽狂澜却救国无门的怅恨，以及不惜牺牲小我的大义凛然精神与孤寂郁愤的心灵世界。《石斋逸诗》让我们对黄道周的忠义孤忠形象具有更深刻的认识与领会。

《石斋逸诗》是明遗民以诗歌作为抒情言志的载体，壮志满怀地宣泄亡国悲痛之情的典型代表。《石斋逸诗》是黄道周的绝笔之唱，为其"被俘以后，迄明年三月就义，所作诗篇，自题总名为《石斋逸诗》"[1]，也称《逸诗》《石斋麟书》《正命麟书》等。何瑞图《石斋麟书记略》记载："是书也，师所自名，本称逸诗，皆就俘以后作也。"[2]"自酉（乙酉年）腊廿五日以及戌（丙戌年）之三月十五日，凡八旬中诗存极博，吾党集之，举名绝笔，则何也？"[3] 黄道周募兵抗清，于江西婺源兵败被俘。

黄道周生前已有意对《石斋逸诗》加以整理，诗集"俱蝇头小楷，端整古劲，盖先生捉笔时，便志为万世下事"[4]。而此诗集是否能留存于世未能保证，刘献廷《广阳杂记》曰："洪经略门人山东傅觐光为江宁同知，字对扬；与坤五友，奉命监视。漳浦问闽人之

---

[1] 侯真平：《黄道周纪年著述书画考》，厦门大学出版社1994年版，下册，第185页。
[2] 参见郑晨寅《黄道周论稿》，河南人民出版社2014年版，第225页。
[3] 参见郑晨寅《黄道周论稿》，河南人民出版社2014年版，第225页。
[4] （清）黄道周：《黄道周集》，中华书局2017年整理本，第44—45页。

在江南者,觐光以坤五对。漳浦索宣纸百幅,草出闽入浙以来之诗文,以半寄坤五,半赠对扬。"①黄道周也曾自述道:"可以不存矣而犹存之,谓之《逸诗》","石斋死后,世当传之,以当逸事"②。郭白阳《竹间续话》卷一载:"至临刑日,先生出纸录狱中诗三十首,系以跋,纸系高丽,横径尺余,直径倍之。临刑时犹置怀中,对扬收先生尸,得之。"③可见,黄道周以"逸诗"命名,具有深意,他以此诗集作为正命之前的心灵表达与思想寄托,自叙身世经历,痛诉奸佞权臣与君主的昏厥,更是淋漓尽致地表达自己对大明王朝的忠义思想以及明朝衰亡的忧愤之情。而他奋力想要复兴明朝的坚定信念与抗清之志,终究得不到武将权势的理解与支持,黄道周内心的孤独悲愤之情也充分展现于诗歌书写中。《石斋逸诗》主要从三方面体现黄道周忠贞不渝、心系家国的遗民情怀。

一 遭遇被俘仍心系家国安危

隆武元年(1645)九月十九日,黄道周募兵数千人,出仙霞关,不到一个月时间即抵达上饶,兵粮已达三个月,黄道周分兵三路对抗清兵。而不久三路皆败,同年十二月,黄道周转向攻打婺源,遇伏,被徽州守将张天路捕获送至南京狱中。黄道周被俘入狱仍心系南明王朝,壮志不已,满腔热血,一心助力南明政权复兴。当洪承畴劝降时,黄道周则毫不客气地将洪承畴招降仕清的变节行为与史可法忠贞不渝、坚守节操的精神品质进行尖锐的对比:"史笔流芳,虽未成名终可法;洪恩浩荡,不能报国反成仇。"④黄道周在狱中写下《死吟》《后死吟》《后后死吟》《自悼》《告兄》《诲子》《辞墓》等诗篇,字里行间寄寓着自己的身世悲慨,以及对亲人、国事安危的牵挂与忧虑之情。

---

① (清)刘献廷:《广阳杂记》第四卷,商务印书馆1937年版,第196页。
② (清)黄道周:《黄道周集》,中华书局2017年整理本,第44页。
③ 郭白阳:《竹间续话》,海风出版社2001年版,第3页。
④ 参见楚欣《福地闽风写春秋》,海峡文艺出版社2015年版,第65页。

"妻子不得知，亲朋为酸鼻。寒从孝陵衣，饥从孝陵食。孝陵何凄凄，风雨荫松柏。"① 黄道周不顾自身处境，在被俘后内心担忧的仍是朝廷政事和亲人、朋友。黄道周《后死吟》（八章）诗曰：

> 天愁看遗老，筮魂报所生。余生知有几，观世未能平。
> 降辱经过澹，艰危入素轻。此间明净路，不使世人惊。
>
> 割杀前朝事，屡冲此日来。帝心如告兆，天意岂怜才。
> 求死仍无创，逢生多转哀。许多顽鄙事，入梦久难猜。
>
> 聊耳吾何敢，彭颜各一时。冰虫修笃论，花蜕附枯枝。
> 诸友归无忍，先生出不辞。当年诸起倒，未与女儿知。
>
> 此事还真宰，非关我所量。精魂乌兔共，变化冶炉忙。
> 时至自应觉，道消夕不妨。偏题沟壑句，四壁也明光。
>
> 往者未先觉，今兹何遽愁。百年自古有，一节为谁留。
> 野潦私红蓼，岩风扩碧秋。寻常思不到，潮水上江头。
>
> 沧海间多变，真人安在哉。闻从鸟绝处，尚有僧伽回。
> 娣子坠崖好，苏卿入塞来。不因吹黍律，勉强为嘘灰。
>
> 立命关终食，待时何所为。炼刚绕指气，匹妇老人师。
> 决策腰间剑，掉头坐下龟。一丝牵挂处，勿使后人疑。
>
> 千尺断崖路，春容几步宽。人当垂踵尽，道岂舍身难。

---

① （清）黄道周：《黄道周集》，中华书局 2017 年整理本，第 1851 页。

第五章 遗民代表性著作的思想蕴含与艺术风貌 / 181

> 天瞯迟搜药,龙伤晚入澜。莫将眉睫急,俛首睬鱼竿。①
>
> "右《天愁》八章为二月九日作也,予以是为劬劳之辰。崇祯壬申,以是日削籍,跨驴出都,为卫士凌侮,作《重生》之诗。及辛巳,以是日在狱(对簿),作《重重生》之诗,今又是日羁于斋堂,故作《后死吟》及《后后死吟》。《兔爰》《苕华》,不知孰伤也。"②

诗作饱含沉痛忧愤,既叹自身的遭遇,又叹国运衰亡,担忧家人安危,把家国衰亡之恨、艰难困厄之境渲染到极致。黄道周在诗作第一章表达自知生命殆尽却仍担忧局势不平、不愿屈节辱命的决心。第二章,黄道周回顾前朝政事,自述生平遭遇,才华不被重用,遭受种种冤屈,面临各种卑鄙小人的凌辱,却仍心系国事的"大我"心态。第三章,黄道周内心矛盾重重,既羡慕老子能达到清静无为的境界,在乱世时期弃官归隐,又以儒家兼济天下的思想,勉励自己不应囿于见闻,知识短浅,不应因为政局变化而腐化堕落,表达为国事牺牲"小我"的坚定决心。第四章,黄道周又倍感自身救国能量有限,内心充满矛盾和忧愤。第五章,黄道周化用与文天祥"人生自古谁无死,留取丹心照汗青"的诗句,悲壮郁扬,表达自己与文天祥的爱国思想具有穿越时空的共鸣性,显示了两位爱国者舍生取义的生死观与慷慨激昂的民族气节。第六章,表达黄道周对当前局势的认识,又慨叹真正能为大明王朝舍身殉命之士寥寥无几,表达自己孤独悲愤的心境。第七章,以战国冯谖为喻,表达自己才华不得施展,报国无门的愤懑心境,又直承辛弃疾《满江红·汉水东流》"腰间剑,聊弹铗"之句,表达英雄爱国却志气难伸的满腔孤愤。第八章,黄道周用"断崖路"比喻明朝历史已到尽头,也激起读者联想宋代文天祥、张世杰等拥护宋端宗赵昰在逃亡中惊悸而

---

① (清)黄道周:《黄道周集》,中华书局 2017 年整理本,第 2278—2280 页。
② (清)黄道周:《黄道周集》,中华书局 2017 年整理本,第 2280—2281 页。

亡，陆秀夫携八岁小皇帝赵昺流亡崖山的情景，山河破碎，春容难堪，国运衰退，已是十分形象生动的比喻和寓意。黄道周身处绝境，却不惜自己的生命，毅然坚持守土复国的使命，决定以身殉国，其深沉的家国之思与忧愤之情跃然于笔端。

黄道周有诗曰：

> 志士轻生死，家人念渴饥。知君隔岸后，又似坠弦时。风雨催尘甚，音书寄语迟。夜阑寒色紧，咬齿且相支。①

黄道周为报效明朝，闯南走北，与家人离散，最后也与门生蔡春溶、赖继谨、赵士超、毛玉洁等各奔东西。他们被分开囚禁，黄道周对此表达对四君子英勇抗清的精神勇气的赞颂，也表达自己没有机会尽心为小家奉献而深感愧疚，只好以家书遥寄聊以表达自己对家人故乡的怀念之情，而家书却不幸遭遇风雨的摧残而难以如期到达。黄道周在此也有意以风雨侵袭家书隐喻自己在抗清路上遭受敌对势力的侵袭与毁谤。"何人心事最苍茫，不忍相看涕泪长"②，黄道周抒发了深沉慨叹，他在《过言》（八章）中也深切表达自己在除夕前后不能回乡与家人亲友团聚的惆怅与幽思之情："铁骑变渔阳，渡河弓马强。雄藩不破虏，猛士倦思乡。"③ 如果说以上诗句尚未点出家人的身份，而在《告兄》篇中，则十分具体地提到自己与同胞兄弟黄道琛从小互相学习，互相帮助的情景以及长大后兄长年迈力衰的惋惜之情。他又从兄长的年老力衰联想到国事紧急，衰亡在即，家事、国事的命运无不萦绕在黄道周的心头。更令人催泪的是，黄道周在《诲子》中慨叹自己为人父却又不能尽父责的愧疚自

---

① （清）黄道周：《黄道周集》，中华书局2017年整理本，第2274页。
② （清）黄道周：《黄道周集》，中华书局2017年整理本，第2638页。
③ （清）黄道周：《黄道周集》，中华书局2017年整理本，第2258页。

责之情："吾年近五十，始与儿子亲"①，"虙儿在襁褓，吾犹未得见。"② 读此，也自然让我们联想到杜甫《自京赴奉先县咏怀五百字》中所言："入门闻号咷，幼子饥已卒。吾宁舍一哀，里巷亦呜咽。所愧为人父，无食致夭折。"③ 可见，黄道周继承了杜甫"致君尧舜上"的知识分子的"大我"心态，他们以牺牲"小我"的精神，为中华民族留下了忠贞不渝、可歌可泣的英雄形象。

二 矛盾与困境中坚持理想与信念

黄道周《后后死吟》（八章）诗曰：

> 毒草尝应遍，神方写未阑。华云河朔外，经纬斗隅间。
> 顾盼无偕往，踌躇感独难。每谈第一乘，不作两层看。

> 久欲遗躯廓，今谁恋藘庐。冲关多剑戟，结局胜诗书。
> 领得水非火，情知我是鱼。禹功何可冀，江汉此愁予。

> 一呋知殊粲，千春尚弥留。当人无两面，迷鹿转岐头。
> 独语神明晤，群号猿鸟求。殇彭何草草，不易沁心眸。

> 不应此缘去，端为何事来。蒲须轻结坐，桃核浪开杯。
> 弱水行中涉，明河耿欲回。谅投沧海眼，未着小山埃。

> 稊稗荒仁种，耘锄漏昔年。韦编看不绝，木榻坐垂穿。
> 福报收应淡，天癸解尚悬。欲知十载学，未禁此留连。

---

① （清）黄道周：《黄道周集》，中华书局2017年整理本，第1850页。
② （清）黄道周：《黄道周集》，中华书局2017年整理本，第1851页。
③ （唐）杜甫：《杜甫诗集》（上），上海古籍出版社2021年版，第45页。

原闵饶余地，荣期未丧家。所争为落节，不管别抽芽。
潮刷银蟾泪，春扃铁树花。亲朋凋已尽，老我更何涯。

从此能余几，直须亿万身。安期三夜话，子晋九筵宾。
金薤书荒落，鸡鱼畜古人。依然消一割，辗转与谁邻。

人事昏嚣里，天心冷隽中。松杉非遗雪，兰石不关风。
庞葛家相近，伊涓志不同。平生无所恨，一睨吕梁翁。①

"右'毒草'八章，崇祯壬午亦以二月九日领戍出辰阳，作《重重生》诗，今复作此。正平云：'恐大祸之有再。'暮年婴剧，不啻再三。造物毒频，殊觉无味，聊增言欢耳。"②

第一章，黄道周自叙自己尝尽百草的坎坷经历，暗喻自己遭受奸臣迫害，被排挤的命运。在国难当头，很多朝臣为获取个人利益随波逐流，在救亡图存的道路上，黄道周是孤独苦闷，无依无靠的。第二章，表现黄道周在儒、道思想上的斗争，他的内心希望践行儒家兼济天下之志，拔剑张戟想要成就一番事业，可现实又令他感到无力，只能以诗文书写自己内心的愁闷和忧愤。第三章，表现黄道周决心为大明王朝牺牲的精神勇气，战场上为国献身的士兵不计其数，却没有减弱他忠贞殉国的理想信念，反而更增强了其誓死的精神力量。第四章，黄道周辛辛苦苦一路跋涉，看着耿耿星河，他又自我叩问，究竟该何去何从？无奈之下，黄道周又陷入徘徊与苦闷之中。第五章，黄道周回想自己曾经像庄子一样隐逸于山间躬耕耘锄，也曾经学习孔子刻苦攻读的精神。黄道周继续表达自己在庄子与孔子思想取舍中的犹豫与徘徊。他既不愿受束缚，却又不愿放弃自己的理想信念，内心充满矛盾与苦闷。第六章，黄道周以银蟾落

---

① （清）黄道周：《黄道周集》，中华书局2017年整理本，第2281—2283页。
② （清）黄道周：《黄道周集》，中华书局2017年整理本，第2283页。

泪隐喻对家人亲友的无比思念，以铁树开花隐喻自己的理想极难实现，而更令人悲伤的是亲朋已凋零殆尽，黄道周内心孤寂无依，倍感衰老沧桑。第七章，黄道周内心仍然焦虑矛盾，一方面他希望自己能化身亿万，像柳宗元一样眺望自己的家乡，看望故乡亲友；一方面，又因时局动荡，希望自己像神话人物子晋一样到深山修炼成仙。他内心辗转反侧，无比孤苦却无人能倾诉。第八章，黄道周以天、松杉、兰石等自然之景本是无情之物，与人事无关衬托自己触景生情，遂将自己伤心断肠之情寄托于这些景物之上。最后虽也明确自己无所恨的心境姿态，而实质上则以"睨"字反衬出黄道周因年华衰老，日暮途穷却仍心系大明前途的遗恨之情。前后徘徊反思的结果，更加坚定了黄道周忠贞不渝的遗民心志。整首诗展现了黄道周有生以来为大明王朝效力，孜孜以求的理想信念最后遭受挫折失败，内心满腔忧愤，却又矢志不渝，九死未悔的精神气量。

三 力挽狂澜却救国无门的怅恨

面对朝廷昏庸，国运将尽的局面，黄道周内心焦灼忧愤，却又奋起反抗，力挽狂澜于既倒。他的诗作中多能体现其忠贞不渝、奋起抗清的理想志愿与"防风虽倒，犹留一节，以问孔丘"①的遗民气节。

当抗清大权落入郑芝龙之手，黄道周亲自招募军队北伐抗清，他作诗曰："六十年来事已非，翻翻复复少生机。老臣拼尽一腔血，会看中原万里归。"②其倾尽一腔热血挽救大明王朝的坚定信念与视死如归、以身殉国的英雄气概尤为令人感佩。黄道周似乎穿越了时空，与陆游一生致力于抗金斗争的思想产生了共鸣："死去元知万事空，但悲不见九州同。王师北定中原日，家祭无忘告乃翁。"③黄道

---

① （清）查继佐：《二十五别史 18—21·明书 1—4》，《列传》卷之十二下，《致命诸臣传》（下），齐鲁书社 2000 年版，第 2135 页。
② （清）黄道周：《黄道周集》，中华书局 2017 年整理本，第 2684 页。
③ 刘永生编：《宋诗选》，天津古籍出版社 1993 年版，第 59 页。

周与陆游在维护汉室王朝中遭遇同样的挫折与困境,却都不改初衷。从这两首诗可见他们对汉室王朝的热爱忠贞之情思何等深沉、真挚、执着与热烈!

黄道周面临的不仅是缺乏精兵,抗清的兵饷也面临严峻的问题,他却不被困难折服,反而表现出投笔从戎、威武豪迈的精神士气。其《过言·世道》曰:"世道古难料,雄图尚可挥","聊将墨翟意,一破古人围"①。黄道周虽意识到战况难料,但恢复大明王朝统治是他毕生的理想信念。黄道周一如既往地怀着必胜的信心,光明磊落地表达自己破釜沉舟的勇气与高尚气节。因此,他甚至认为南明王朝仍拥有半壁江山,恢复大明王朝的机会尚在。《发自新安绝粒十四日复进水将至南都示友》诗曰:"诸子收吾骨,青天知我心。为谁分板荡,未忍共浮沉。"② 黄道周将自己的命运与南明王朝的命运紧密地联系在一起,表现自己愿为南明王朝粉身碎骨、同呼吸共命运的坚定决心。其语气悲壮豪迈,语言铿锵有力,有如文天祥"人生自古谁无死?留取丹心照汗青"③,以磅礴的气势和高亢的语调,表现为南明王朝倾尽一切,慷慨赴死的民族气节与舍生取义的英勇气概。诸如此类的诗句,在《石斋逸诗》中数不胜数,如《归胠·胠鼓》诗曰:"胠鼓归君未可期,断头自古亦男儿。道无报复人何用,乌有雌雄鬼不知。"④《过言·世道》诗曰:"胡马轻滥水,将军重铁衣。"⑤《过言·绥鼓》诗曰:"文臣不惜死,戎略别微才。横命皆边帅,偷生总祸胎。"⑥ 这些诗作读之令人振奋精神,我们也为黄道周誓死报国的精神所感动。这些诗句不仅是黄道周为自己振奋精神而作,也为抗清士兵们提供了莫大的精神食粮。

---

① (清)黄道周:《黄道周集》,中华书局2017年整理本,第2260页。
② (清)黄道周:《黄道周集》,中华书局2017年整理本,第2272页。
③ 霍松林、胡主佑注释:《宋诗三百首》,东方出版中心2020年版,第413页。
④ (清)黄道周:《黄道周集》,中华书局2017年整理本,第2485页。
⑤ (清)黄道周:《黄道周集》,中华书局2017年整理本,第2260页。
⑥ (清)黄道周:《黄道周集》,中华书局2017年整理本,第2259页。

第五章 遗民代表性著作的思想蕴含与艺术风貌

但面对南明王朝日渐衰微、狂澜横流的局面，黄道周对现实的认识也是十分清醒而深刻的。他能极为清醒地意识到北伐军力的不足与无奈。《归衅》诗曰："智少深惭覆觫多，经营四月委颓波。"① 黄道周很清楚自己力挽狂澜的精神士气得不到郑芝龙兵力粮饷的支持，终将是徒劳。因此，他发出"老骥真无力，英心断唾壶"② 的深沉感慨，表达了倾尽心力仍无力回天、救国无门的悲叹之情。《发自新安绝粒十四日复进水将至南都示友》诗曰："故国犹余木，孤臣尚有身。"③《卧禁城渐闻钟声蘧然惊觉有怀十二章》诗曰："三月孤臣千日愁，词林只在殿东头。玉栏一曲千胡马，何处东风不入秋？""六朝旧事生芳竹，只有孤臣涕未涯。"④ 黄道周对国事的忧虑以及自己作为"孤臣"难以支撑濒临灭亡的南明王朝的孤独无助与悲痛欲绝的心境尽显于其中。

而当此之际，更令黄道周痛彻心扉的是，朝廷奸佞当道，不务正事，兵心涣散，加剧了南明王朝衰亡的局势。"最是西桥歌舞盛，鱼龙百战不知还"，"千岁连呼呼不足，不知物鬼自狞狰。"⑤ 黄道周因此痛笔直言："粉楼峻宇少安眠，舞罢灯前再数钱。自是此间无好墨，严关空锁半溪烟。"⑥ 诗作深刻而尖锐地鞭挞、揭露朝廷中无耻文人们不知羞辱、苟且偷生的卑劣品行。当南明王朝濒临危亡之境，朝廷上的无耻之流不仅没有意识到问题的严重性，且沉浸于歌舞声乐中，黄道周对此表达了自己看到此种情景的痛心与无奈之情。他在《新安元夕》诗中跋曰："新安十二日，西桥演灯甚盛，为鱼龙百戏，共趋营帐中。念正希已死，予又被执，世事不竟，遂使人心至此，写之泪下。翌日遂绝粒，十七解至留都，至廿九日不死，复

---

① （清）黄道周：《黄道周集》，中华书局2017年整理本，第2487页。
② （清）黄道周：《黄道周集》，中华书局2017年整理本，第2259页。
③ （清）黄道周：《黄道周集》，中华书局2017年整理本，第2273页。
④ （清）黄道周：《黄道周集》，中华书局2017年整理本，第2636页。
⑤ （清）黄道周：《黄道周集》，中华书局2017年整理本，第2632页。
⑥ （清）黄道周：《黄道周集》，中华书局2017年整理本，第2632页。

进水浆。聊倒余生,不能执笔也。"① 对于南明大厦将倾之际,朝廷无耻之流仍在节日中享乐歌舞的不自知与奴颜媚骨行径,黄道周以绝食表达自己的悲恸愤懑之情,也以此警醒南明王朝寡廉鲜耻的御用文人。

黄道周力挽狂澜却仍救国无门,在无比悲恸之境,他只好从历史上的忠贞之士中寻找自己的精神寄托与心灵慰藉。黄道周在《夷犹·慷慨》诗中说:"怀沙颂橘逢渔父,不与从头诉不平"②,在《延颈·进退》诗中说:"进退逢人自触藩,三闾旧有未招魂。"③ 他以屈原自比,寻找自己的精神支撑,也表示自己愿以屈原汨罗江自沉的精神勇气为榜样,以身殉国。黄道周绝食被俘后,清廷令洪承畴等劝降,黄道周言辞痛斥,他并没有特意寄书给家人,只在门人赖继谨的家书上添了四句:"蹈仁不死,履险若夷,有陨自天,舍命不渝。"④ 在临行前,黄道周作《昏晓》诗曰:

> 倾危世事廿年中,曾梦高皇与二宗。胜负当头须有数,去留舍我更谁从。折肱九度无良药,炼石三分失国工。要是在天怜老马,飘摇风雨失途穷。⑤

从诗句可见,黄道周念念不忘的是高皇与二宗,这与屈原《离骚》中所抒发的为国捐躯精神与忠于故国的品质具有密切的传承关系。即使明知自己生命将尽,黄道周压抑不住的仍是国事命运,其儒家的忧患意识与知识分子舍小我为大我的高尚节操悲切感人。

《石斋逸诗》充沛的思想感情与慷慨激昂的精神力量鼓舞人心,其为大明王朝捐躯的孤忠形象,富有悲剧性色彩,又十分真实感人。

---

① (清)黄道周:《黄道周集》,中华书局 2017 年整理本,第 2632—2633 页。
② (清)黄道周:《黄道周集》,中华书局 2017 年整理本,第 2481 页。
③ (清)黄道周:《黄道周集》,中华书局 2017 年整理本,第 2484 页。
④ (清)黄道周:《黄道周集》,中华书局 2017 年整理本,第 2478 页。
⑤ (清)黄道周:《黄道周集》,中华书局 2017 年整理本,第 2479 页。

黄道周在南明王朝中受尽屈辱与诬陷，但他却以国事为重，坚守节义。在儒家忧患意识与道家归隐山林的矛盾彷徨中，黄道周以自己躬耕实践精神表现对国运的忧患意识。从《石斋逸诗》也可见，黄道周与家人、亲友离散之际的焦虑、孤独处境，他对家人、亲友的思念也淋漓尽致地倾泻于诗作中。

《石斋逸诗》让我们领悟了一位有血有肉、感情真挚、意志坚定、舍生取义的忠臣义士形象。综观黄道周的一生，其身上所展现的遗民志士的家国情怀、民族责任意识与君子儒的使命感，极大地鼓舞了无数遗民志士的精神士气，为明末清初社会"君子儒"人格典范的构建做出了极大的贡献。即使在今天，黄道周所提倡的"君子儒"的道义操守与忠贞品质，也具有极为典型的模范作用与借鉴意义。"君子儒"的人格道德品质，对提升广大有识之士的人格形象、净化心灵，增强自身综合素养，巩固德行操守，提高爱国主义精神，加强民族团结意识等，具有鲜明的时代意义和思想价值。

第二节　黄景昉"旦气之学"解读

黄景昉《屏居十二课》中所倡导的"旦气之学"的深刻蕴含与遗民文人坚守节操、超脱凡俗的精神气质相呼应。对于黄景昉与林胤昌共同倡导的"旦气之学"，我们该如何理解呢？《孟子·告子上》曰："其日夜之所息、平旦之气其好恶与人相近也者几希，则其旦昼之所为，有梏亡之矣。"[1] 朱子释义曰："平旦之气，谓未与物接之时清明之气也。"[2] 由上观之，"旦气"即指日夜交接之前，尚未与其他杂物混染的清晨朝气。以此推之，文章认为，旦气之义，可从以下三方面进行阐释：清晨的朝气，清新怡人，沁人心脾，久而久之，则可修身养性，令人淡泊明志，培养人们清雅脱俗精神气

---

[1]（战国）孟子：《中华国学经典读本·孟子》，北方文艺出版社 2018 年版，第 160 页。
[2]（宋）朱熹：《四书集注》，北京古籍出版社 2000 年版，第 343 页。

质；清晨之朝气，统领一日之计，能启发人们立志宜早，提高朝气蓬勃的审美理想；清晨的朝气，是昼夜交替的标志，蕴含践行理想志气必须具有夜以继日、坚持不懈、勤奋好学的精神品质，也寓意事物具有承前启后的延续性特点。

黄景昉的好友林胤昌跋曰："（黄景昉）今屏居十余年，历沧桑变幻。先生自课十二则，如《晨斋》《晚酌》《独宿》《深居》见饮食起居之有节，《庄内》《颔儿》见谨仪教子之有方，《弟过》《朋来》为性分乐事，《鸟梦》《鸡灯》皆旦气流行，而《著书》《惜福》则终身用之不尽者也。"① 林胤昌将黄景昉之《屏居十二课》分为五类，他认为《鸟梦》《鸡灯》，具有倡导并躬行旦气之用意，而其他几类，则是黄景昉分别从饮食起居、教子之方、分享乐事及有益身心等方面阐述自己的旦气之志。

一 注重节律，清心寡念

黄景昉所倡导的"旦气之学"，注重节律操守，倡导清心寡念，以培养浩然之气相砥砺。这正与遗民文人坚守节操、超脱凡俗的精神气质相呼应。

黄景昉十年如一日坚持晨起吃素。他认为晨起旦气未远，有助于修身养性，坚持自律。《晨斋》曰：

> 余晨起持蔬素者十载，于兹非有所慕于释氏也。自惟此生日□没腥荤中，宜略有虚淡之顷，况晨起尤旦气未远乎。闻北方暨江右新安人，日多止再饭者。今三餐果然，于分已过。老子曰："君子以虚其心，实其腹。"姑即实腹寓虚心之义，理亦适平。周颙自谓："山中赤米白盐绿葵紫蓼，颇不乏供。"兹所供非特葵蓼已也，复何难堪之有？惟未免食鸡子牛乳之属，助

---

① （清）黄景昉著，龙坚毅校注：《自叙宦梦录》卷四，鹭江出版社2020年版，第169页。

养谷气，此后当并断之。①

黄景昉以北方暨江右新安人午后不再进食为榜样，认为自己一日三餐为量过多。同时，他又引老子"虚心""实腹"之语，表达自己的修行自律之志。所谓虚其心，即要练就观眇观徼之功力，让自身不贪嗔气血，不被气血所束缚。所谓实其腹，则关键在于充实丹田之正气，即孟子所言"浩然之气"。人之气起于丹田，也升华于丹田。因此，人们的贪欲嗜念越浅，则精气充沛，丹田充实。虚心即是寡念之基础，寡念又是实腹之必备，实腹则是浩然正气归于丹田之效应。虚心与实腹，正是辩证统一，又相互促进的哲理关系。黄景昉对老子之言的深刻理解与阐释，正体现他作为遗民文人对隐居生活的精神追求与淡薄节律、静心养气的人格品质的追求。因此，他最后引用周颙之语，意在提醒自身应不断修身养性，练就浩然之气，时刻践行"旦气"之志。

黄景昉对饮酒时间、饮酒量、饮酒之功用等方面，也十分讲究，并坚持自觉自律。《晚酌》曰：

> 午前从不饮酒，惟晚刻稍酌数杯自娱。黄布衣先生每劝人勿饮晚酒，云："夜气宜静，或午饮乃不妨耳。"余不能从。观宋邵尧夫安乐窝中，晡时辄饮酒三四瓯，微醺便止，不使至醉，知亦尝得趣于是乎！……王无功待诏门下，日给酒三升。苏坡公自云："终日饮酒不过五合。"又觉太少。二者之中，余其有以自处矣。②

他对黄布衣先生勿饮晚酒提出自己的不同见解，并举宋邵尧夫

---

① （清）黄景昉著，龙坚毅校注：《自叙宦梦录》卷四，鹭江出版社2020年版，第163页。

② （清）黄景昉著，龙坚毅校注：《自叙宦梦录》卷四，鹭江出版社2020年版，第163—164页。

晡时（即申时，下午3点至5点）饮酒为例，寄寓自己向往邵尧夫不赴召官、晚刻酌酒自娱自乐、清闲自适的人生境界。对于饮酒量之高下，则认为自己应在王无功日饮三升与苏东坡日饮五合之间进行取舍。可见，黄景昉对自己的生活具有很强的自我约束性，这也是其践行节律操守，倡导"旦气之学"的重要表现。

黄景昉晨夕起居皆独立自主而未曾让仆人照顾其生活。他的独处境界令诸多友人赞叹敬佩。《独宿》曰：

> 宋人称张乖崖寝室之内有如僧寮，抑尚不乏沙弥行者。余独身而已。每寝门晨夕启闭，率自为之，未尝有一婢一仆之侍，诸相知屡以为言。余阅方来山侍郎杂记有云："同年吴定州守，某年九十余，每出游并无仆从，或讶何太自苦？"答曰："此身会有独往时，吾姑习之，使惯尔。"此险诨也，而亦有至理存。夫人之有寝兴，犹其有饥饱也。动静无时，作止随意，奈何以此事烦人？或至于老病不能躬亲则亦已矣。明知为太孤僻，性难强调，亦非敢以此事律人，各从所好。①

黄景昉以友人方来山笔下耄耋者独自出游为学习的榜样。老者所言人生终需独往，黄景昉认为此语虽轻薄调笑，却具有深刻的哲理性。他认为每个人的作息起居规律不一，各有所好，而又深感自己性格孤僻，不能强人所难，因此，黄景昉不愿给人添加麻烦，是故子曰："己所不欲，勿施于人。"可见，黄景昉所倡导的旦气之学，已将本为自然之物的清晨朝气升华为修身养性、练就超凡人生之浩然正气。

黄景昉不仅在个人日常生活起居上独立自主，且深居简出，友人前去瞻仰拜访，或被劝退，或待数位客人到齐，非见不可者，黄

---

① （清）黄景昉著，龙坚毅校注：《自叙宦梦录》卷四，鹭江出版社2020年版，第164页。

景昉才出来与他们会面。《深居》曰:

> 深居与简出一例。昔有风雨寒暑四不出之说,余非能然也,惟每月出可二三次耳。遇报谒客,辄迟之,积数客至,必不可已者,始勉为一行。嵇康自云性疏懒,常小便故忍不起。余胞中略转乃起耳。彼虽慢世之言,酷与余类。余年业六十余,旧交零落无几,日俯仰少年新贵之间,有何容颜?至步入公府,尤所厌恶。近日解敬老怜旧者几人乎?阖门养威重,既非其时;出门交有功,亦非其事。只斟酌于疏数之间,宁疏毋数焉尔。余诗"有罗可雁何止雀,伴宁牛马不须人"之句,微尚可知。①

黄景昉以嵇康的性情为参照,他感叹志同道合者已相继零落,内心哀伤怅惘,因此也倍感自己年老力衰,不愿周旋少年新贵。也因看尽官宦世态,黄景昉不愿与新贵们交流互动,世态炎凉让他倍感牛马之伴堪胜与世人交往,字里行间蕴含着失去明朝故友的悲叹之情与对清朝统治者的不满。黄景昉的择友之道与深居简出的人生态度,正是其坚持遗民操守与遗民情怀的体现,也是其倡导旦气之学,修养身心,养成清静无为人格境界的体现。

对于《礼记》中的规定,黄景昉大胆地提出了质疑。《庄内》:

> 《礼》:"昼居于内,问其疾可也;夜居于外,吊之可也。君子非有大故,不宿于外;非致斋也,非疾也,不昼夜居于内。"又"夫妇之礼,唯及七十,同藏无间……"二端者,余恒疑之。谓君子终年不宿于外,一外宿,即侪于吊丧,则所谓考德问业之功,亦无几矣。……余待内人颇庄,平生未尝同席食,传为怪事。顾已四十余年,习焉,安焉,偶旬日一入内,畜犬群

---

① (清)黄景昉著,龙坚毅校注:《自叙宦梦录》卷四,鹭江出版社2020年版,第164页。

吠。……噫,余所谓越礼之人耶?①

《礼记》认为,君子白天在正室中,朋友们可以去探病问访;君子夜宿中门以外,朋友们可以去吊丧。因此,君子如果不是因父母亲离世等大变故,是不会夜宿于中门之外的;君子不是由于祭前的斋戒或生病,就不会一天到晚都待在正室之中。黄景昉则认为,如果君子一旦夜宿于外即被视为吊丧,则能达到品学兼修的人,也就寥寥无几了。黄景昉一生与妻妾之间相敬如宾,态度端正庄重。他的生活习惯被传为怪事,也被认为是越礼之人。但他仍然坚持独立自主,修身养性,注重旦气之学的躬耕践行。这与遗民坚定的精神意志力与坚守节操的品质相呼应。

二 惜时如金,与人为善

黄景昉所倡导的旦气之学,意在以清晨空气清新怡人的特点,寓意君子立志宜早,为文宜新,君子应具有朝气蓬勃、积极向上的思想精神。同时,黄景昉也借"一日之计在于晨"的新鲜空气,提醒自己一天最宝贵的时间在早晨,激励其弟子应充分利用清晨的时间,刻苦学习。

《鸟梦》曰:

> 凌晨每于鸟未鸣时起行,似鸟犹在梦中。忆曩宦京师供事讲筵,恒早出。其诗有"昧旦先鸟醒,中途遇象回"之句,盖纪实也。家居何妨高枕卧而宿,习已惯,辗转难安,用以吐吸清虚,驱除醉梦,亦一策乎?《卫生歌》云:"秋冬日出始求衣,春夏鸡鸣宜早起。"则又调摄资之矣。度鸟意必以晨飞较健,啄食较有方。郑风士女于鸡鸣昧旦之顷,即以弋凫雁为图,人与鸟智若相发。子

---

① (清)黄景昉著,龙坚毅校注:《自叙宦梦录》卷四,鹭江出版社2020年版,第164—165页。

第五章 遗民代表性著作的思想蕴含与艺术风貌 / 195

曰:"可以人而不如鸟乎?"子弟辈有懒惰贪眠,日高未起者,真一鸟不如也。韩退之诗:"唤起窗初曙。"陆放翁记:"山中鸡三鸣后,闻架犁则旦矣。""唤起""架犁"是二鸟名。①

黄景昉一生坚持早起,他在京师任职讲筵时,每天凌晨小鸟尚在梦中未鸣时,他就已起床出行。黄景昉借此指出,秋冬季节日出时就应起身谋生,春夏季节鸡鸣时就应起床。这充分体现黄景昉对旦气精神的理解与躬行。善于晨飞的小鸟健康有活力,且寻觅食物有自己的方法。黄景昉以此寓意,判断一个人体魄是否强健,是否善于生活,关键在于其是否注重早起晨练,是否具有践行"一日之计在于晨"的决心与意志。同时,黄景昉以孔子之言,激励其子弟应杜绝懒惰贪眠的陋习,学习小鸟珍惜时光,晨起锻炼,主动觅食的良好习惯,提高刻苦努力的精神士气;黄景昉又以韩愈、陆游等大诗人所提之唤起、架犁等鸟鸣,指出他珍惜时光,坚持早起,积极向上的精神品质与前代先贤们的思想作风是相一致的。因此,黄景昉旦气之学的精神也就具有传承和发扬的积极意义。

黄景昉一生珍惜时光,勤奋刻苦,坚持不懈,其著述创作丰富多样。他创作字数达百万言,诗、文、奏、疏、论、杂著等,体裁多样,题材丰富。可见,黄景昉从旦气的精神特质中获得深刻的人生哲理与思想见解,旦气的时间节点意义赋予了他惜时如金的精神,并坚持躬行,焚膏继晷,最终取得丰富的著述成就。

黄景昉与兄弟之间友谊深厚,和睦相处。他们往往谈笑乐事,商洽家事,家庭氛围和谐井然。《弟过》曰:

> 二舍弟可冲可亭,旬夕一再过合饮,非惟谈笑稍洽,亦家事有宜相商者。伯兄风格高峻,既不可强致,间以邻近某熟友

---

① (清)黄景昉著,龙坚毅校注:《自叙宦梦录》卷四,鹭江出版社2020年版,第166—167页。

参之，语不至哗，饮不至醉，陶陶然，至初更罢。愧不能如魏杨播、杨津兄弟聚厅同食，隔障共息，略存其遗意而已。追念母谢太夫人在时，恒见余辈分梨让枣，以为笑乐。又仲兄余庵公谊最笃，每数夕不相聚首，亟遗仆走问，携肴酒先之。今皆不可复得，更阑酒罢，黯然自伤，始知前斯者之为胜事也。按古，兄音荒，《说文》许荣切，或入更韵作薰，而独无读如胸者。观诗书以叶桑冈狼可见。顾今用之，亦如古作荒薰读，宁不失笑。①

黄景昉的兄长高峻友爱，饮酒有度。尤其在其母亲在世时，他们分梨让枣，互相恭敬、互相谦让、互相包容，其乐融融，确实如《弟子规》中所言："兄道友，弟道恭，兄弟睦，孝在中。"② 只要兄弟数日不相聚会，黄景昉的兄长即让仆人赠送酒肴奔走问候。黄景昉与兄弟之间和谐相处，感情深厚，我们自然联想到北魏时的杨播、杨津兄弟。《魏书》卷五十八《杨播传》曰："播家世纯厚，并敦义让，昆季相事，有如父子。播刚毅。椿、津恭谦，与人言，自称名字。兄弟旦则聚于厅堂，终日相对，未曾入内。有一美味，不集不食。厅堂间，往往帷幔隔障，为寝息之所，时就休偃，还共谈笑。"③ 可见，黄景昉兄弟之间情深意笃，似乎与杨播、杨津兄弟穿越了时空界限，产生思想共鸣，令人感动。而尤为遗憾的是，黄景昉的兄弟皆比他更早离开人世，文中寄寓着黄景昉对兄弟深切的怀念与失去兄弟而发自内心的伤悼与感慨之情。黄景昉与兄弟之间能和谐相处，互相恭敬，互相爱护，可见其母亲的教导，使他们养成了甘于奉献、与人为善的精神品质。

朋友不在多，而在于精。黄景昉也有自己的择友之道。他并非

---

① （清）黄景昉著，龙坚毅校注：《自叙宦梦录》卷四，鹭江出版社2020年版，第165—166页。

② 陈才俊主编：《弟子规全集》，海潮出版社2011年版，第46页。

③ （北齐）魏收：《魏书》卷五八《杨播传》，中华书局1974年版，第1302页。

第五章　遗民代表性著作的思想蕴含与艺术风貌　／　197

广泛交友，而是选择志同道合者互相交流。《朋来》：

> 蒋元卿舍中三径，惟羊仲求仲从之游，号二仲。旧尝狭之，年老乃悟其旨。余里中交游非乏，或居远，或务烦，鲜能频过。从者有一二佳友，可与赏奇文、析疑义，其人亦复经旬不相造。陶之有南村邻曲也，李之有城北范居士也，杜之有朱山人斛斯六官辈也，谈何容易？读《刘梦得集》云：裴晋公有《雪夜讶诸公不相访诗》"满空乱雪花相似，何事居然无赏心"。是知好客难招，昔人未免寄恨。刘答之云："迟迟来去非无意，拟作梁园坐右人。"亦可谓善相酬唱者矣。余非敢谬拟前贤，有为我刘白者乎，余日望之。①

黄景昉年轻时对蒋元卿舍中友朋稀疏感到诧异不解，而随着年龄的增长，他逐渐领悟蒋元卿的择友之道。黄景昉也往往因与朋友居所相距甚远，事务繁忙，不能经常聚会交流，但志同道合者不因时空阻隔而淡化感情。他与一二好友互相赏读奇文，分析疑议，互相促进。黄景昉十分羡慕陶渊明、李白、杜甫、刘禹锡之辈，他们都是极为善于交友择友的文人。他也借裴度、刘禹锡互相酬唱之诗感叹寻求志同道合之友并非易事。裴度借雪花满空飞舞，却无赏心之意，寄寓朋友虽多，却难寻知己的惆怅之情。而刘禹锡十分巧妙地回复裴度，他迟迟未去拜见裴度，只因希望先拟作一首诗以作为拜见之礼。可见，刘禹锡的情商极高，他颇为理解裴度因门庭稀疏而感到心绪复杂，也借酬唱赠答之机会安慰朋友。可见，他们是十分善于酬唱交友的诗人。因此，黄景昉对前贤们广泛交友、善于以酬唱赠和交友的能力敬佩不已。

黄景昉教子有方，他虽严于律己，但对待子嗣却宽厚仁慈，富

---

① （清）黄景昉著，龙坚毅校注：《自叙宦梦录》卷四，鹭江出版社2020年版，第166页。

有先进的教育理念。《颌儿》曰：

> 性懒教儿，听自从师取友，次儿遂坐是废学。虽时增恚怒，莫能改也，久亦废然任之。昔云丹朱不应乏教，宁戚不闻被棰，材质真有限，教复何施？若夫良马，见鞭影而驰，又非区区辔策所烦从事也。余长支稚男，或颇可望，犹子有向学者，顾未知家运何如？吾辈要令读书种子勿绝，其能成功则天也。儿有来白事者，颌之而已。王茂弘称相与有瓜葛，既属过宽，曹窑遂被笞杖笞治，亦非情理所宜。此事在天人之间，优哉游哉，聊以卒岁。姑为讥防出入，俾勿流于小人之归焉已矣。①

黄景昉以古代丹朱、宁戚为例，说明树德修业关键在于个人的思想抱负与毅力恒心。一个人如果自己没有远大的理想抱负，再好的家庭条件也无济于事；而一个人坚持砥砺前行，即使家庭贫困，也能迎难而上，让自己的才华抱负得以施展。黄景昉的教育观念正是与旦气看似清新淡薄，却富有颖异不凡、蓬勃向上的精神养分相契合的。黄景昉又以良马见鞭影而驰，比喻志向高远者能见贤思齐而不必时刻加以鞭策。黄景昉对子嗣成就功业、仕途升迁、耕作收成等，寄予深厚的期望，但他并不像一般父亲一样时刻监督，严格要求。即使子嗣主动向他汇报情况，黄景昉也只是点头而已。黄景昉的这种教育方式与教育理念酷似无为而治，但却富有创意，充分体现其借助旦气之精神，让子嗣养成浩然之气的深远用意。

三 勤俭好学，坚持不懈

清晨之朝气，也是昼夜交替的时间节点，黄景昉以此寓意实现理想志气应具有焚膏继晷、坚持不懈的精神品质。《鸡灯》曰：

---

① （清）黄景昉著，龙坚毅校注：《自叙宦梦录》卷四，鹭江出版社2020年版，第165页。

冬夜长，夜半即醒，欲强伏枕上未能也。辄冒寒起，意不欲劳苦仆辈。先宿有炉香，或悬点香球为度，自捻小纸条炷之。昔张横渠之著《正蒙》诸书，或中夜起坐，取烛笔之于纸，自云："夜间自不合睡，只为无人应接耳。"按此，亦非格论。吾辈案下触踏，无所谓多，目星安得有如许精力乎？每危坐至将旦时，蛎窗忽白，此一段光景最佳。孔所云学，释达所云定慧，老庄所云虚室生白，其义一也。惟学故达，惟定故慧，惟虚故生白，俗有明明白白之说，亦同此意。天明则窗白矣。要于心目恍忽间遇之。多目星为紫阳朱子事。①

寒冬半夜冒寒起床苦读诗书，这是需要经过一番思想与意志的斗争。而黄景昉意志坚定，点香炉寒窗苦读，且心态十分积极乐观。半夜苦读直到天将拂晓，他认为这段光景最好。黄景昉所见之"窗白"，正如孔子所论之"学而达"，佛家所论之"定慧"，道家所言之"虚室生白"。由此可见，黄景昉对儒释道三家的哲学思想领悟得十分透彻。孔子所说之"上学而下达""下学而上达"，分别说明，学习人情事理，进而认识自然的法则；而认识自然的法则，也能明白人情事理。可见，孔子论学之道理十分深刻，互为辩证统一。黄景昉因躬行自己的旦气之学，见到"东方之既白"的自然规律而领悟人情事理；同时，也认为读书修行，与佛家所言"定慧"相一致。佛家之"定"要求佛家弟子躬行修行的纲领，去掉一切私心杂念，思想精神高度集中，"慧"则需通过"闻""思""修"等途径增长自身的智慧。定慧意即因定发慧和寂照又融，定慧均等。佛家所说之"定慧"的实际运用范围不仅在佛家子弟，同样也适用于苦练修行的信众或志向高远之士。因此，黄景昉也以佛家之"定慧"鞭策自己躬行旦气之学。道家所谓"虚室生白"，意即心无杂念，就能悟

---

① （清）黄景昉著，龙坚毅校注：《自叙宦梦录》卷四，鹭江出版社2020年版，第167页。

出"道"来，从而使人产生智慧，可见，道家的思想境界清澈明朗。黄景昉以儒、释、道三家之理，证明自己对旦气之学躬行实践的正确性及摒弃杂念私心，昼夜不分，刻苦攻读的坚强意志与人生智慧。旦气之学使他明白儒、释、道诸家的至理箴言，使他的精神境界超凡脱俗。黄景昉对儒、释、道三家的理解，也说明任何功德成就的取得，必须经历一番寒彻骨的修行与苦练，必须持有常人无法企及的吃苦耐劳、坚毅不屈的精神品质。只有以旦气之学勉励自己，领悟人生之深刻哲理，才能达到顿彻顿悟的精神境界。

黄景昉积极乐观，知足常乐，十分珍视自己的福气，他不过分享受生活。《惜福》曰：

> 余少为家贫所累，公车十载备历苦景，以故生平不敢为享受逾溢之事，如衣食无所拣择，随著随吃，不求精好。僮仆鲜呵斥者，素未尝令小仆濯足浴背扇面搔身。客至，无少长贵贱咸与为礼，未尝作斜揖、半揖。人或不足于我，事久忘之，与欢好如初。缙绅公会叙齿坐，初不论官。待里邻有恩，终不责报。无一字入公门有所干请，视兄弟之子如其子，四方交游未尝写盟。弟于有司不称治，弟往日试闱，主司多同年同官，耻一及兄名字。遍搜辑先高祖遗迹，有先德录族谱，志父母行状，皆以听伯兄秉笔，罔敢潜易。为同乡觅贤守、觅贤文宗，宁使人居之为德，未尝使闻。晚抄书，恒覆纸背为之。兴到或自浇花灌竹。衣履必穿着至敝始更，恶不竟其用。凡此其至琐细者耳，而亦余惜福一端。昔云："留有余不尽之福，以还造化。"余犹之措大本色云尔，他复何知？①

对于衣食住行，黄景昉力求勤俭节约，衣服穿至破旧不堪才愿

---

① （清）黄景昉著，龙坚毅校注：《自叙宦梦录》卷四，鹭江出版社2020年版，第168页。

意更换，尤其厌恶物不尽其用。对待朋友宽宏大量，即使受到朋友的亏待，黄景昉也不计前嫌，一段时间后仍与朋友和好如初。黄景昉对待邻里友朋恩情深厚，却从不求回报。对待兄弟子嗣更是慈爱有加，对待自己的祖上，则虚心听取兄长之见，秉笔如实颂扬纪念祖上恩德，并不敢随意妄改。黄景昉十分重视选拔优秀的贤俊之才，为家乡人民积累德业。晚年著述，也十分珍惜纸笔等物资，纸张正反面均充分利用。明代先儒焦竑曾说："人生衣食财禄，皆有定数，当留有余不尽之意。故俭约不贪，则可延寿；奢侈过求，受尽则终；未见暴殄之人，得皓首也。"① 黄景昉当是践行"留有余不尽之福，以还造化"的典范。黄景昉惜福的思想理念，与其倡导旦气，领悟旦气蕴含佛教思想与造化理念等，具有思想上的共鸣之处。

黄景昉为人忠厚，严于律己，坚守节操，躬行旦气之学的精神品质，受其同时代友朋极高的赞誉与认同。好友林胤昌曾为其《屏居十二课》跋曰：

> 余读黄东崖《屏居十二课》，窃叹先生非常人也。先生少余一岁，总非偕二昆与余同学，寡言咳，鲜戏谑，卓然古处，识者占为大物。乙卯弱冠，与余同年公车，追随伯仲，堠麓不啻也。丙辰南归，与郑大白、何培所诸公结社，以文字相弹射，始稍纵饮，善谑，然窥先生意不在饮且谑也。先生文必师古，事必师古，学必读遍古人书。乙丑读书中秘，得纵观经史之林，靡不撮其要而编摩之。初为诗，宏放自适；后以馆阁体，稍就绳墨，晚则笔兴所如头头是道。闽前辈馆阁诸公，以闽音多辞讲官，先生独仕之，开陈启沃，为至尊所属意。尝于讲筵论救大司寇，即日得释。又友官詹黄石斋，奇祸举朝莫敢问，先生独入狱与一哭，人皆为先生惧祸，亦竟弗及，若天所默相者。尝一典楚闱，再典畿闱试，名士辈出。壬午秋与蒋八公同入纶

---

① 徐士铜编辑：《中外名人格言汇编：知之集》，正行出版社1941年版，第127页。

扉，诧温陵盛事，先生急流勇退，癸未冬谢事归矣。凡先生在朝，作事立言，皆不愧古人而惜其用之未竟也。①

林胤昌赞叹黄景昉气度非凡，思想境界超凡脱俗。林胤昌比黄景昉长一岁。黄景昉性喜清静，平时寡言少语。万历四十三年（1615），黄景昉与林胤昌同试中举，他们的才能不相上下，且友谊深厚，和睦共处，亲如手足。万历四十四年（1616），黄景昉回乡，与郑之铉、何九云等友人结社切磋文艺，其古朴严肃的性格才有所改变。黄景昉虽然稍见饮酒酬唱、诙谐幽默之端倪，但饮酒谐谑并非他的本意。黄景昉为文、为事、为学，严格遵循古人的典范。天启五年（1625），黄景昉再次获得读书机会，他纵览经史子集之书，并不厌其烦地重复研读，领悟其中之深意。黄景昉早期诗作风格宏放自适，气魄非凡，后拟作馆阁体，作诗才略依规矩法度，晚年则运笔写作兴味盎然。福建前辈任职馆阁者，多因讲学时方言较重而被辞官，而黄景昉则能避闽音，竭诚开导，辅佐君王，甚合君主之意。黄景昉富有正义精神，见义勇为，不惧权贵，往往在讲筵时疏救受冤者。黄道周受冤入狱，几乎无人敢问津，而黄景昉肝胆忠义，独自入狱与黄道周相见。崇祯十五年（1642），黄景昉与蒋德璟同入内阁，史称"温陵盛事"。崇祯十六年（1643）八月，惠世扬被任命为副都御史却迟迟不上朝，崇祯帝命削其官籍。黄景昉见崇祯帝如此鲁莽草率，遂为惠世扬谏议伸张，崇祯帝极为不满。黄景昉因此上书辞归，不久，他从金陵返回故里。对于黄景昉的为人品格，林胤昌给予高度的评价：黄景昉任职期间，做事立言都不逊于古代先贤，令人遗憾的是，黄景昉之才未能得以施展。林胤昌对黄景昉一如既往地坚持旦气之学的精神品质致以敬佩之情，因此，也用

---

① （清）黄景昉著，龙坚毅校注：《自叙宦梦录》卷四，鹭江出版社2020年版，第168—169页。

"作事立言，皆不愧古人而惜其用之未竟也"①，高度赞颂黄景昉的一生。

周中孚认为黄景昉《屏居十二课》是其自警之词，他引用金淳的跋曰："此徐虹亭太史钞白藏本，晋江相国为崇祯五十宰相之一人，入阁年余，急流勇退，读其自课，可想见其人矣。"② 可见，黄景昉文如其人，其诗文成就与善行善举，是其所倡导的旦气之学的本质呈现，也折射了其作为遗民志士非凡的人格操守。黄景昉以旦气之学坚守遗民气节的文化立场，为后代知识分子培养高尚的人格境界提供了精神典范。

第三节 许友书画诗文中的遗民境界

明末清初时期，清朝政权日渐稳固，汉族士人的思想文化也逐渐被控制，士人们狂放不羁、追求自由、叛逆反抗的行为逐渐受到压制，甚至趋于泯灭。而福建地区，由于南明隆武政权仍奋力反抗清朝的统治，遗民士人的叛逆色彩、反抗压迫的思想仍十分突出。侯官遗民许友，富有强烈的个性特征与任性孤高的傲然正气。许友的诗词书画毫无拘束地展现自己的个性色彩，具有鲜明的表现力与浓厚的遗民思想意识，颇能展现遗民的精神境界与坚定的遗民文化立场。许友是侯官许氏家族名声鼎盛的艺术家，其山水画、草书、诗文被誉为"三绝"。许友的才名气节颇受学术界的关注与追慕。

一 许友书法中任性不拘的遗民气场

许友的书法风格任性不拘，尽显其疏旷不羁、追求自由的思想特性。许友以草书擅长，其行草对我国书法文化的发展具有十分重

---

① （清）黄景昉著，龙坚毅校注：《自叙宦梦录》卷四，鹭江出版社 2020 年版，第 169 页。

② （清）周中孚：《郑堂读书记·补逸》卷二十五，北京图书馆出版社 2007 年版，第 604 页。

要的推动作用，也影响了日本书法文化的发展。许友的书法风格任性不拘，行笔自然，笔画疏落有致。许友与黄道周、董其昌、王铎等书法家的书法风格相近，在中国书法史上有"晚明浪漫主义书风"的美称。许友传世书法作品堪称书法中的经典。其书法作品备受当今书法界的关注，国内外书法界纷纷收藏许友的草书作品。

许友《七言绝句诗轴》，据香港近墨堂书法研究基金会[①]提供，今收藏于日本澄怀堂美术馆。此作为纸本行书，规格为144.5×52厘米，释文：

采水樵青傍佛夜，愿生幽福与人齐。山中侍者来城市，笑道民间米价低。

道山僧寮纪事。许友。

钤印：箬茧（白文长方印）、许友之印（朱文方印）、半柳斋印（朱文方印）。

许友草书《五言律诗》（《草书诗扇》）藏于台北故宫博物院，此卷轴为扇面泥金纸本，规格为15.7×48.5厘米，释文：

独立听微响，先生移我情。滴冷过耳远，寒翠染衣轻。
日暮影逾薄，雨余声转清。日边山色里，容我一人行。

款识：题陶渊明倚仗听田水一首。许友。印：有介。许友之印。

许友草书《七言诗》见于书法迷网站[②]，规格为16×51厘米，释文：

---

① 许友书法参见香港近墨堂书法研究基金会，网址：http：//www.jinmotang.org/。
② http：//baike.shufami.com/collection/11676.html？p＝3.

第五章　遗民代表性著作的思想蕴含与艺术风貌 / 205

　　城头二月绿苔侵，为讯楳花野寺行。半树香分踈竹影，数枚白近古松阴。
　　睫心荡漾春高下，鸠语浮沉雨浅深。蔬笋依然无酒禁，醉归清梦恋岂林。
　　款识：神光寺看碧桃之一。似祖舟社长正之。许友。

许友《草书五言诗》，纸本，立轴，规格为 132×53 厘米，见于书法迷网站①。释文：

　　夕阳归古寺，万象尚余光。歇步翠微上，远观天水长。
　　竹林寒意秀，松影落花香。醉话兴已扃，西风声信凉。
　　款识：清凉山夜话，许友翁。
　　印鉴：许友之印（白）

许友行草书《九日龚芝麓招登雨花台之二》②，立轴，绢本水墨，规格为 160×44 厘米，堪称日本书法收藏界的名作，对日本书法文化的发展具有深刻的影响。释文：

　　俯仰成今昔，乾坤事亦重。微风吹野垒，劲骨见孤松。
　　药草偶然拾，神仙不易逢。眼前诸寺古，最在景阳钟。
　　若较登临险，此身犹未高。友朋求澹露，性命托香胶。
　　石上观沧海，天边念羽毛。英厄能度危，沉醉在林皋。
　　钤印：许友之印。

许友《草书送僧之作七言诗扇》金笺草书，收藏于香港近墨堂书法研究基金会。释文：

---

① http：//baike.shufami.com/collection/11676.html？p=4.
② ［日］青杉山雨编：《明清书道图说》，二玄社1986年版，第62页。

半肩行李出丹霞，路近无劳便忆家。松月静窥藏贝叶，山云寒护旧袈裟。一飱真率茶蔬饭，千顷青黄菜麦花。何事赵州老行脚，故人辛苦在天涯。

款识：送僧之作，似毓贞词长正之。许友。

许友《行书樵径诗轴》以纸本形式传世，收藏于香港近墨堂书法研究基金会。释文：

夹道皆青林，叶轧霜跡古。日中人影圆，路细草茵辅。
森森老木横，曲曲严根补。何以有遗枝，昨夜惊风雨。

钤印：许友眉印（白文方印）

从许友的书法作品看，许友草书最突出的特点在于其章法奇崛高妙，行书大小错落，空间布白如山水画曲折聚散，行云流水，极具"岩花生得山斋满"的境界，令人倍感生趣盎然，别开生面。其草书与其本身的个性形象十分相像，确实符合"字如其人"之说。许友的书法不同于同时代其他书法家讲究字体之间拉开相对稳定的间距，而是在行与行之间讲究空间布局，字体笔画自由穿梭，字体也是大小错落，笔画飞扬，随意跳跃，起伏跌宕，气宇轩昂，有如魏晋时期清俊通脱、任诞不羁的风度与姿态。许友为书法文化的章法布白开创了一个新的局面，在书法文化发展史上具有相当重要的地位。

许友书法风格的形成，一方面与其放荡不羁的性格特征具有十分密切的关系；另一方面，也与其遗民的心境姿态与文化气场紧密相联。综观许友的书法作品，其自由放任、率性自然、挥洒自如的风格与遗民特立独行形象颇为吻合。许友借书法作为遗民身份的表述媒介，将遗民的心境姿态、文化气场发挥得淋漓尽致。许友赋予传统书法文化新的情感表达意义，以自身性情的呈现和展示，传达了一代遗民群体遭遇被弃置的相应心境与坚守传统汉族文化的情怀。

二　许友绘画中的遗民形象

许友的画作深受台湾地区和日本学术界的关注和青睐，京都博物馆、澄怀堂美术馆、日本东京国立博物馆及泉屋博古美术馆等，均藏有许友的经典书画。

根据《文献征存录》卷二所载许友画作绝句，可知许友画作风格独特，个性鲜明，寄托鲜明的遗民意识与主观色彩。

灵谷皆梅放未曾，石头怀古不堪登。无端缚就松针笔，画出青山是孝陵。①

明清鼎革之际，南明招致清军侵略，乃至终究覆灭。许友的内心深处充满无所适从之感与个人立身处世的艰难困厄之感。这显然寓示着汉族传统知识分子与清朝政治文化生活之间充满矛盾与分离的状态。尤其是许友的诗画中，往往以明孝陵为寄托故国之思的历史文化符号与唤起大明王朝身份记忆的精神依托。明孝陵显然已成为许友诗画中汉族传统文化的象征，也是他寄托心灵归属的现实空间载体，蕴含着无以言喻的心灵创伤与亡国的悲慨。上述诗画以梅花、石头、松树、青山等为元素，将自己见到大明江山不在的慨叹之情融于其中。也因时代鼎革，许友见到故明王朝之山石更加触景生怀，不忍登高临远，害怕目睹大明江山落入清廷统治的局面。而"无端"二字则更自然贴切地表现许友眼见大明王朝衰落的无奈心绪，同时也表达自己不由自主地提起松针笔一笔一画绘制青山孝陵图的良苦用心与忠于明朝的精神志气。

周亮工对许友作画的特征、意境、经历及取景象征寓意等进行极为详尽精细的评价：

---

① （清）钱林、王藻编辑：《文献征存录》卷二，周俊富辑：《清代传记丛刊·学林类》，明文书局印行，咸丰八年刻，有嘉树轩藏，第8册，第131页。

> 画如其诗，苍楚有致，无一毫烟火气。……好画小竹，仿管仲姬，柔枝嫩叶，姿态横生。自镌"许友画竹"章，每作竹，即用之。因予累至京师，渡河而北，不复画竹，忽放笔为枯木寒鸦，苍凉之态，不可把视，盖无聊之气，一寄于此耳。①

许友最初以松、竹入画，其画作姿态各异，苍楚有致而不带烟火意，而后因受友人周亮工入狱牵连，被押送京都问审，许友含冤受屈，对清朝统治者更为深恶痛绝，因此，以冬天京都之"枯木寒鸦"入画，寄寓自己对世态的不满及其内心孤寂悲凉的处境。

许友画作取得如此高妙的境界，得益于其师承倪元璐、陈洪绶，追崇米芾，效法管道升，并竭力躬耕践行，融会贯通，传承与创新并举，自成一家风格。《清史列传·文苑传》记载："少师倪元璐，晚慕米芾为人，构米友堂祀之。著有《米友堂诗集》。"② 明亡后，倪元璐以身殉国，自缢身亡，许友为其师作《祭倪鸿宝师文》。可见，倪元璐强烈的忠于明朝的节操，对许友坚定遗民文化立场具有深刻的影响作用。因此，许友能师承倪元璐的作画风格，并勇于以画作表现遗民的思想境界。

傅抱石编译《明末民族艺人传》记载：

> 先生之书，初喜诸暨陈老莲（洪绶），后变而瓣香米海岳，晚年镕汇众长，自成一家，遂臻极境。初，特构一室，颜曰"米友堂"。其友黄仲霖笑之曰："小子自大，敢友海岳耶？"因更其室曰"箬茧云"。画，下笔无烟火气，最善墨竹，镌印曰"许友画竹"。又好作小竹，效管仲姬（道升）法，柔枝嫩叶，姿态横生，颇有苍楚之致。惟因栎园事，一渡黄河，则不复画。

---

① 于安澜编，张自然校订：《于安澜书画学四种·画史丛书8》，（清）周亮工：《读画录》卷三，河南大学出版社2015年版，第2651页。
② （清）不著撰人：《清史列传》，中华书局1987年点校版，第9册，第731页。

偶有意兴，辄写枯木寒鸦以寄意，苍凉之态，不可逼视。①

傅抱石对许友的记载，与周亮工《印人传》中《书许有介自用印章后》的记载颇为相似：

> 性疏旷，以晋人自命。作字初喜诸暨陈洪绶，后变而从米，颜其堂曰"米友"。黄仲霖又不喜君登其堂，曰："小子遂敢友米耶？"君复更其室曰"箬茧"。君名字数变，书亦数变，晚乃镕汇诸家，一以己意行之，遂臻极境。②

由此可见，许友追慕米芾达到如痴如醉的境界，且将自己作诗绘画的居所名为"米友堂"。这引起了其朋友黄仲霖的讥笑与调侃。许友因此将米友堂更名为箬茧堂。《明末民族艺人传》与上述《闽中书画录》均提及许友因受周亮工牵连而不再画竹。可见，许友晚年画作的取材、符号元素及心境等，受其经历影响尤为明显。从中也可领会许友不屈服于清朝统治者，忠义守节的遗民情怀。

三 许友诗文中的遗民书写

面对政治变革，许友的业师倪元璐以身殉国，此后许友的亲友祈世培、赵枝斯、曹雁泽等也相继殉身。身边师友的相继殉身凋零，令许友倍感家国沦落的世态炎凉，一种穷途末路的传统文化衰亡与道统政治崩裂的身份危机感油然而生。许友遂作《祭倪鸿宝师文》《祭盟叔祈世培先生文》《赵枝斯遗稿序》《祭曹雁泽先生文》等，表达对师友的哀悼之情与自身孤苦飘零的身世之感。

除了对逝去的师友的追怀，许友对当下的亲友也致以深切真挚的怀念之情。许友《送郑》诗曰：

---

① 傅抱石编译：《明末民族艺人传》，商务印书馆1938年版，第182—183页。
② 林乾良：《福建印人传》，福建美术出版社2006年版，第13页。

苔绣银刀佩古囊，鸡声勒马著衣裳。挥杯满目皆朋友，乱世逢场即故乡。断岸孤舟千里梦，晓天残月万家霜。悲予独自看花后，春柳深深冷草堂。①

此作应为许友与友人在乱离疆场短暂相逢又要各奔东西的情景再现，其中蕴含的情感十分浓厚。首联以银刀、古囊直接呈现友人即将奔赴疆场的精神士气，鸡声、骏马、衣裳等意象，体现军队作战半夜即起身准备。颔联描述自己有幸与友人在异域他乡相逢，以乱离之场域举杯相聚，聊以慰藉难以释怀的乡愁。而短暂的相聚永远无法治愈即将孤舟远行的悲慨孤寂心境。拂晓的天河与残存的孤月令诗人倍感霜天雪地对身体的侵袭，一种心灵的孤独悲寂与寒凉也油然而生。本是春趣盎然的春天，也因自己落拓惨淡的孤寂形象而显得孤冷萧条。此诗可见许友诗作明暗线索双线并行的创作技巧及其深沉的思想蕴含。明线表达对友人的怀念与离开友人后的形单影只的孤独感和对家乡的思念之情，而更深沉的含义在于以怀念友人及思念家乡表达对衰亡的大明王朝的追怀与因家国衰亡导致乱离情境下自身身份的被弃置感，以及势单力薄的遗民文化政治心态。

许友的笔下，落拓飘零的孤独形象、伤残之感层出不穷，尽显遗民诗文传统的延续，也对应现实的时间与空间场域。

　　细草如孤岸，春船系碧桐。晓晴山梦里，残月柳丝中。佛古人心寂，阶荒鬼语工。通宵煨药饵，瓦灶火犹红。（《斋居喜雨》）②

　　精魂石上忆三生。寒夜与君盟。帘前明月，窗间小饮，楼上残更。而今闲坐记芳情。庞儿较可憎。弹肩倚案，低头弄笔，

---

① （清）沈德潜选编，吴雪涛、陈旭霞点校：《清诗别裁集》卷七，河北人民出版社1997年版，第126页。

② 丁成泉辑注：《中国山水田园诗集成》第4卷，湖北教育出版社2003年版，第3938页。

第五章 遗民代表性著作的思想蕴含与艺术风貌 / 211

斜眼挑灯。(《眼儿媚》)①

　　但得幽居草木安，小园数步较能宽。芭蕉叶下闲来往，一卷残书断续看。(《春日园居》(其二))②

许友诗作中梦、月、夜、柳、灯等冷色系意象与孤、残、寒等映衬冷色意象的形容词频频出现，叙写的就不仅仅是朝代更替的政治现实，更是清朝入主中原造成汉族士人的心灵伤害。

诗作中一再出现的孤寂形象，暗喻着清廷统治中原导致遗民身份意识与传统文化认同概念上的剥离。因此，许友的孤寂处境甚至幻化为荒山野外传来的凄厉钟声——"石楼隐向日云封，知在岩峣第几重。残夜读书人未卧，万山明月一声钟"(《读书夜静，闻钟声从白月来》)③。孤独的心境与悲寂的氛围隐然指向其自身听觉的亲身体验，凸显其置身于错乱时空中的遗民被弃置感。

许友在诗文中所刻画的孤寂寥落形象，其背后潜在的遗民文化情绪，强调了呈现在历史关键时刻的遗民主题意识。许友书写周围景物的孤寂残存现状，无异于喟叹自己内心的孤寂孑然处境，却又无法摆脱此种困境的无奈之感。许友的无助困境，显然代表了一代遗民士人的现实体验。因此，许友诗文的书写意义，尽显其对传统诗文思想蕴含的传承与延续。许友诗文所着眼的漂泊离散与孤寂形象的展现，寄托的是遗民身处清廷统治场域下鲜明的文化立场与思想意识。他以自身被弃置的状态与清朝统治的空间场域展开记忆的对视。许友在表达自身心灵困境的同时，以被弃置的遗民身份虚拟主客对话的叙事场景，其所展现的福建地域文化色彩、遗民姿态及传统文化诗文意涵，尽显其深远的时空辩证意义。许友身处清廷政治文化场域，却终生以遗民自居。许友在清朝统治视域下创作遗民

---

① (清)王昶辑，王兆鹏点校：《明词综》，辽宁教育出版社1997年版，第113页。
② 杨子才编：《万首清人绝句》第一卷，昆仑出版社2011年版，第290页。
③ 邓国光、曲奉先编：《中国咏月诗词全集》，河南人民出版社2018年版，第623页。

诗文书画，以遗民身份处理被统治的心境，以传统诗文展现自身的个性形象与文化立场，为清初福建遗民文学创作形塑了令人感佩的遗民文学与美学气质。

四 "三绝"美誉的成因及许友遗民品格的影响

许友能在书画诗文中取得如此卓著的成就，与其家族出身及其父亲为他奠定的人际脉络具有密切的关系。

许友出身仕宦家族，其父亲许豸，为崇祯辛未年（1631）进士，曾任宁绍道等职。许豸性情耿直，慷慨豪爽，时人多给予赞许。许友的性格特征受其父亲影响很大。许友继承父业，将乌石山住所作为书斋别墅，精心布置，栽培梅兰竹菊等高洁俊逸之物，又有长松耸立，清风带来悦耳之松涛，因改名为"涛园"。许友也常居住于光禄坊，因许友十分仰慕米芾之书法，晚年将其居室名为米友堂，并奉祀米芾于其中。米友堂宅院选用一百多根良木大柱和三百多块纹理流畅的大石板铺盖而成。院内设有轿房、佛堂、书斋、厢房、藏书房、正房、后房、粮库、花厅、鱼池假山、亭台楼榭等各种人文景致。

许豸与当时许多名流雅士、文人志士交往密切。许豸《先师钟退庵文集序》曾说："楚钟退庵先生督闽学时，余受知最深，漫有水乳之投。"① 钟退庵即钟惺。钟惺于天启元年（1621）任福建提学佥事，许豸因此结识钟惺，并拜其为师。而钟惺与谭元春同为竟陵派创始人，他们论文重视性灵，提倡孤峭幽深的行文风格，反对拟古，文章僻奥冷涩却影响极大。许豸由钟惺引导，认识谭元春，耳濡目染竟陵派的文学风气，久而久之对许友的文才与名节的形成，无疑起到熏陶与教导的极大作用。

许友的书画诗文得到世人的肯定与赞扬，也受后人瞩目。近代文学家林纾评价许友的画作非一般画家所能企及："山水树石似石

---

① （明）钟惺：《隐秀轩集》，上海古籍出版社1992年版，第606页。

田，而人物则仍元人家法，粗中有细，良非庸手所能梦见。"① 朱彝尊《静志居诗话》赞叹许友："才兼三绝，名盛一时。虞山蒙叟最爱其诗，录之入《吾炙集》，要其篇章字句，不屑蹈袭前人。正如俊鹘生驹，未可旋以鞲鞯。"②"三绝"，即指许友绘画、书法、诗词等技艺绝佳，在时人之上。朱彝尊认为许友诗文篇章不拘于前人法则，并以具有高远之志的幼马、鸷鸟为喻，认为许友文思泉涌，思维活跃，才华横溢，不可以用常人的法则束缚他的才能志向的发展。朱彝尊对钱谦益在《吾炙集》中赞赏许友之语加以点评，也意在强调许友的才华出众。可见，许友敬慕、学习米芾，书画诗文造诣精深，世人皆知。

钱谦益《侯官许友介》一文指出：

丁酉阳月，余在南京，为牛腰诗卷所困，得许生诗，霍然目开。每逢佳处，爬搔不已。因序徐存永诗，牵连及之，遂题其诗曰："坛坫分茅异，诗篇束笋同。周溶东越绝，许友八闽风。世乱才难尽，吾衰论自公。水亭频剪烛，抚卷意何穷。"周溶者，字茂山，明州人。尝为余言许友者也。③

钱谦益作为清初诗坛的盟主之一，给予许友高度的评价和赞赏，认为许友诗歌能令人豁然眼开，具有八闽之风。许友虽身处乱世却仍能坚守名节，实属难得。林正青《瓣香堂诗话》钞本记载：

瓯香以贵公子负重名。虞山钱牧斋最赏之，收入《吾炙集》。然予未见是集也。乾隆丙寅秋，在广陵梅花书屋纂修《盐法志》，得与吴门何子未同事。箧中有钞本，因借观。虞山赠诗

---

① 林纾：《春觉斋论画遗稿》，于安澜编：《画论丛刊》（下），人民美术出版社1960年版，第648页。
② （清）朱彝尊辑录：《明诗综》，中华书局2007年版，第3933页。
③ （清）钱谦益：《吾炙集》，上海图书馆藏清光绪三十三年铅印本，第26页。

云："世乱才难尽，吾衰论自公。"又云："数篇重咀嚼，不愧老夫知。"其奖借者至矣。子未又云："此集未曾刻，殊可贵重。"内收录共二十六人，人各数首。独有介采百余篇焉。①

从许友诗作数量在钱谦益《吾炙集》中所占分量，也可见钱谦益确实对许友偏爱有佳。

闽县刘齐衢（1813—1860）与其胞弟刘齐衔（1815—1877）于道光二十一年（1841）同榜进士。刘齐衢购买道南祠西侧四座宅院，其中即包括米友堂大院在内。

刘齐衔与林则徐大女儿联姻，居于米友堂大院旁侧。米友堂因此改为刘家大院。刘齐衢的孙子刘鸿寿，光绪十七年（1891）举人，任福建盐运使，曾对米友堂加以改建。其子孙后代又在此基础上改建新式楼房。米友堂原有的建筑仅保留一小部分。

著名的作家郁达夫曾居住于米友堂宅院，并在其《毁家诗纪》中记其曾寓居于光禄坊刘家大院。"扰攘中原苦欲休，安危运系小瀛洲。诸娘不改唐装束，父老犹思汉冕旒。忽报秦关悬赤帜，独愁大劫到清流。景升儿子终豚犬，帝豫当年亦姓刘。"②"到福建后，去电促映霞来闽同居。宅系光禄坊刘氏旧筑，实即黄莘田十砚斋东邻。"③郁达夫在此结识了诸多文化友人。抗日战争时期，郁达夫的故乡浙江富阳沦陷，1937年，其母亲不愿当亡国顺民，遂绝食而亡，其忠贞节义的品格正是一代代遗民士人忠义情怀的延续与传承。郁达夫悲痛欲绝，于其居所光禄坊中设灵堂吊祭其母亲，并书对联曰："无母何依，此仇必报！"④其母亲的爱国情怀与坚贞不屈、视

---

① （清）郑方坤编辑：《全闽诗话》（四），福建人民出版社2011年版，第1740页。
② 郁达夫：《中国现代散文经典文库·郁达夫卷》，印刷工业出版社2001年版，第182页。
③ 郁达夫：《中国现代散文经典文库·郁达夫卷》，印刷工业出版社2001年版，第182页。
④ 参见浙江省民政厅编《碧血丹心——浙江烈士英名录》（杭州　湖州卷），浙江人民出版社2014年版，第283页。

死如归的精神给予郁达夫奋起抗日的勇气和力量。从郁达夫《乱离杂诗》《毁家诗纪》等离散之作看，郁达夫从内心深处延续了其母亲高尚的爱国节操，也接续了许友诗作孤旷超凡的实学传统，寄寓着家国离散，漂泊流离者的生命共感与生命体验。

综上观之，许友在书法、绘画与诗文创作中的成就确应值得我们关注与研究。

许友在明清易代后，其心境姿态往往处于无可奈何的状态。为坚守遗民的节操，许友纵情于书画诗文中，与僧人为友，或寄情山水，或追怀大明王朝的生活情景，或以大明王朝符号元素的代表，如明孝陵、明朝延续下来的松、竹等，以物入画，寄慨性情，反对清廷当权，抗逆现实世界，其狂草狂荡不羁的飒爽笔姿，堪称浪漫主义书风的代表。许友的书画诗文意境之高妙，堪称艺术的巅峰，值得后人敬佩与学习。

第四节　遗民文学书写的艺术风貌

清初福建遗民士人在艰难的抗清斗争中，不忘以文学书写抒发遗民的心境姿态。遗民士人的文学书写或以宏大叙事的笔法，再现了抗清战争的悲壮场面，或以叙事抒情的手法对民众的艰难处境表达悲悯之情，或通过视角的转换，表达忧思、感怀与乡愁，或借助在地景观设想自己的忠臣存在感。历经波涛汹涌的海洋文化濡染与荆棘丛生的山川磨难，遗民士人也从中获得对人生价值的审美认知，他们的创作境界逐渐由悲壮愁闷转向静观豁达。

一　海外几社海洋书写的审美认知

家国离散导致民众不得已漂泊海岛，恶劣的海洋性地域特征赋予海外几社对遗民身份意识的重新思考，形成渐进的审美认知，也对人与海之间的关系进行哲理的思辨。

自许孤忠遗海岸，人悲启事失山涛！临风不尽招魂赋，那忍重看旧佩刀！①

为国捐躯者在明室王臣所属的大陆抗战，尚有魂魄归葬之处，而海上抗清却遭遇弃尸海岛，英魂无处归还的悲惨境地。满目疮痍的海洋战争场面，愈加引发遗民志士深刻的家国之思，强烈的民族主义情绪和对遗民身份的认同。在这种悲剧性的海战书写中，抗清志士逐渐对人的生命价值形成审美认知，对建设安宁和谐的家园产生共同的追求。

吞云吐雾的海面和荆棘丛生的海岛，促使海外几社成员对故国疆土怀有强烈的热爱、想望、怀念与不舍之情，也因弃绝流亡产生心灵的挣扎和灵魂的痛苦与无奈。卢若腾《长蛇篇》说：

闻道海东之蛇百寻长，阿谁曾向蛇身量；蛇身伏藏不可见，来时但觉勃窣腥风飏……当时洞庭已有此异物，况于万古闭塞之夷荒；夷荒久作长蛇窟，技非神羿孰能伤。天地不绝此种类，人来争之犯不祥；往往活葬长蛇腹，何不翩然还故乡！②

荒野丛生，万古闭塞的台湾岛，潜藏着吞蚀人的蟒蛇，流亡的生命岌岌可危。海外拓荒抗清与"翩然还故乡"的矛盾心境，唯有付诸诗文进行排遣。从中也让我们深刻领会海上抗争比大陆遗民抗清更为艰难的斑斑心迹。王德威教授指出："（他们）一方面强调时间断裂、一切俱往的感受，一方面又流露绵绵不尽的乡愁；一方面夸张意义、价值前无来者的必要，一方面又不能忘情正本清源、或

---

① （清）张煌言：《挽朱闻玄少宰》，《张苍水集》，上海古籍出版社1960年版，第73页。
② （清）卢若腾：《岛噫诗》，《台湾文献史料丛刊》，台湾大通书局1987年版，第245种，第25页。

追求终极目的的诱惑。"① 流亡生涯的惊险悲壮与严酷的海洋生存环境被揭示得淋漓尽致,人与海之间的关系呈现一种思辨性的审美认知:惊涛骇浪、狂暴扩张的海洋特征,具有不可抗拒的摧毁人的生命的破坏力量;而海洋磅礴壮阔、包容万象的气势,也让离散者从大陆有限的生存空间走向浩瀚无垠的海洋生存空间。抗清志士必须从海洋精神中汲取催人奋进的力量,提高"知其不可而为之"的无羁无惧的气度品格,努力适应海洋生存环境,才能实现遗民的复国之志,展现遗民的生命价值。

二 海外几社创作境界的转变

伴随着对海洋审美认知的不断深入,海外几社书写视角呈现渐进的动态变化:从最初对蛮荒海岛的再现性表现,到台湾地景体验的书写,到表现人与海之间的审美思辨,再到对海洋文化给予积极的认同。接应这些书写视角的转变,海外几社的书写境界也由悲壮愁闷转向静观豁达。这从卢若腾书写岛上居民们所处的恶劣的海洋生存境况的写实视角,到徐孚远以写真艺术将台湾作为遗民身份的延伸空间,对海洋风物文化特征的认同,对台湾岛在地体验的内心世界的真情流露等等可以看出。卢若腾对台湾岛上"野牛未驯习""草根数尺深""官粮不充腹""刻期食新谷"(《海东屯卒歌》)② 等蛮荒海岛场景进行再现,形塑流亡境外安身立世的理想与艰难困苦的现实之间的激烈矛盾,造成严重的心灵冲击,从中折射出作者浓厚的家国之思和对民生的忧虑。徐孚远《乡梦》诗,将鱼竿、长风、海浪等海洋意象群从客观的景物中脱离而出,作为寄寓乡愁别恨、感怀忧思的媒介:"乡关入梦旅魂飞,朝看青山暮落晖。闲把鱼竿垂

---

① 王德威:《后遗民写作》,台北:麦田出版社2007年版,第8页。
② (清)卢若腾:《岛噫诗》,《台湾文献史料丛刊》,台湾大通书局1987年版,第245种,第24页。

水钓，长风蹴浪溅罗衣。"① 飘零异域的体验，是一种被时局弃离的思乡愁闷、茫然若失的情态。诗作所呈现的悲愁意境，正是离散者浓厚的家国悲情与思乡哀愁的情感体验。

当大陆已成为清朝统治的天下，遗民志士一味地沉溺于对故乡的眷念与追忆已不具现实意义。他们经受海洋广阔无垠、包容万象的精神熏陶之后，逐渐将台湾视为延续自我身份的遗民境地，对台湾这片新境地给予接受和认同。遗民志士矢志抗清、愁闷感怀的心境渐渐淡出，静心守志、隐逸旷达的心境逐渐呈现。他们的海洋书写也呈现静观豁达的审美境界。徐孚远《桃花》诗说："海山春色等闲来，朵朵还如人面开。千载避秦真此地，问君何必武陵回。"② 作者借岛上桃花的意象，表达对免于兵燹之灾、安然自在的海岛生活的向往和追求。末句运用《幽明录》的典故，寓意他不再奔波劳累，从此以旷达隐逸的心境融入海洋文化环境中。徐孚远显然已将原本是异域的疆土，认同为家乡。与海外几社具有密切联系的沈光文、李茂春、王忠孝等遗民作家，也往往通过台湾岛上的风物、风俗人情的描绘，对台湾乡土文化给予积极的关注与认同。气势磅礴、波澜壮阔的海洋精神赋予海外几社一系的遗民作家博大的胸襟和旷达隐逸的精神品质。台湾岛上的一草一木都能激起生活的热情，海外几社一脉的遗民作家已将水性之海与人世之海融合为一。他们对海洋文化精神给予认同，从中寄寓对家国情怀与遗民身份意识新的认识与思考。

海外几社的文学生产或以宏大叙事的笔法，再现海洋战争的悲壮场面，或以叙事抒情的手法对海岛居民的艰难处境表达悲悯之情，或通过视角的转换，以海浪、波臣、海山、海花等海洋意象群，作为抒发情感的载体，表达忧思、感怀与乡愁，或借助台湾地景空间

---

① （清）徐孚远：《钓璜堂存稿》卷十八，郭秋显、赖丽娟主编：《清代宦台文人文献选编》，台北：龙文出版社有限公司2012年版，第1种，第1184—1185页。

② （清）徐孚远：《钓璜堂存稿》卷十八，郭秋显、赖丽娟主编：《清代宦台文人文献选编》，台北：龙文出版社有限公司2012年版，第1种，第1164页。

设想自己的忠臣存在感,这些无不表现海外几社具有海洋地域文化特征的遗民身份意识与民族忠义精神。

传统诗文随着海外几社成员的流亡轨迹,将离散者对海外地景的认识和感受,做了不同层次的描绘。海外几社成员在努力传承和发扬几社救亡图存宗旨的同时,发挥劲节拓荒之志,借助海外地景,构建文学生产空间,传达遗民志士所具有的使命感和责任心。海外几社由海外地景的"空间"意义,强化自身的遗民身份意识与对人的生命价值的审美认知,抒发浓厚的家国情怀和对故国疆土的依恋与不舍之情。也因海外几社对人与海之间的关系进行哲理的思辨,他们的创作境界逐渐由悲壮愁闷转向静观豁达。无论是海洋书写的思想性还是对创作艺术的创新与追求,海外几社的离散书写都深远地影响着台湾后学的文学书写取向。

三 闽地遗民文学的艺术风貌

清初福建遗民文学的艺术创作颇受世人关注,并得到众多肯定与赞扬。林古度的诗歌艺术成就颇高。王士禛曾请林古度点评自己的著作《题明湖诗》和《落笺堂初稿》,林古度给予高度赞誉。"妙年高第,履官从政,如宝剑之出新型,琼花之吐鲜萼,其一片精锐之力,森秀之才。"[①] 林古度对王士禛的高度肯定,对提高王士禛的知名度,具有难以估量的作用。王士禛终生不忘知遇之恩。林古度临终前将诗作近万首交付给王士禛。王士禛将其辑为《林茂之诗选》上下两卷,共205首。另有散见于其他著述的部分诗作及《林茂之赋草》(一卷)、《林茂之文草》一卷。其余诗作则在传世中散佚。《林茂之诗选》代表了林古度诗歌的艺术成就及其思想旨意。林古度诗作的艺术成就,受闽地文人及竟陵派诗作的影响颇深,也可见竟陵派诗歌与闽地士人的诗作创作风格具有渊源关系。

黄曾樾对徐延寿《尺木堂集》诗作给予高度肯定:

[①] (清)王士禛:《王士禛全集》,齐鲁书社2007年版,第154页。

五古短小精悍，似陈射洪、张曲江；长篇则三过虞山访牧斋先生、铁崖赠林起伯宪副情文兼志，其尤美也。乐府虽袭旧名，用其格，而多寓己意，与前后七子之优孟衣冠者。转韵长篇酷肖梅邨，盖均从初唐四杰若长庆体来也。……五律无篇不佳，……七律出入晚唐、北宋，气骨沉警、声采壮丽，……七绝风神韵秀，在樊南、樊川之间。①

林之蕃著有《藏山堂遗篇》（今存世作品仅文8篇，诗53首）、禅林碑刻、刻经序文《吸江兰若记》《心一禅师塔志铭》等，多涉及佛门禅事。《石遗室书录》载："（《藏山堂遗篇》）前半名林涵斋诗，后半名林涵斋文。诗清稳，多与衲子往来之作。"②"《藏山堂遗篇》其词旨激昂，音节嘹亮，寄托深远，寻味不穷，殊有绛树双声，黄花二犊之妙。其古体则浸淫汉魏，其近体则胎息于李杜，无句不隽，有篇皆佳。"③"其《无声诗史》、《神州国光集》、《名画扇册三集》等，落笔苍润，韵致萧疏，脱尽作家习气。"④林之蕃创作古体近体俱佳，古体具有汉魏风骨，而近体能与李杜诗相媲美。可见林之蕃创作艺术之高妙。实际上这些诗作、绘画作品，不仅在创作意境上具有苍润萧疏等特色，也蕴含着作者淡泊悠然，恪守民族气节，坚持遗民心志的深层用意。

---

① 黄曾樾：《读尺木堂集》，《福建师范大学学报（哲学社会科学版）》1957年第2期。
② （清）李厚基修，沈瑜庆纂：《福建通志·艺文志》总卷二五，江苏广陵古籍刻印社1980年版，第37册，第148页。
③ 福建省长乐县地方志编纂委员会编：《长乐六里志》卷十，《艺文》（四），福建省地图出版社1989年版，第181页。
④ 李厚基、陈仪修，沈瑜庆、陈衍纂：《福建新通志》，民国十一年福州通志局刻本，《北京大学图书馆藏稀见方志丛刊》，国家图书馆出版社2013年版，第218册，第618页。

第六章

记忆、认同与离散书写的传播意义

　　遗民的诗文书写题材无不关注家国存亡与复国之志，体现强烈的遗民身份认同感。鼎革之际的遗民士人，在流离失所的漂泊中深切体验被时代遗弃的心灵创伤与哀痛，他们往往借助历代士人宴游、隐逸的风尚，寻求志同道合之士的互相慰藉。随着明末清初资本主义经济萌芽发展，有财力的文人士子纷纷建筑园林，为遗民志士宴集酬唱提供一个互相交流、互相解闷、互相勉励的共享空间，他们以游为寄，互相唱和，精神空间得以自足。东南沿海地区园林宴游与酬唱发展为文学创作的重要方式之一。园林本身所具有的物质空间为文人士子们提供了创作的精神空间。遗民士人相互效仿，声气相通，他们以园林为公共场所，践行经世致用思想，创作大量的兴邦实干之作品。清初福建遗民士人的离散书写鲜明地体现忠贞不渝的家国思想与重义守节的遗民操守。遗民士人的离散书写，将文学生产的物质空间转化为精神载体，他们的思想认知从大陆播迁海外，实现了遗民文学生产的跨境传播。遗民士人跨境书写，为闽台文学的融合与发展，为闽台文化的交流与互渗，产生了深远的影响，具有现实意义。

第一节　以园为寄，传承宴游风尚

　　明清易代，对原本希望通过科举以建功立业、忠君报国的有识之士,产生极大的打击。孤独感、失落感与被弃置感交织并进。比起生活在明代的乱世中,他们需要更强大的凝聚力和团结合力,将个人的精神能量集中汇聚,形成一股强大的抗争能量,互相砥砺,互相传递心声,才能淡化内心的亡国悲痛感与孤独寂寞感。他们在彼此的关照中,互相肯定对方的人格价值,并在对遗民的身份价值的共同体认中,获得归属感。闽地遗民士人往往以宴集酬唱的方式联络大明遗老,抒发亡国之恨。先秦诸子宴游风尚与魏晋唐宋诸朝文人的隐逸情怀,形成深厚的历史文化积淀,为清初闽地遗民园林情结的形成奠定了历史文化基因。

一 园林宴游风尚的成因

明末清初闽地遗民文人园林书写情结的形成,与历代士人文化心理意识的积淀具有一脉相承的关系。早在先秦时期,诸子百家就已有宴游的习惯。诸子百家的宴游活动,成为先秦时期中国文学生产、传播的重要方式。这为后代中国文人士子的园林宴游、诗酒酬唱奠定了文化基因。在春秋战国时期,诸侯兴起,列国纷争,原有的政治、经济、文化思想体系被打破。历史分久必合,合久必分的规律在当时已然成为共识。"溥天之下,莫非王土;率土之滨,莫非王臣"(《小雅·北山》)①的政治体系趋于瓦解,天下面临重组的局面。这导致文化思想上的"王官之学"已难以维持现状,"士"阶层逐渐崭露头角,显现出其特有的锋芒。

自古以来,士人的文化思想具有天然的叛逆精神。春秋战国时期的士人们不满于社会现状,他们敢于以自家的思想学说,指斥弊政,反抗统治者的剥削和压迫。越来越多的文人士子希望通过自己的学术思想,挽救濒临颓废的社会现实。于是,诸子周游列国,文化思想的百家争鸣成为春秋战国时期一道亮丽的风景。儒家的孔子、孟子和荀子,法家的韩非子,纵横家的苏秦、张仪,兵家的孙武、

---

① 祝秀权:《诗经正义》,上海三联书店2020年版,第561页。

吴起等，无不周游列国，传播自己的学术思想。周游活动最后形成一种文化景观，对社会政治、经济和文化产生了深远的影响。

从表面上看，诸子周游列国，似乎是一种很轻松、自由的学术思想的传播。但实际上，他们无不带着某种政治目的而游说他国。他们推行自家的学术思想，目的在于获取他国统治者的信任和重用，以提高自身的政治文化地位，从而巩固自身的社会文化身份。因此，诸子周游列国具有本质上的政治文化深意。

儒家的孔子、孟子和荀子，为了将自家的思想学说传播于天下，他们先后周游列国，形成具有儒家宴游情结的文化体系。孔子即使到了晚年时期，仍不忘周游列国，他带领弟子周游郑、卫、陈、蔡等诸侯国，最终仍难以实现他受重用信任的政治理想。但孔子周游列国也因此为我们留下了宝贵的文学遗产和以民为本的治国、强国理念。这在后代乃至当今社会仍具有十分鲜明的政治文化思想意义。孔子的继承人孟子，也先后游览齐国、宋国和魏国，力求推行性善论和他的政治思想学说。荀子发展了孔子的思想，推行性恶论。他与秦王对话，推行"粹而王，驳而霸"（《荀子·强国》）[①]的治国理念。他们意在阐述自己的文化学说，以得到统治者的支持和任用。这种以表面悠游闲暇的心态传播自身的文化学说，彰显其内心本质的深层文化身份意识的方式，为后来历代文人士子所效仿。但无论他们周游列国的本质深意如何，儒家三大家为我们所留下的《论语》《孟子》《荀子》等宝贵的文化遗产，无不体现了儒家思想的智慧。

不仅儒家如此，上述诸家士子，无不以周游列国的方式，宣传自家的政治学术理念，并希望获得统治者的任用，从而获取一定的俸禄，更重要的则是可以借助君主之力，进一步推行自家的学说和思想，由此提高自身的政治文化地位和身份意识。众所周知，春秋战国时期，各国纷争的历史境遇下，统治者为了挽救日渐衰颓的局

---

① （战国）荀况著，王天海校释：《荀子校释》，上海古籍出版社2005年版，下册，第664页。

势，以"养士"云集士人的政治见解和智慧，获得兼并诸侯的实力。尤其在战国时期，政治形势日趋紧张，诸国各自为政，更需要一大批有识之士参与谋政。当时养士之风最著名的非"战国四君子"莫属。齐国的孟尝君田文、赵国的平原君赵胜、楚国的春申君黄歇和魏国的信陵君无忌，无不礼贤下士，卑躬屈膝地招贤纳士。养士之风一时盛行，影响极为深远。这也进一步促进了士人不远千里游说列国的积极性，"士以此方数千里争往归之"①的局面应运而生。战国时期的士人比春秋时期的孔子在游说上获得更多的支持和信任。商鞅、李斯、吴起、李悝、范雎、冯谖等士人，在游说中得到君王的尊崇和重用，并充分发挥了自己的聪明才智。这在很大程度上提高了士人游说的积极性和主动性，士人们著书立说，反映社会各阶层的思想，提出治理国家的政治主张，对巩固统治者的政治地位具有积极的政治意义。而从历史文化意义上，则进一步传播和传承了士人们的文化思想。齐国的"稷下学宫"即是典型的例子。

　　士人们在游说中得到重用，其积极性得到激发，于是士人的自觉意识逐渐显露。这可以从马斯洛的人的需要的五个层次进行分析。一旦人的生理需求获得了满足之后，就会继续追求安全的需要、社交的需要、尊重的需要和自我实现的需要。士人们得以重用，他们在物质生活上已经得到了满足，他们不再将游说仅仅看作谋生的手段。士人们在满足于自身的学说运用的基础上，还要将其拓展创新，以最高级的"自我实现的需要"为游说目的。也因此，士人们的自我意识逐渐加强，也即古代知识分子要实现安身立命的理想愿望逐渐形成。士人在春秋战国时期，发挥着举足轻重的作用，也践行着他们的历史使命。春秋战国时期的游说之风、养士之风的盛行，从深层蕴含上看富有政治文化意义，为后代文人士子游览山川名胜，书写山水田园，表达禅林禅趣的意境提供了学习的典范。

　　随着社会的发展，士人的游说行为也随之消失，但士人的宴游

---

① 《史记》卷七七《魏公子列传》，中华书局1959年版，第2377页。

活动却对后代士人的思想意识产生了根深蒂固的影响。我们可以看到后代的山水田园诗人和历代有识之士,与宴游结下了不解之缘。这与春秋战国时期的宴游活动具有深远的渊源关系。换言之,春秋战国时期诸子的宴游列国产生了百家争鸣、百花齐放的文化局面。这为后代文人士子在发展学说,传播学术思想上提供了一种范式,影响十分深远。

魏晋六朝时期,随着社会政治、经济、文化格局的改变,文人士子在继承先秦诸子百家游说思想的基础上,挖掘出以自然为核心的人格理想,他们寻找到自然山水和田园生活中的审美情趣,传统的隐逸禅趣文化得以根深叶茂地发展。魏晋士人的审美思想对后世遗民文人隐逸山林的人格理想奠定了文化基因。东汉建安以后,历史又重演了春秋战国时期的纷争局面,儒家思想受到冲击,士人们发展了春秋战国诸子游说之风的同时,也体现了鲜明的时代特色。士人们一方面与春秋诸子百家具有相同的热爱游览之风,而时代已不允许他们以游说列国的方式施展自身的才华抱负。因此,士人们选择隐居田园山水之中,在游览名山大川、田园风光的同时,借助自然山水养德守节,书写情志,抒忧解愤,他们以山水投射对生命的感怀。

东汉末年的刘表责问当时著名的隐士庞德公:"夫保全一身,孰若保全天下乎?"① 庞德公曰:"鸿鹄巢于高林之上,暮而得所栖;鼋鼍穴于深渊之下,夕而得所宿。夫趣舍行止,亦人之巢穴也。且各得其栖宿而已,天下非所保也。"② 庞德公的思想显然与庄子的思想更为接近。在东汉末年的混战格局中,像庞德公这样以自足自适,各得栖宿的处世心境是一种普遍的现象。也由于道家文化思想的影响,玄学兴起,汉代隐士们的伦理道德思想渐趋弱化,他们追求率真任性、崇尚自然山水的文化思想。魏晋时期的阮籍、王羲之和张

---

① 《后汉书》卷八三《逸民列传》,中华书局1965年版,第2776页。
② 《后汉书》卷八三《逸民列传》,中华书局1965年版,第2776页。

翰等，无不以自己率性自然的山水书画践行隐逸思想。陶渊明则是这一时期隐逸田园诗人的典型代表。

他在《归园田居》之一中曾说："久在樊笼里，复得返自然。"①他认为在朝为官就像被关在牢笼里，唯有弃官归隐才能自得其乐，才能体验真实的人生。因此，苏轼对陶渊明评价说："陶渊明欲仕则仕，不以求之为嫌。欲隐则隐，不以去之为高。饥则扣门而乞食，饱则鸡黍以延客。古今贤之，贵其真也。"②苏轼的评价很能体现陶渊明率真自然的人格理想。

在魏晋六朝时期，不仅隐逸志士喜好自然率真，在朝为官的文人士子，如郭文、宗炳之辈，也以游览山水为旨趣。他们游览山水并非一朝一夕，而是将自身的生命体验真切地融入山川名胜之中。因此，山林中的茅庐、草堂、寺庙等可供居住的居所，往往是隐士们十分敏锐地捕捉到的隐逸意象。更有不惜一切心力在山中营建屋室，建筑亭台阁榭之士。陶渊明《饮酒》（其五）说：

> 结庐在人境，而无车马喧。问君何能尔？心远地自偏。采菊东篱下，悠然见南山。山气日夕佳，飞鸟相与还。此中有真意，欲辩已忘言。③

当时，像陶渊明一样结庐在山中，亲近山水，弃绝世俗功名的隐士十分普遍。在山水名胜文化的熏陶和感染下，隐士们赋予了自然山水艺术性和哲理性的审美标准。因此，他们所建筑的屋瓦台阁都浸染着自然山水的文化气息。"吴下士人共为（戴颙）筑室，聚石引水，植林开涧，少时繁密，有若自然。"④魏晋隐士们隐逸山

---

① 孟二冬译注：《陶渊明集译注》，中华书局2019年版，第56页。
② （宋）苏轼撰，（明）茅维编，孔凡礼点校：《苏轼文集》，中华书局1986年版，第2148页。
③ 孟二冬译注：《陶渊明集译注》，中华书局2019年版，第161页。
④ 《宋书》卷九三《隐逸传·戴颙》，中华书局1974年版，第2277页。

水、筑室山林的审美情趣，深深地影响着后代的文人士子。唐代浪漫主义诗人张籍《送韩侍御归山》说："新结茆庐招隐逸，独骑骢马入深山。"① 宋代的梅尧臣《对雪忆往岁钱塘西湖访林逋》说："折竹压篱曾碍过，却穿松下到茅庐。"② 元代马致远《半夜雷轰荐福碑杂剧》曰："我信着半间儿草舍，再谁承望三顾茅庐。"③ 明代的刘基《崇福寺俦上人看山楼》诗："为爱山中世事疏，看山终日坐茅庐。"④ 明代罗贯中《三国演义》第三十九回说："直须惊破曹公胆，初出茅庐第一功。"⑤ 清代蒲松龄《聊斋志异·花姑子》："此非安乐乡。幸老夫来，可从去，茅庐可以下榻。"⑥ 可见，魏晋时期隐士们的隐逸山水、筑室山林之风深深地影响着后来文人士子的人格理想与道德操守。

魏晋文人隐士对山水田园的审美价值作了深刻的阐释。陶渊明以田园劳作，富有深意地阐发了田园隐逸生活的审美境界。其《归园田居》（其一）说："户庭无尘杂，虚室有余闲"⑦，《归去来兮辞》说："倚南窗以寄傲，审容膝之易安。"⑧ 很显然，陶渊明的内心所追求的已不只是外界空间的宁静淳朴，而是内心境界的精神安逸。同时，陶渊明的田园劳作并非只是谋生的方式，他更倾向于在劳作中体验人生的价值和意义。劳作虽然疲倦，"晨出肆微勤，日入负耒还"，但是"四体诚乃疲，庶无异患干"，"但愿长如此，躬耕非所叹"（《庚戌岁九月中于西田获早稻》）⑨。陶渊明能从辛劳的田

---

① （唐）张籍撰，徐礼节、余恕诚校注：《张籍集系年校注》，中华书局2016年版，上册，第403页。
② （宋）梅尧臣著，朱东润编年校注：《梅尧臣集编年校注》，上海古籍出版社1980年版，第421页。
③ 陈虹岩整理：《元曲选粹》，天津大学出版社2017年整理本，第68页。
④ （明）刘基：《太师诚意伯刘文成公文集》卷十六，商务印书馆1929年版，第14页。
⑤ （明）罗贯中：《三国演义》，北京教育出版社2017年版，第227页。
⑥ （清）蒲松龄：《聊斋志异》，三秦出版社2016年版，第144页。
⑦ 孟二冬译注：《陶渊明集译注》，中华书局2019年版，第56页。
⑧ 孟二冬译注：《陶渊明集译注》，中华书局2019年版，第290页。
⑨ 孟二冬译注：《陶渊明集译注》，中华书局2019年版，第145页。

园耕种中寻找、洞察到山水田园之美，并从中获得心灵的慰藉，体现自身的生命价值。唐代的王维受陶渊明隐逸审美标准的感染和熏陶，以"诗中有画，画中有诗"①的审美心境书写山水，并在对山水的审美境界中，阐发禅理禅趣。隐逸之风的兴盛和隐逸文化的传播和传承，影响了后代文人志士的书写格调和人生价值取向，促成了山水田园文学的发展。同时，隐逸文化的发展，也在一定程度上促进了文人志士园林宴游、酬唱风气的盛行和园林建筑的发展。唐代著名的作家王维、李白、杜甫、韩愈、白居易，宋代苏轼、辛弃疾、陆游，元代的马致远，无不在游览山川名胜中酬唱互和，甚至构筑屋室于山林。前代的雅士贤才对明清易代之际的遗民士人追求隐逸山林的审美理想和建筑园林宴游酬唱的人生价值观的形成，具有深刻的启发意义。

明末清初闽地遗民文人，以园林酬唱的方式抒怀写志，寄寓深刻的遗民身份意识。这与他们对春秋战国时期诸子宴游的理解和思考，对历代以来文人士子的隐逸山水，阐发禅理禅趣的审美理想，具有深远的渊源关系，是文人士子文化心理结构在不同的历史时空下的共同传承。

同时，明末清初园林酬唱风尚的盛行，也是此际遗民士人园林宴游情结形成的直接文化环境因素。而遗民士人对遗民身份归属的需求，则是他们参与园林宴游酬唱，形成园林情结的主观因素。马斯洛关于人的需要的五个层次中，归属的需要即指向人们精神世界中的身份认同意识。每个人都需要与某一特定时空的人物建立一种群体交流关系，希望得到群体的认可，希望在群体中处于一个理想的恰当位置。这其中即潜藏着身份认同意识。

综上而言，中国历代士人的山水田园书写成为清初闽地遗民园林书写效仿的典范。在明末清初时代鼎革，雅集酬唱的时代环境下，

---

① （宋）苏轼《书摩诘蓝田烟雨图》：曰："维摩诘之诗，诗中有画，观摩诘之画，画中有诗。"《东坡题跋》卷五，浙江人民美术出版社2016年版，第166页。

遗民士人迫切希望从外界空间寻求志同道合之士寄托自身的精神诉求，获得遗民身份归属。因此，园林宴游书写成为此际遗民书写的重要内容之一。

二 园林书写中的遗民情结

清初闽地遗民在历代士人园林宴游心理的影响下，借助明末清初园林风尚盛行的契机，建立诗社互相唱和，相互勉励，互相强化和巩固遗民的身份意识。

曹学佺回闽后，在福州洪塘妙峰山下建筑石仓园，与遗民友人园林酬唱，为我们留下了宝贵的文学作品。这些作品成为我们探究闽地遗民心境的重要切入点。《石仓园记》载：

> 园踞洪江之麓，四山回合，有塘数里，环带左右，一石桥跨沼上，古杉数株，挺然耸拔浮水面，先生置小欋湾泊其下，或载酒读书濡翰，岸旁石笋林立，古洞深穷屈折。①

曹学佺在此广聚文友，远客亲朋诗酒相会，结社唱和，著述不辍，为闽中文坛的复兴作出极大贡献。《明史》记载："万历中，闽中文风颇盛，自学佺倡之。"②曹学佺精心营建园林，"林位置二十余景，宾朋歙集，诗歌杂进，日为文酒设谦之乐，钱牧斋先生所谓近世所罕有也"③。石仓园设梅花馆、临赋阁、碧泉庵、浮山堂、竹醉亭、荔枝阁等二十几景，藏书一万多卷。从这些景致的取名等，即可想见石仓园的幽雅精致与身临其境之心旷神怡。曹学佺召集诸

---

① （清）佚名：《洪塘小志》，中国地方志集成编纂委员会：《中国地方志集成》，上海书店2013年版，第33册，第1187页。
② （清）张廷玉：《曹学佺传》，张元济主编：《缩印百衲本二十四史·明史》卷二八八，商务印书馆1958年版，第3106页。
③ （清）曹孟善：《曹石仓行述》手抄本，参见《曹学佺集》，《福建丛书》，江苏古籍出版社2003年版影印本，第三辑，第14页。

友在如此典雅的园林环境中谈笑唱和，文人雅士无不文思泉涌，谈古论今，文风兴盛的局面由此可见。

曹学佺受邀赴叶向高居所，并与意大利学人耶稣会士艾儒略相识相知，他们敞开心扉畅谈学问与创作。这次的东西方文化交流极大地促进了中国传统儒家文化与西方天文学文化的融合与传承，世称"三山论学"。

崇祯初年，朝廷又拟任曹学佺为广西副使，曹学佺称病谢绝，继续寓居石仓园，致力于开展儒林班，组织文士社集活动，其中三山荷亭社集规模尤为盛大。被奸佞权臣遣戍漳浦的茅元仪，也得幸参与石仓园林宴集活动，作诗曰："去年水嬉作上客，金杯吸尽三山月。今年痛饮白蘋州，整顿诗肠探月窟。"① 可见，在石仓园宴饮作诗，一派其乐融融，和睦欢畅的情景令文士们流连忘返。曹学佺还在芝山龙首亭，组织三山耆老社，与董崇相、王伯山、崔世召等文友切磋交流。曹学佺的创作思想、文风诗格，也在诸多宴集酬唱中得以不断完善。曹学佺以石仓园林雅集唱和的实践活动，促进了闽中文化、文学的繁荣昌盛。

从陈轼《道山堂集》中的作品，如《立冬日邵蓉园招饮赏橘》《仲秋山园梨花盛开》等，也可见陈轼与其遗民友人往往借助山水景物、田园风光与亭台楼榭等开展园林酬唱活动，抒发遗民心志，书写遗民情结。他们也经常将园林雅集与禅林意趣紧密相连，表达遗民士人抱负不得施展、仕途受阻却仍坚守遗民节操，不仕新朝的遗民心志。

园林宴游、园林酬唱，承载着闽地遗民士人重要的人生体验与生命轨迹。物质空间的园林，为遗民士人抒发遗民情结，表达身份归属提供了精神空间。闽地遗民士人在对园林的观照中，抒发深刻的历史感怀，获得精神的自解与自足。清初闽地遗民以园为寄，书写遗民精神意志。他们志同道合，读书品茗，诗酒唱和，践行遗民

---

① （明）茅元仪：《石民横塘集》卷六，《四库禁毁书丛刊》，北京出版社2000年版，集部第110册。

志节，从而让本是物质空间的园林显得更富人文精神蕴含。留寓江南的闽地遗民则以文学书写呈现他们的生存处境和离散交游的审美感观，为后人留下了可传可述可感的宝贵文学遗产。

第二节 记忆、认同与文学传衍

明清易代，中原汉族文化受到强烈的冲击和震荡，具有忠义爱国情怀的遗民士人受到极大的精神磨难。他们在顷刻间无法接受明朝走向衰亡并受清朝统治的事实。一批闽浙沿海遗民随郑氏集团东征台湾。他们往往以记忆中的忠义典范，进行自我比拟，以跨越时空的思想共鸣，寻求自身的身份归属，获取东征抗清的精神支撑。入台遗民在波涛汹涌、变幻莫测的海洋环境中，培养了冒险犯难、开拓进取的精神。入台遗民对两岸特有的人缘、地缘、物缘关系有极强的现实体验。台湾的在地体验，触发他们不断筛选和过滤当地的地景和风物，寻找家乡的感觉，重构家乡的色彩，强化遗民的身份认同意识。入台遗民继承大陆遗民殉身和隐遁的文化立场，透过文学书写，形成遗民族群认同的文化符号力量，不断激励闽台后代文人追寻、确定并强化自身的生存价值，具有深远的影响力。两岸后学对入台遗民文化精神给予积极认同与书写，形塑了一条代代相传的文学记忆链，值得我们关注。文章从记忆和认同的视角，对入台遗民忠贞不渝的家国思想和书写传承进行论述，探究入台遗民如何借助忠义典范和两岸地景书写，唤起他们对大明王朝的记忆，寻求遗民的身份归属。

一 历史记忆书写中寻求身份认同

记忆专指他们对"前朝"或昔日的典章文化、政治体制的追念，但在文学作品中，这种记忆却往往呈现为对特定的人事、地方和器物的缅怀和抒写。遗民身份是有赖记忆这一行为来建构和巩固的。①记忆具有提醒人们将历史与现实中相似的人事活动加以对照，并强化当下的思想意识和情感认同的作用。

筚路蓝缕的海上抗清逆境，唤醒入台遗民对历史上忠义爱国典范的追忆。入台遗民文人往往借助特定的时代变迁以及两岸特有的人缘、地缘、物缘关系，筛选和过滤他们从前的经历和记忆，书写他们对大明王朝的追思，挖掘和深化自身所经历的人事活动，以表达对于遗民族群的认同意识。对前朝的记忆可以说是遗民最主要的"工作"，亦是帮助他们确立其遗民身份与意识的一种手段。而文字著述则是记忆行为里特别重要的一项。②遗民士人通过选择性的记忆，重塑忠义典范的形象，进行自我比拟，寻求自身的身份归属和生存价值。他们的历史记忆与族群认同透过文学的书写得到巩固和强化。

郑成功率领部队收复台湾过程中，在荆棘困苦的处境下，联想田横宁死不降、不愿称臣的事迹："开辟荆榛逐荷夷，十年始克复先基。田横尚有三千客，茹苦间关不忍离"（《复台》）③。郑成功以田横的忠义气节为学习和效仿的典范，提醒自己作为明遗民必须具有以身作则，复兴明朝一统的必胜信心和气魄。"对自己的过去和对自己所属的大我群体的过去的感知和诠释，乃是个人和集体赖以设计自我认同的出发点，而且也是人们当前——着眼于未来——决定采取何种行动的出发点。"④可见，记忆让人们联想与当下处境具有关联性的历史经验和人事，并将他们作为情感诉求和价值取向的精神

---

① 林立：《沧海遗音：民国时期清遗民词研究》，香港中文大学出版社2012年版，第34页。

② 林立：《沧海遗音：民国时期清遗民词研究》，香港中文大学出版社2012年版，第45页。

③ 全台诗编辑小组编撰：《全台诗》，台北：远流出版事业有限公司2004年版，第一册，第70页。

④ ［德］哈拉尔德·韦尔策编：《社会记忆：历史、回忆、传承》，季斌等译，北京大学出版社2007年版，第3页。

支撑。

清军入侵，中原遍布腥风血雨，山河尽变。郑成功之子郑经以具有相似处境的历史典范人物激励自己。

> 胡虏腥尘遍九州，忠臣义士怀悲愁。既无博浪子房击，须效中流祖逖舟。故国山河尽变色，旧京宫阙化成丘。复仇雪耻知何日，不斩楼兰誓不休。（《悲中原未复》）①

自告奋勇斩楼兰的傅介子，成为提醒郑经应有誓不罢休的政治怀抱和坚定信心的记忆媒介。"社会记忆与其说是基于过去，不如说是现在生产出来的，过去成为表述人们当下情感的有用的资源。"②因此，诗作体现立志将满腔悲愤之情化为复仇雪耻之慨，语气相当坚定。当郑氏集团处于内忧外困的境地，郑经说："尝胆卧薪思越主，复仇雪耻忆吴娃"（《嚓呖黄昏知雁过》）③。郑经追忆越王勾践卧薪尝胆，吴王夫差为父报仇的壮举，寓意继承父志、恢复明室的坚定信心和雄图大略。郑经《独不见》说："壮士怀激烈，忠心在一片"④，《自叹自想》说："卧龙犹复待云雨，有日高飞遍九州"⑤，他明确表达了继承父志，忠君复明的豪情壮志。他坚信经过不断努力，有朝一日，一定能实现匡复之志。这种坚定的语气，誓不罢休的政治抱负和扭转乾坤的坚定信心，本身就是遗民文人所具有的精神品质。"人们在记忆中唤醒过去，也在记忆中遗忘过去。记忆存在

---

① 全台诗编辑小组编撰：《全台诗》，台北：远流出版事业有限公司2004年版，第一册，第130页。
② 郭景萍：《社会记忆：一种再生产的情感力量》，《学习与实践》2006年第10期。
③ 全台诗编辑小组编撰：《全台诗》，台北：远流出版事业有限公司2004年版，第1册，第134页。
④ 全台诗编辑小组编撰：《全台诗》，台北：远流出版事业有限公司2004年版，第1册，第74页。
⑤ 全台诗编辑小组编撰：《全台诗》，台北：远流出版事业有限公司2004年版，第1册，第166页。

于人们处理过去与现在关系的过程中，它反映着现实的需要，从而被想象、虚构、叙事和重组。所以，社会记忆对加强民族认同有积极的作用。"① 郑氏父子赋予自己的雄图大略和自我期许，很重要的精神支撑就在于他们的历史记忆中早已认同了汉室族群一统天下的文化思想。

郑氏父子对历史典范人物的追忆与书写，表现了鲜明的遗民思想倾向。他们对历史典范人物的追忆，是在提醒自身身份的独特性，提醒时代赋予他们坚守道德节操，矢志恢复明王朝的重大责任。可见，历史上的忠义典范人物具有让人见贤思齐，自我反省，自我勉励的作用。

"过去就幻化为追忆者的主观投影，寄寓着五彩流溢的理想，特别是过去的零星片段一再地出现在眼前提醒自己去追忆的时候，它不断地强化这种对过去的恋眷和对现实的不满。"② 这些看似基于过去的回忆，实际是借助典范人物事迹强化遗民的身份认同倾向和生命价值取向。郑氏父子在台湾建立明郑政权，是眷恋明王朝，延续华夏文化记忆的有力说明。他们带领军队驱逐荷兰殖民者，收复台湾，说明郑氏一脉的遗民群体在历史记忆中早已认同华夏典范人物的忠义精神和维护中原一统的文化立场。他们追忆历史典范的过程，也是寻求和确认遗民身份，塑造遗民形象，承继遗民文化的过程。

东征台湾的遗民，不是中原大陆同一空间版图意义上的异地漂泊，而是跨越疆界，以漂泊海外空间的生存体验，寻找明王朝的时间存在，试图延续汉族的文化记忆。时空的阻隔，让他们在现实中无法回归故乡，于是，在文学书写中寻找家乡的感觉，在梦境中想象、重构家乡的色彩。无论是徐孚远的《梦归》，在梦境中构建故乡的生活情境，或是沈光文的《思归》，表达对故乡的极度思念却无望回家，或是其《蛙声有序》，以卑微、柔弱的意象作为记忆的媒介，

---

① 高源：《历史记忆与族群认同》，《青海民族研究》2007 年第 3 期。
② 葛兆光：《世间原未有斯人：沈曾植和学术史的遗忘》，《读书》1995 年第 9 期。

都展现了遗民士人以历史记忆的书写,寻求身份认同意识。

"风物往往和人事具有不可分割的关系。实物像地方一样能有贯串今昔、勾起我们对过去的回忆的功能。"① 睹物思人之作,所传达的感情往往是伤怀离别的惆怅情绪和极度哀思。但也有不少以喜写悲之作。他们见到似曾相识的家乡风物,也倍感亲切。遗民士人在异地他乡见到故乡的同类风物,惊叹不已,他们以自己诗性的笔触赋予赞赏之情,实际上曲折委婉地表达了对昔日家乡的怀念和对大明王朝的追忆。我们从徐孚远《柚花》,王忠孝《东宁友人贻丹荔枝十颗有怀》等诗作,即可深切体会。异地他乡的风物也成为唤醒背井离乡者回忆过去的人事和追忆故土风物的媒介。

背井离乡的感觉,自古以来就是羁旅行役者生命历程中不得已的苦涩体验。漂泊异地的遗民,则更增加了一层被时代遗弃的愁闷和哀伤。遗民对历史地景、风物的书写,实则蕴含深刻的历史记忆和故国之思,寄寓着浓厚的遗民身份认同意识。"多重断裂是政权易代之际的一种社会现实,身处其中的人们往往会产生强烈的断裂感、破碎感、漂泊感、无方向感和人生如梦的空幻感,浓重的乡愁油然而生。"② 历史记忆被认为是凝聚族群认同这一根本情感的纽带。"透过'历史'对人类社会认同的讨论,'历史'都被理解为一种被选择、想象或甚至虚构的社会记忆。"③ 入台遗民相同的离乡背井的地景体验,造就了他们对家乡色彩的多样重构和共同书写。故乡成为他们记忆中美好的精神家园与温馨的港湾。故乡的风物也被想象、叙事和重组为他们书写中的典型记忆符号。他们在漂泊离散、播迁海外的被弃置感中,重构大明王朝的家乡情景,形成共同的记忆经验。这些记忆经验的书写成为凝聚遗民身份认同的情感纽带。他们

---

① 林立:《沧海遗音:民国时期清遗民词研究》,香港中文大学出版社 2012 年版,第 125 页。
② 张勃:《精神返乡与历史记忆:易代之际的民俗书写》,《文化研究》2016 年第 4 期。
③ 王明珂:《根基历史:羌族的弟兄故事》,黄应贵主编:《时间、历史与记忆》,"中央"研究院民族研究所 1999 年版,第 285 页。

以此与自身的漂泊离散、播迁海外的处境相对比，形成共同的记忆经验，形塑遗民族群对儒家集体潜意识的认同。

二 身份认同下的遗民气节书写

入台遗民多来自闽浙沿海地区。闽浙地区多靠山面海，山海结合的地理环境特征，培养了遗民士人的个人自觉意识，崇尚自由高洁的人格意识和冒险犯难、坚毅不屈的开拓意识。入台抗清中历史记忆的书写不断巩固和强化遗民志士们的身份意识。他们对历代忠义典范浓厚的家国情怀和族群观念的认同也更为深刻。因此，当清朝统治天下已是大势所趋，抗清之势成为强弩之末，他们的内心虽然也充满苦闷和无奈，但共同的渡海抗清经历和历史记忆经验不断激励他们继承历代遗民隐逸旷达的人格操守和忠贞不渝的殉身精神。入台遗民对自身身份认同与遗民气节的书写，与历代遗民精神一脉相承，形成共同的文化记忆符号。

李茂春随郑经东渡台湾后，于台南永康里建筑草庐隐居，以梅花、竹子为伴，寓意其对遗民士人高洁脱俗的身份价值的认同。"文人士大夫精心构筑与自身相知相契的园林，输出劳力的过程实质是在进行自我审美阐释与精神塑造。"① "梦蝶处"成为李茂春寄托遗民身份的精神家园，他将自己的身份进行符号化的塑造，完成了对遗民精神的呈现与超越。李茂春"梦蝶处"的地景构建，得到不少遗民族友的认可与追慕，成为遗民族友身份认同书写的精神资源。他们以旷达隐逸的人格操守诠释坚贞不渝的遗民精神，在心灵上形成心心相印的精神追求。陈永华是东征抗清的重要将领，受李茂春隐逸情怀的影响，作《梦蝶园记》。

> 吾友正青，善寐而喜庄氏书，晚年能自解脱；择地于州治

---

① 谷中兰：《园林情结的自足与自解——范成大园林书写与精神超越》，《文学遗产》2019年第3期。

之东,伐芳辟圃,临流而坐,日与二三小童,植蔬种竹,滋药弄卉,卜处其中,而求名于于。……余慕其景而未能自脱,且羡君之先得,因名其室曰"梦蝶处",而为文记之。①

陈永华在追慕李茂春高洁情怀的遗民操守和非同凡俗的审美情趣中,诠释自己的遗民文化立场,塑造了忠贞不渝的遗民品格,同时,也让遗民文学书写得以传承。这与集中书甲子的陶渊明,井底传《心史》的郑思肖和登严子陵钓台的谢翱,形成跨越时空的呼应和思想共鸣。他们秉承历代遗民隐逸旷达的价值取向,以空间意象的构建寄托遗民的精神家园,实现了遗民精神的传播,同时,也让遗民文学书写得以在海外传衍。

当抗清局势难以扭转,徐孚远也从矢志抗清转向隐逸山林。徐孚远《桃花》诗说:"海山春色等闲来,朵朵还如人面开。千载避秦真此地,问君何必武陵回。"②作者借山海花色的地景描写,流露出对免于兵燹之灾、悠闲自在的世外桃源生活的向往和追求。末句更是运用《幽明录》的典故,寓意他不再奔波劳累,从此隐逸山林,坚持不仕新朝的遗民立场。入台遗民认为自己"立功"不足,于是以旷达隐逸的"立德"操守诠释自己的文化立场,形成特定的文化记忆符号。

"明遗民所面临最迫切的问题,就是怎样去选择当前的道路。广义来说,他们只有生和死两条路可以选择。"③遗民士人在渡台抗清经历中,以海为生,培养了强大的内心。因此,当倾尽全力仍无法对抗清朝的统治,一部分遗民毅然选择以生命的完结超脱内心的屈辱和愤懑。他们将自己的生死置之度外,以身殉国表现不可质疑的

---

① 连横:《台湾南部碑文集成》,《台湾文献丛刊》,台湾银行经济研究室1962年版,第218种,第161—162页。

② (清)徐孚远:《钓璜堂存稿》,郭秋显、赖丽娟:《清代宦台文人文献选编》,台北:龙文出版社有限公司2012年版,第1种,第1164页。

③ 何冠彪:《明末清初学术思想研究》,台湾学生书局1991年版,第53页。

遗民文化立场。

安东尼·史密斯先生曾说："诉诸族群过去的方法，无论怎么空洞含糊，都能激励起'我们的人民'为共同的民族作为自我牺牲的愿望和意志，很少有其他意识形态能在这方面与之匹敌。"① 宁靖王朱术桂与其五妃对于遗民志节的坚守，十分受人景仰和钦佩。1683年，施琅攻破澎湖，郑克塽降清。宁靖王朱术桂历经艰难困苦，跋涉海岛，却终究无法挽回故明王朝。他召告五个妃子："孤不德颠沛海外，冀保余年以见先帝先王于地下，今大事已去，孤死有日，汝辈幼艾，可自计也。"② 宁靖王表明自己以身殉国的决心，并希望五妃另谋生计。五妃却不愿苟活失身，哀泣悲恸之下毅然选择与宁靖王同生共死。"王既能全节，妾等宁甘失身，王生俱生，王死俱死，请先赐尺帛，死随王所。"③ 五妃先于宁靖王自缢而亡。宁靖王戴翼善冠，身着四围龙袍，佩玉带，取砚背作《绝命词》后，悬帛于梁，自缢而死。"艰辛避海外，总为几根发。于今事毕矣，祖宗应容纳。"④《绝命词》表达宁靖王无法恢复大明王朝的愧疚之情，并期望祖宗在天之灵能接纳自己誓死的英魂，其悲愤与哀痛之情由此可见。

五妃和宁靖王殉身的壮举，显然与历代遗民忠义报国的文化立场具有一脉相承的关系。远至"义不食周粟，隐于首阳山，采薇而食"⑤的伯夷、叔齐，同时代的则有为国捐躯的夏允彝、张煌言和黄道周等遗民志士，他们成为五妃和宁靖王超脱生死的精神支撑。宁

---

① ［英］安东尼·史密斯：《民族主义——理论、意识形态、历史》，叶江译，上海人民出版社2006年版，第87页。
② （清）刘献廷：《广阳杂记》卷一，《清代史料笔记丛刊》，中华书局1957年版，第169页。
③ （清）刘献廷：《广阳杂记》卷一，《清代史料笔记丛刊》，中华书局1957年版，第169页。
④ 全台诗编辑小组编撰：《全台诗》，台北：远流出版事业有限公司2004年版，第1册，第68页。
⑤《史记》卷六一《伯夷列传》，中华书局1959年版，第2123页。

靖王的《绝命词》则与大陆黄道周、曹学佺等的绝命诗文形成遥相呼应的传承关系。

可见，入台遗民对历代遗民文化立场的坚守在台湾已经形成了一种记忆场域。"明清易代之际的绝命诗既是个人的，又是时代的，反映的不仅是一个个个体生命在死亡前的犹豫、恐惧和坚定，更是所有殉国士人在易代之际的集体价值和情感趋向。"① 五妃和宁靖王将大陆遗民抗争殉国的精神播迁于台湾，他们促成了遗民文化精神的海外位移和传衍，产生了深远的影响。历代遗民忠君复兴的思想与忠贞不渝的民族气节，历经时间的沉淀，跨越了时空的阻隔，在入台遗民的文化心理结构上形成了共同的体认。

三　文学记忆链的构建

入台遗民的身份认同意识在潜移默化中渗入他们的文学书写中。他们在创作中不断弘扬坚贞不渝的民族气节，表达爱国爱民的遗民情怀，流露出自我勉励的遗民心志。"这些可贵的特质使他们站到了时代的前沿，而对整个社会造成了广泛的影响。并且，其精神一直在清代学术、文艺以及士人的精神气质中延续。"② 入台遗民坚守节操、忠于故国的高洁情怀以及抗节新朝的高贵品质与忠义精神，形成共同的文化记忆符号。他们对历史记忆和自身遗民气节的书写，对后代学人产生了模范和激励的作用，影响了两岸后学的书写取向。闽台后学延续遗民士人的历史记忆，他们借助在地景观，凭吊、追忆富有浓厚家国情怀和遗民族群观念的入台遗老，在"胜地"的景观中，建构了"圣地"的形象。可歌可泣的遗民精神在闽台后学的共同体认下，历经时间的沉淀，形塑了一条薪火相传的文学记忆链，为闽台地域文学的发展与传衍奠定了深厚的文化基础。"作为某个记

---

① 张晖：《帝国的流亡——南明诗歌与战乱》，中国社会科学出版社2014年版，第153页。

② 李瑄：《明遗民群体心态与文学思想研究》，巴蜀书社2009年版，第1页。

忆共同体的成员，我的记忆与上一代人的记忆具有关联性，前代人的记忆又依次与前代人的记忆有关联，以此类推上溯至我们与其分享同一事件记忆的那一代人。"①

郑成功驱逐荷兰殖民者，收复台湾的丰功伟绩，对于具有强烈的民族情怀和家国观念的两岸后学而言，无疑具有民族楷模的感染作用。陈凤昌（1865—1906），童年随父亲从福建南安奔赴台湾，在台湾与连雅堂等志同道合，抗论时局，立志守台。他曾作《延平祠怀古》（二首）：

> 群龙涸死鳄鱼生，瀛海波涛日夜鸣。两岛提封同黑痣，廿年正朔奉朱明。勤王独奋争天力，事父终羞干蛊名。试问奇男元库库，何如当日郑延平？
>
> 据浙都闽迹渺然，中兴事业委荒烟。沉沙欲折周郎戟，断水难投战士鞭。北向称兵天不共，东来辟国地孤悬。孝陵风雨生秋草，未许遗臣荐豆笾。②

作者凭吊遗迹，引经据典，对郑成功立志复兴明朝所付出的一切努力表达景仰之情，也对其所遭遇的困境给予充分的理解。作者受郑成功民族精神的感染，感怀时局，寄概遥深。连横《延平王祠古梅歌》、林维朝《安平怀古》、吴德功《明延平王》、林鹤年《国姓井》、林子瑾《郑成功》等诗作，也每每以两岸延平郡王祠、石井等富有时空意义的名胜遗迹为媒介，追忆咏怀郑成功的英雄事迹。被称为"今之卧龙"的陈永华，也备受连横的追怀与颂扬。

> 汉相诸葛武侯，抱王佐之才，逢世季之乱，君臣比德，建

---

① ［以色列］阿维夏伊·玛格利特：《记忆的伦理》，贺海仁译，清华大学出版社2015年版，第53页。
② 连横：《台湾诗乘》卷六，《台湾文献史料丛刊》，台湾大通书局1987年版，第8辑，第283页。

宅蜀都，以保存汉祚，奕世称之。永华器识功业与武侯等，而不能辅英主以光复明室，彷徨于绝海之上，天也！然而开物成务，体仁长人，至今犹受其赐，泽深哉！①

连横对陈永华光复明室的民族精神和躬行仁道的高尚品德寄予钦慕和敬重之情，并认为自己深受其才华器识的熏陶与影响。两岸后学对民族英雄的记忆书写，与历代遗民文人集体潜意识的文化心理结构是多么相似！

上文所述五妃及宁靖王的殉国也受台湾民众极力赞颂。后人为缅怀他们忠贞不渝的爱国精神，修墓建庙奉祀，坟冢与文庙合一，取名"五妃庙"。庙址在今台南市中西区五妃街，庙门外立有"五妃墓道碑""吊五妃墓跋"和"吊五妃墓诗"。五妃庙历经几百年的风雨，至今仍庄严挺立于台南五妃街，成为台湾当地一级古迹。庙门上书写的两句诗"玉骨长埋桂子山，芳祠永傍城南路"，熠熠生辉，昭示着五妃精神成为台湾民众学习的精神源泉。宁靖王墓则在台湾高雄湖内乡，成为后代民众凭吊追思的地景。五妃和宁靖王坚毅不屈的遗民气节代代相传，成为后人培养民族自尊心和民族凝聚力的文化记忆符号。这一文化记忆符号，"将民族反抗的声音和行为记录下来，作为一种精神世代激励着这个民族，使华夏文明得以不坠，使遗民代表的坚守不屈、反抗民族压迫与统治之民族精神得以保存延续"②。

前文所述李茂春隐居的"梦蝶处"，成为遗民士人向往和追求的精神家园。李茂春永历二十九年（1675）去世后，他生前往来交游的僧友将其"梦蝶处"改建为"准提庵"（即现今台南法华寺的前身），以延续遗民精神，形成不断叠合的遗民身份记忆。遗民僧人以

---

① 连横：《台湾通史》，《台湾文献史料丛刊》，台湾大通书局1984年，第128种，第759页。

② 陈水云、江丹：《清初遗民诗歌的民族立场》，《明清文学与文献》第三辑，社会科学文献出版社2014年版，第74—94页。

此凝聚和巩固他们的高洁情怀和忠贞意识，表达自己与遗民群体共同的思想倾向和生活态度，强化了遗民族群的同一性。入台遗民文人深厚的民族精神、民族气节和坚忍不拔、勇于拼搏的崇高品质和遗民情怀，赋予了民众榜样的力量和学习的楷模，也为中华民族传统文化的海外传播奠定了坚实的基础。

　　郑成功收复台湾后，任用贤才，台湾文教事业取得显著的成效。这与当时追随郑成功入台的遗民士人，尤其是徐孚远、卢若腾、沈佺期、王忠孝、李茂春、陈永华、辜朝荐、郭贞一和沈光文等遗民士人的贡献是分不开的。以徐孚远为核心的海外几社在当时被视为"东林后劲"，与东林党的高攀龙、顾宪成等遥相呼应。而东林党成员多是朱子学说的尊奉者和继承人。入台遗老与朱子闽学一脉在台湾构建了深厚的渊源关系，形成不断延伸的地域文脉传统。清道光四年（1824），北路里番同知邓传安创建鹿港文开书院，供祀朱子，追怀闽学，徐孚远、沈光文等八位入台遗老也被奉祀在书院中。书院的建构，让受祀者完成了由人到神的神格化过程，形成特殊的文化记忆符号。台湾后人为表达对入台遗民的追思与敬仰，也往往以他们的名字作为道路、建筑物的名称。如台湾有光文里、光文路、光文桥、永华里、永华路、永华宫等称呼。这些称呼代代相传，形成一种记忆的景观。

　　这些记忆的景观，从地景空间上呈现"胜地"的形象供后人游览，而从精神意义上则呈现"圣地"形象，蕴含着民众对入台遗民的追思和回溯。闽台后学对入台遗民"圣地"形象和民族气节的书写和弘扬，实际上是借助闽台地景延续南明遗民的文学记忆模式。"圣地"形象历经后人的不断追怀与纪念，成为一种文化记忆符号，反映了后学对遗民文化精神的积极认同，并构建了一条文学记忆链，代代相传，影响深远。台湾的文学生产也因此与海峡西岸地域文学紧密相连，形成具有闽台地域特征的精神文化空间。

　　入台遗民的文学书写，或追忆历史上的忠义典范，或在异地他乡重构家乡的色彩，强化对昔日家乡生活的记忆，书写他们的遗民情怀。面对清军的入侵，他们以前代遗民典范作为抗清的精神支撑，砥砺前行，表现出鲜明的遗民文化立场和忠君复兴的家国情怀。两岸后学延续了入台遗民的身份认同记忆模式，他们围绕两岸地域景观进行文学生产，建构了具有闽台地方特色的文学记忆链。由此，我们也从中得到一些启发：易代之际的遗民文学生产所呈现的族群认同意识与遗民族群所在的人缘、地缘、物缘密切相关。在一定的时代变迁下，前人的文化记忆模式是否得到普遍认同，在很大程度上影响着他们的文学书写取向是否得到传承和发展。而族群的迁徙则同时牵引着族群边界范围的不断扩大和前人文学生产记忆模式的向外播迁和传衍。

第三节 离散书写的跨境传播意义

离散，其一般的含义即分离，涣散，从广义上可以解释为"拥有在空间中流动、分散经验的任何群体"①。英文中的离散，即diaspora，这一词语最初源于公元前五世纪的希腊文字"diaspeiro"，其中的"dia"可解释为"跨越"，"speiro"则解释为"播散"，最初用以指某一群体从原有的部落或族群中离开迁移到他处。犹太人则用"disaspora"指他们的群体从巴比伦流亡播散到各地，较一般意义上的离散概念的解释，具有明显的感情色彩。后来，离散进一步扩大解释为涵摄生存暴力威胁的被迫式散落及迁徙的社会学概念。②

在中国古代，关于分离的记载也有不少，如《逸周书·时训》曰："鸿雁不来，远人背叛（畔）；玄鸟不归，室家离散。"③魏阮籍

---

① Rogers Brubaker, "The 'Diaspora Diaspora'", *Ethnic and Racial Studies*, Vol. 28, No. 1, 2005. p. 3.

② Paul Gilroy, "Diaspora and the Detours of Identity", in Kathryn Woodwarded (ed.), *Identity and Difference*, London: Sage Publications, 1997, p. 318.

③ 黄怀信、张懋镕、田旭东：《逸周书汇校集注》卷六，上海古籍出版社2007年修订本，第622页。

在《清思赋》中说："蹈清溦之危跡兮，躐离散之轻微。"① 宋曾巩《福州上执政书》曰："或行役不已，而父母兄弟离散，则有《陟岵》之思。"② 离散作涣散解释的，则有《尉缭子·兵令上》（第二十三）所言："专一则胜，离散则败。"③ 唐柳宗元《非国语·黄熊》："凡人之疾，魄动而气荡，视听离散，于是寐而有怪梦，罔不为也，夫何神奇之有。"④《明史·本纪第一·太祖一》载："时元守兵单弱，且闻中原乱，人心离散，以故江左、浙右诸郡，兵至皆下，遂西与友谅邻。"⑤ 清王士祯《池北偶谈·谈献五·朱忠庄公遗疏》："我国家金瓯全盛，不谓人心离散，财用困穷，一至于此。"⑥

可见，在中西方的文化史上，都对离散作出了符合各自国度文化的理解。高嘉谦则从离散释义的发展历程进一步对其作出更深入的概括："离散从地理的迁徙，深化为一种自我放逐、孤独游牧的内在精神史考察，成为我们论述离散诗学的向度。"⑦ 从这一层面理解遗民的离散经验也许更符合清初遗民内在的心境姿态，也更有益于我们理解离散经验所寓含的家国情怀，从而探究遗民群体的文学生产意义。

艰难的迁徙生涯和乱离体验成为遗民士人诗文书写的转捩点。遗民个体的离散经验同时也伴随着群体的交流与互动，因此，离散书写、交游书写往往交织在一起，将遗民士人深刻的家国情怀与身份认同意识展现得淋漓尽致。入台遗民的抗清版图从大陆延展向台湾岛，他们的文学书写跨越了华夏内陆视野，以空间意象的建构寄

---

① （魏）阮籍著，郭光校注：《阮籍集校注》，中州古籍出版社1991年版，第24页。
② （宋）曾巩：《福州上执政书》，《中华藏典·传世文选》，西苑出版社2003年版，第111页。
③ 《尉缭子》，徐勇注译，中州古籍出版社2018年版，第99页。
④ （唐）柳宗元：《柳宗元集》，中华书局2000年版，第1319页。
⑤ 《明史》卷一《太祖本纪第一》，中华书局1974年版，第8页。
⑥ （清）王士祯：《池北偶谈》，中华书局2005年版，第216页。
⑦ 高嘉谦：《遗民、疆界与现代性：汉诗的南方离散与抒情（1895—1945）》，联经出版事业股份有限公司2016年版，第74—75页。

托遗民的精神家园，实现了遗民精神的海外传播，也促进了文学正统的海外播迁。入台遗民的文学生产，促进了传统文教思想的跨境传播，对闽台民族气节的塑造产生示范性的作用，推动了闽台同胞之间的民族文化认同与融合，影响了清初文人创作的遗民意识的建构，也促成清代台湾文人内渡入闽创作，为闽台文学的繁荣发展做出极大贡献。

一 促进传统文教思想的跨境传播

入台遗民对台湾岛文教事业的发展做出巨大的贡献，影响十分深远。传统文教思想得力于入台遗民的积极传扬，得以跨境传播与发展。

郑成功收复台湾后，沿用福建传统文化政策，任用贤才，在台湾建立一套文教制度，提高台湾土著居民、入台民众的文化水平，取得了一系列成效。台湾文教事业的发展，与当时追随郑成功入台的遗民文人，尤其与复社、几社中的重要成员的关系是十分密切的。

徐孚远与沈光文友情融洽，志同道合，他们在台湾积极推广汉语言文字和传统文化，将崇尚忠义、拥护民族政权的文化品格和经世致用的务实精神播撒于台湾，为传统儒家文化的跨境传播牵线搭桥。郑氏集团在台湾实行经世致用的举措和儒学教育方针，建立一整套文教制度，普及台湾民众的知识，提高台湾社会整体文化水平，取得了一系列成效。这与徐孚远、沈光文、陈永华、李茂春、卢若腾[①]、沈佺期、王忠孝等入台遗民对传统文化的积极传播具有密切的关系。

徐孚远在台湾富有崇高的声望。清人全祖望曾说："开国以来，台湾不入版图。及郑氏启疆，老成耆德之士，皆以避地往归之，而

[①] 卢若腾虽最后未到台湾岛，但他以海外几社实学用世、救亡图存为宗旨，积极关注台湾地景，书写自己的人生体验和遗民情怀，呈现其内心的生命主体样态。台湾岛的地景资源，也成为卢若腾文学生产的想象空间。他对台湾岛地景的想象与书写，促成了遗民文学空间的境外位移。

公以江左社盟祭酒，为之领袖，台人争从之游……至今台人语及公，辄加额曰：'伟人也。'"① 可见，徐孚远在台湾提倡的文教军政实践精神对台湾社会的发展做出很大的贡献，得到台湾民众的认可与拥戴。连横也对徐孚远给予极高的评价："闇公之诗，大都眷怀君国，独抱忠贞，虽在流离颠沛之时，仍寓温柔敦厚之意；人格之高、诗品之正，足立典型，固非藻绘之士所能媲也。"② 眷怀君国，独抱忠贞，是对徐孚远家国情怀、忠义节气的最高评价；温柔敦厚，既是对其诗品的概括，也是其为人、用人原则的评价。从二者的述评可见，徐孚远作为海外几社的倡导者，对台湾社会发展做出极大的贡献，其丰功伟绩得到台湾民众的敬佩与尊崇。也因此，台湾延平郡王祠从祀者名单中，徐孚远也名列其中。鹿港文开书院同时供祀沈光文、徐孚远、卢若腾、沈佺期、辜朝荐和郭贞一等入台遗民文人。这一方面说明台湾文化的发展与朱子闽学具有深厚的渊源关系；另一方面，也说明入台遗民文人确实为弘扬朱子学说，传承儒家传统文化教育事业做出了极大贡献，令人怀念与敬仰。邓传安指出："成功尝从徐公受学，渡台后优礼过于太仆（沈光文），公自叹如司马长卿入夜郎之教盛览。想当日海外从游，必有杰出若盛览之人……今祀太仆，未可不祀徐都御史矣。"③ 可见，徐孚远在台湾后学的内心情境中占有十分重要的分量。

　　入台遗民文人中，有不少人不仅躬耕写作，弘扬传统儒家文化，同时也以教学、授课为业。沈光文虽对郑经"颇改父之臣与政"④深感不满而弃服为僧，遁迹山野，但他仍然热衷于学习、教授儒家传统文化，自主创造条件，为台湾下层民众教学授课。海外几社成

---

① （清）全祖望：《鲒埼亭集外编》卷十二，（清）全祖望撰，朱铸禹汇校集注：《全祖望集汇校集注》，上海古籍出版社2000年版，第963页。
② 连横：《台湾诗乘》，《台湾文献类编·台湾先贤诗文集汇刊》，台北：龙文出版社股份有限公司2009年版，第七辑，第1册，第17页。
③ （清）邓传安：《新建鹿港文开书院碑记》（道光六年），台湾省文献委员会：《台湾文献丛刊·台湾中部碑文集成》，台湾银行经济研究室1994年版，第33—34页。
④ 连横：《台湾通史·诸老列传》，广西人民出版社2005年版，第397页。

员，也是朱子学术思想的弘扬者和继承人。

台湾归清以后，受这种文化渊源的影响，统治者也意识到传统文教事业已经在台湾扎根，形成了根深蒂固的传承关系。清政府在台湾积极倡导建立书院，发展文化教育事业。雍正元年（1723），台湾官员高铎和、黄叔璥等曾赠书给书童，"以儒家典籍为读本，忠君爱国，孝亲敬长"①。"台虽外岛，作育数十年，沐浴泽濡，骎骎乎海东邹鲁矣"②。陈永华之子陈梦球、学生王璋等受其通经致用、兴贤重才思想的熏陶，精通经学，熟习《易经》，他们纷纷在科举考试中获榜，成为清朝继承和发展传统儒学文化的传承者。中国传统文化教育制度，尤其是儒家文化精神，在台湾逐渐得到认可与发扬。

以上说明，入台遗民确实为弘扬儒家学说，为传统文化教育制度向台湾播迁做出极大的贡献。台湾文教事业得以根深叶茂地发展，与入台遗民致力于言传身教，积极传承和发展传统文教事业，具有密切的关系。

二 对培养闽台同胞的民族气节具有示范性作用

入台遗民浓厚的家国情怀和鲜明的遗民身份价值取向，深深地潜入台湾民众的集体潜意识中，形成深层的文化心理结构。

从1662年到1840年，台湾逐步沦为外国列强的"美食之地"。外族入侵，闽台两地及中国沿海地区的危机纷至沓来，清政府内部危机四伏，出现了"主和派"和"主战派"的政治分歧。

在闽台地区，绝大多数官员持"主战"思想，涌现了一大批可歌可泣的民族英雄。如林则徐、张际亮、林昌彝、梁章钜、林树梅、陈庆镛等都坚决反对妥协和投降，始终主张抗英禁烟。泉州人张然、同安人陈化成和闽县人林志，在抗战中英勇殉国，献身战场。

---

① 江宝钗：《嘉义地区古典文学发展史》，嘉义市立文化中心1998年版，第192—193页。
② 周元文：《重修台湾府志》卷八，台湾银行经济研究室1960年版，第105种，第271页。

台湾民众在反抗殖民统治和民族压迫中,"三年一小反,五年一大反"。姚莹、刘铭传等爱国志士纷纷打败英法侵略者。终生以遗民自视的洪弃生(1866—1928),原名攀桂,学名一枝,字月樵,福建南安人,随祖父寓居台湾鹿港。台湾沦为日本人统治之地,他改名为繻,字弃生。《鹿港镇志》记载:"光绪二十一年(1895),日军入寇,与丘逢甲、许肇清诸人,同举义旗,任中路筹饷局委员。事败,潜归鹿港,不与世事。日人仰其声名,征之者数,而先生崖岸自持,不为所屈,以遗民终其生。"①他坚决留辫,拒绝穿戴洋服,以此对抗日人的统治,终生以遗民自视,著作丰富。王友竹评价其诗作曰:"其诗各体俱佳,牢骚之气,幽愤之怀,时溢言表。"②这种以民族大义为先,不愿屈服外族统治的节义精神,何尝不是两岸传统遗民忠义节气精神的延续!

与此同时,也出现了许多反抗外族入侵,富有民族气节的文学作品。有表现对主和派投降者的强烈谴责与抨击的。林则徐的《林少穆先生家信》称:"议和之事,琦善以为秘计,其实人人皆知……看来议和不成,仍须动干戈。彼时欲收已懈之军心,与已散之壮勇,又何可得哉?譬如治气血大亏之症,正在用药扶持中间,忽被医用了泻药剂,几乎气脱,如何保全,此真可为痛苦也。"③对于琦善等主和派的卖国投降行为,林则徐深表悲愤,并给予激烈的驳斥。泉州知府沈汝瀚也称:"泉郡烟土,来源尽在夷船,而夷船之时去时来,不但耗竭民财,抑且恐贻后患。则驱逐夷船,拿办奸贩,势不容缓。"④他对英国殖民者的鸦片贩毒也持不能容忍的反抗态度。

有表达对西方列强同仇敌忾的声讨。如诗人刘家谋作《鸦片鬼》

---

① 戴瑞坤:《鹿港镇志》(艺文篇),台湾鹿港镇公所2000年版,第11页。
② 王松:《台阳诗话》,《台湾文献丛刊》,台湾银行经济研究室1959年版,第34种,第69页。
③ (清)林则徐:《林少穆先生家信》(道光二十一年正月初四),阿英编:《鸦片战争文学集》,古籍出版社1957年版,第809页。
④ (清)沈汝瀚:《禀查办鸦片烟土及各处海口情形》,《戎马风涛集》(卷六),《中国近代史资料丛刊·鸦片战争》(四),神州国光社1954年版,第581页。

云:"形骨犹存精气死,虽曰生人鬼而已。地狱变相一十八,古来阎罗不识此。"① 对于西方殖民者的鸦片贩毒,作者一针见血地抨击了西方列强贩卖鸦片对中国人的严重戕害,使得中国人虽生犹死,形骸分离,连地狱中的阎罗都不敢相认。林则徐的宗亲和挚友林昌彝(1803—1876),与林则徐志同道合,作《杞忧》诗云:"但使苍天生有眼,终教白鬼死无皮"②,表达对西方列强睚眦必报的切齿之恨和抗议。

有对宁死不屈,英勇团结,不愿沦为亡国之奴的民族战士给予高度的讴歌。如达洪阿和姚莹的《查明大安破舟擒夷出力人员奏》写道:

> 此次破舟擒夷,……义首士民,亦皆共奋同仇,争先擒斩逆夷,以泄义愤。台湾本系不靖之区,莠民虽多,而好义之人亦复不少。……一闻夷船到口,即齐集海口。……义勇民人等,深恨逆夷,乘其舟破之后,纷纷下水,拆碎其船。在事文武,目击情形,为之一快。③

奏章描述了台湾同胞反抗西方列强时,从大局出发,不计个人恩怨、义不容辞、英勇果敢的抗争精神。姚莹、达洪阿不仅撰写奏章,也实实在在地参加了抗英战争,取得了卓越的功效。不幸的是,清廷向入侵者求和,导致"台湾之狱",两人因功反遭陷害。闽台两岸同胞多有不服,致使"兵民汹汹罢市","海峡两岸作诗著论,力辩其诬者甚众"④。诗人刘家谋作《海音诗》云:

---

① (清)刘家谋:《观海集》,陈支平主编:《台湾文献汇刊》,九州出版社2004年版,第4辑,第11册,第48页。
② 季镇淮等:《历代诗歌选》(下),中国青年出版社2013年版,第374页。
③ (清)姚莹:《东溟奏稿》,《台湾文献丛刊》,台湾银行经济研究室1959年版,第49种,第137—138页。
④ 陈昭瑛:《台湾诗选注》,台北:正中书局1996年版,第93页。

> 一岛能伸气浩然，铺扬盛烈亦微权。覆盆冤诉何从达，金镜瞳瞳照海堧。①

诗作为姚莹、达洪阿的负屈含冤打抱不平。同安吕世宜的《爱吾庐文抄》记述福建水师参军张然为国殉身的英雄事迹：

> （辛丑）七月初九日，英夷大队三十余艘，冢突而至，……公脱身与战，军人咸劝阻，公曰："凑一丑人，受两朝厚恩，今即死，幸极矣！忍偷生乎？"提大刀杀夷十余人……而夷势益张，左右两翼复不至，于是以冠覆面，凭树僵立而死……家人始具棺以殓，面如生。呜呼，此公之大节也。②

作者对张然勇猛无敌、为国捐躯、视死如归的忠义气节和民族精神给予高度赞扬。梁廷枏《夷氛闻记》卷三，也记载在当时特殊的时局下，闽台官员从民族大义的角度认识台湾的战略地位，他们不计前嫌，同仇敌忾，宁肯殉身，也不愿失去民族气节。金门人林树梅的《从军记略》也讲述了同乡李启明、杨肇基和同安人纪国庆等，在情势十分紧迫时投水殉身的悲壮事迹。"水师同时死事者：把总纪国庆（同安人）、杨肇基、李启明（俱金门人），总兵江继芸势急投海，署水师前营游击洪炳（浙江人）守溟屿无援，亦投海……"③ 可见，这种对于民族战士的讴歌，与作家们颂扬明遗民的气节具有一脉相承的关系。

更值得一提的是，台湾同胞在抵抗民族侵略中，逐渐自觉和自省。他们一方面以诗作说明对于西方列强贩卖鸦片的觉醒。如郑用

---

① （清）刘家谋撰，吴守礼注：《校注海音诗全卷》，《台湾丛书·学艺门》第 2 种，台湾省文献委员会 1953 年版，第 25—26 页。
② （清）吕世宜：《爱吾庐汇刻》卷中，厦门大学出版社 2010 年版，第 40 页。
③ 福建师范大学历史系等编：《鸦片战争在闽、台史料选编》，福建人民出版社 1982 年版，第 146 页。

锡《鸩毒》诗写道：

> 鸩毒来西土，斯人何久迷。阿房三月火，函谷一丸泥。能使心肝黑，全令面目黧。昏昏成世界，竟认作刀圭。①

诗作引用典故，通过回忆阿房宫、函谷关所遭遇的历史事实，说明民众为图一时之利，将鸦片视为药物，最终对身心造成极大危害和严重后果。另一方面，也积极倡导"攘夷之论"，建立《全台绅民公约》。其中写道：

> 如我百姓为夷人所用，是逆犯也，是犬羊之奴也，饿死亦不肯为！②
>
> 其要在先清本原，惟共严鸦片之禁。我百姓有吸烟者，与为娼同！有卖膏者，与为盗同！有贩土者，与谋反同！大家齐心告诫勒限禁止，万人一心，奸民绝而夷鬼遁，我台地百姓，子子孙孙万年太平之福也！③

公约鲜明地体现了台湾同胞宁死也不愿沦为亡国之徒的崇高民族气节，同时也说明了台湾民众已经意识到抗英、禁烟应从人民自身内部抓起，有齐心协力，共同自觉禁烟、禁贩的团结精神，自然能抵御外敌的入侵，造福子孙。这是中华民族自我团结、自我觉醒的飞跃，也是对历代以来强烈的忠义精神和民族自我意识的传承。

这些民族英雄和宣扬民族独立、民族气节作品的出现，与历代

---

① （清）郑用锡：《北郭园全集》，陈庆元主编：《台湾古籍丛编》第5辑，福建教育出版社2017年版，第56—57页。

② （清）徐宗干：《斯未信斋文编》，《台湾文献丛刊》第87种，台湾银行经济研究室1960年版，第29页。

③ （清）徐宗干：《斯未信斋文编》，《台湾文献丛刊》第87种，台湾银行经济研究室1960年版，第30—31页。

遗民文人的集体潜意识的深层心理结构是多么的相似！前者是对后者的传承和弘扬。尤其是明末清初入台遗民文人深厚的乡土观念、民族精神、民族气节和坚忍不拔、勇于拼搏的崇高品质和遗民情怀，赋予了这些民族英雄榜样的力量和学习的楷模，也为弘扬中华民族传统文化奠定了坚实的基础。

三 促进台湾文学与大陆文学的融合发展

海外几社一系的文学生产将明末抗倭斗争的海战文学播迁于台湾，也接应海洋书写悲壮愁闷、静观豁达境界的转变，乡愁文学与乡土文学在台湾绽放异彩。

海外几社的文化精神奠定了台湾后学海战文学的书写取向。台湾归清后，台湾后学在深层文化心理上仍受海外几社一脉的遗民思想的影响和启发。尤其是《马关条约》的签订，台湾民众的生活雪上加霜，精神上遭受百般折磨。在这种特殊的历史境遇下，特别容易引起台湾后学对海战中牺牲的遗民志士的缅怀，对海上抗战事迹给予歌咏。

闽籍作家江日升移居台湾后，创作小说《台湾外记》，记述明末清初郑氏政权始末，影响颇大。小说"纪其一时之事，或战或败，书其实也"[1]。作者自诩"闽人说闽事"[2]，体现闽籍作家对闽人特有的忠烈刚义的民族气节的敬重。江日升对郑成功的民族大义和忠烈行为寄予崇高的敬仰之情："成功髫年儒生，能痛哭知君而舍父，克守臣节，事未可泯。"[3] 他也对海外几社卢若腾的遗民志节给予极力颂扬："世外孤崖托老身，从来自许汉朝臣。十年后死非无意，三代完名信有真！避地宁为浮海计？绝周不作采薇人。残黎在在同声哭，

---

[1] （清）江日升：《台湾外记》，《台湾文献史料丛刊》，台湾大通书局1987年版，第15页。

[2] （清）江日升：《台湾外记》，《台湾文献史料丛刊》，台湾大通书局1987年版，第3页。

[3] （清）江日升：《台湾外记》，《台湾文献史料丛刊》，台湾大通书局1987年版，第3页。

想像闲时旧角巾。"① 此外，连横《延平王祠古梅歌》、王松《吊郑延平》、何木火《陈永华》、丘逢甲《五妃墓》、林述三《李茂春》等作品，表达对富有家国情怀和忠烈行为的遗民寄予无限敬仰之情。可见，海外几社一系的遗民品质深入台湾后学的集体潜意识中，形成深层的文化心理结构，并衍化为经久不衰的文学作品，成为后人敬仰和学习的楷模。

这些缅怀遗民志士，宣扬民族独立、民族气节的海战文学作品的出现，与海外几社救亡图存、忠义爱国的精神在台湾的播撒，形成一脉相承的关系。海外几社一系深厚的家国情怀和海上抗争精神，赋予台湾后学以海战作品抒发复国的思想，海外几社对海战文学在台湾的延续和发展产生了深远的影响。

台湾文学在海外几社、海峡诗群一系的遗民作家的影响下，一开始就具有遗民的乡愁情结，具有抗拒型儒家文学的特质。"反映遗民的漂泊心绪与乡愁情感，始终是台湾文学最重要的母题。"② 以徐孚远为中心的海外几社成员以及与海外几社有密切关系的沈光文、王忠孝、辜朝荐等一系的海峡诗群，无不抒发思念故土、热爱家国的乡愁情结。相同的离乡背井、离亲别子的经历，造就了遗民志士对"乡愁"文学主题的共同书写，为台湾乡愁文学的发展播种了根苗。

以徐孚远为中心的海外几社一脉，在台湾以传统诗文书写遗民心志。他们的文学书写所体现的家国悲情、民族气节与身份意识，代表了明郑时期台湾文学的主要基调。甲午战争失败，日本强占台湾。台湾作家们在日本殖民统治的高压下，坚持弘扬中华传统文化。他们在文学书写中追求民族正义，反抗日本侵略。从丘逢甲、许南英到连横、洪弃生以诗浇愁，再到赖和、张我军、吕赫若等为代表

---

① （清）江日升：《台湾外记》，《台湾文献史料丛刊》，台湾大通书局1987年版，第231页。

② 刘登翰、庄明萱：《台湾文学史》，现代教育出版社2007年版，第1册，第100页。

的爱国作家，他们的文学书写记录台湾民众受剥削压迫的悲痛处境，抒发丧土之痛与对故国疆土的热爱与执着，寄寓爱国主义与民族忠义的精神本质，遗民的悲苦情调尤为突出。他们塑造的台湾文学的精神本质，与海外几社一脉的家国悲情与遗民意识形成内在的本质传承关系。

入台遗民的抗清版图从大陆延展向台湾，他们救亡图存的思想从时间上的历时性传承，延伸向海外的空间流播，为传统文学的海外播迁奠定基础。入台遗民志士，在形塑各自内在的生命主体样态中，延展文学正统，促成传统文学的境外位移，他们作为台湾文教事业发展的拓荒者，对促进台湾社会文化的发展具有实质性的意义。他们带动了台湾海战文学、乡愁文学与乡土文学的共同发展。无论是海战文学、乡愁文学，还是乡土文学的发展，都体现了海外几社一系以及台湾后学对中华文化乡土情谊的重视和牵念，体现了爱国志士高洁的家国情怀、忠于故土的民族精神和强烈的遗民身份意识。不同的文学主题之间不断争鸣，并互相融合，它们共同推动着台湾文学、闽台文化以及中华传统文化的传承与发展。海外几社一系，对台湾文化精神的影响是深远的。

历经 1895 年台湾乙未战争，台湾同胞作出极其惨烈的牺牲。在台文人的生活处境十分艰难和险恶。王天赏《有感》诗云："呱呱莫在殖民地，人格人权两并亡。宰割由人刀上肉，杀生任意屠场羊。"① 在台湾生活已失去了基本的人格、人权保障，一部分台湾文人与前代遗民相似，他们不愿沦为异族之民，不愿屈服于日人统治，将大陆尤其是福建作为复兴台湾的后方根据地，于是内渡回闽创作。他们选择福建作为内渡主要据点，原因一是福建与台湾只有一峡之隔，容易获知台湾各方面的信息。二是宋明两朝，福建本身就是遗民文人聚集地，具有相似的遗民文化情怀。三是闽台两地具有历史上的亲缘关系，风俗习惯相似，容易触发遗民文人的忠义思乡情结。

---

① 江宝钗：《台湾古典诗面面观》，台北：巨流图书公司 1999 年版，第 220 页。

"在种族对立的历史文化背景下产生的夷夏观念包含了同族之间的认同和外族的强烈排斥,这在整个社会发展进程中有其存在的合理性,其积极的意义在于提高民族的自尊心和自信心,增强民族的凝聚力。"① 台湾文人内渡入闽创作,正说明台湾同胞具有鲜明的家国意识与对大陆乡土的眷怀之情。这对促进两岸文学的繁荣发展,促进民族文化融合,增强台湾同胞对中华民族文化的认同等,具有积极的导向作用。

---

① 参见郑传斌《从思想史角度论明清之际的夷夏观念的嬗变》,《河海大学学报》2003 年第 6 期。

结　　语

　　明末清初时期的福建遗民士人，在鼎革之际的政治变局中，面对即将"过去"的时间危机，他们能做的是奋力抵挡即将到来的新型文化时间，并回旋往复地营救内心深处"过不去"的文化时间。传统诗文书写，则给遗民士人们提供了典型的时间与追忆方式，为遗民士人们创造了心灵寄托的文化载体与精神家园。

　　闽台沿海与闽北多山的地域文化环境，以及闽中、闽西相对独特的风俗习惯、生活方式与水土气候等千姿百态，导致清初福建遗民形成各具特色的遗民群体，分布于闽中、闽南、闽西以及台湾岛上，各地遗民的心境姿态也呈现多向度的个性特征。而清初福建遗民文人又具有共同的救亡图存意识、民族危机意识与叛逆反抗意识，他们朝着共同的遗民身份认同方向发展，共同追求遗民精神价值，共同在山海结合的特殊地域环境中砥砺奋战，共同面对荆棘丛生的自然环境与异质文化的统治。各地遗民群体之间并不互相分割，彼此孤立，而是互相交流、互相学习、互相勉励、互相融合，从而构建起了富有福建地域文化色彩的遗民文人群。

　　清初福建遗民文人群体个性特征的形成，与社会政治经济、民族文化心理与地域环境等因素密切相关。易代之际，生存处境十分复杂，遗民士人对人生的抉择与文化立场的选择相当不易。因此，对此一群体的心境姿态、创作著述及其道德人格、遗民品质等进行研究论述，所涉及的点、线、面错综交互，存在一定的难度。学者李瑄曾说:"研究易代之际士人的生存状况与他们的人生取向不易,研究明、清易代之际士人的生存状况与人生取向尤其不易。之所以不易,就因为牵涉面极广。仅就明遗民这一特殊群体而言,群体的界定、群体内部的差异、传统文化对遗民人生选择影响的程度、易代之际的复杂形势留给遗民人生选择的空间、道德理想与生活现实在遗民人生选择中影响力的消长、明亡的反思、思潮的变化、清廷的政策等等,都与他们的思想走向和人生取向有甚大之关系。对这些问题有了深切的了解,才有可能描述出易代之际这特殊群体的真实面貌。而道德评价就更为困难,传统文化中的华夷之别与多民族统一国家观念的交错,历史与现实的是非,随着时间的推移,更加错综纠结,乱如理丝。"① 因此,对清初福建遗民群体进行周全的评价、论述,确实存在一定的难度。可以肯定的是,清初福建遗民文人在著述创作中多元地展现自身对遗民身份价值的认同,表现坚强不屈,忠义爱国的精神品质和复兴明朝的理想志愿与坚定信心。儒家所倡导的仁、义、礼、智、信的深层文化心理结构深入遗民士人内心,促成他们忠义爱民的遗民品格的形成。也由于鼎革之际特殊的时代因素和福建地域文化环境的影响,闽地遗民文人勇于反抗、坚贞不屈,在抗逆清朝统治中体现崇高的民族气节与忠君爱民的遗民情怀。

清初福建遗民士人,在焦虑与希冀中,不断追忆汉族儒家集体潜意识中的"立功""立德""立言"思想,并以此为精神支撑,反观自身,形成独特的身份认同意识。遗民作家或追忆历史人物,或悼念亲人、亡友,或在异地他乡见到似曾相识的故乡风物,强化乡愁,情不自禁唤起对过去的回忆,联想昔日的生活事象,书写他们的人生记忆。面对清军的入侵,他们富有雄心壮志,表现鲜明的族群认同倾向和忠君复兴的思想,黄道周、曹学佺、朱术桂等遗民志士以身殉国以示强烈的族群认同思想;陈轼、林古度、李茂春、陈

---

① 李瑄:《明遗民群体心态与文学思想研究》,巴蜀书社2009年版,第1页。

永华等在抗清中领悟旷达隐逸、超凡脱俗的价值追求，以忠贞高洁的遗民情怀体现族群认同思想。

郑氏集团带领下的遗民士人意识到坚守故国疆土已难挽大明王朝之残烛，他们将抗清版图延伸向台湾。入台抗清的遗民士人，具有共同的身份意识和抗争精神，他们共同关注华夏边陲和境外地景。入台遗民往往借助特定的时代变迁以及闽台的地景和风物，筛选和过滤从前的经历和记忆，挖掘和深化自身所经历的认识活动，表达对遗民族群的身份认同意识。他们在漂泊离散的被弃置感中，借助忠义典范获取东征抗清的精神支撑，又通过重构大明王朝的家乡情景，形成共同的记忆经验，巩固遗民的身份认同意识。即使抗清之势成为强弩之末，他们仍坚持遗民的操守，以力透纸背的书写，体现遗民志士坚毅不屈的文化立场，实现了遗民精神的境外传播。这种身份认同意识透过文学书写，形成一种文化符号力量，不断激励闽台后代文人追寻、确定并强化自身的生存价值，具有深远的影响力。

入台遗民群体的中坚力量——海外几社，是清初福建遗民群体的重要组成部分。海外几社成员怀着遗民的身份意识与历史记忆，对几社实学用世、救亡图存的宗旨加以继承和发扬。海外流亡的体验，有怀念与不舍，有期许和欣慰，也不免悲叹和绝望。这些感受形塑了离散文学轨迹，使传统文学的内在精神从时间的历时性传承，延伸向境外，促成文学正统的境外位移，影响了台湾后世作家的文学书写取向。海外几社对连接大陆文学与台湾文学具有不可忽视的特殊作用。他们为遗民文学生产拓展了心灵寄托的版图，为中国传统文学的跨境传播开创了一条特殊的文化地理轨迹。两岸后学在凭吊、追忆入台遗老的"胜地"景观中，建构了"圣地"的形象，形成薪火相传的文学记忆链。

从清初福建遗民誓死抗清的壮举和对遗民身份存续空间的努力建构与书写，即可深切体会他们忠贞不渝的遗民气节。入台遗民从大陆走向边疆海岛，在恶劣的海洋环境中培养了拓荒冒险的精神和精卫填海般的发展理念。海上抗争见闻也让我们看到家国丧乱造成浓烈的海洋悲剧性色彩。入台遗民在坚持几社在地救亡宗旨的基础上，以劲节拓荒之志和务实尚本的实践品格，跨越华夏内陆视野，抗清版图从大陆延展向边陲海岛，也迁往境外台湾。面对狂风巨浪与荒野榛莽的海岛，入台遗民深刻体会海上抗清的悲壮与怆痛。他们在悲剧性的海洋书写中寄寓浓厚的民生忧患意识、遗民身份意识和对人的生命价值的审美认知，也启发我们对人与海之间的思辨关系给予深刻的思考。

综上所言，清初福建遗民的离散书写，为我们展现了明末清初遗民士人复杂多元的心境与遗民文学丰富多彩的艺术风貌，入台遗民则为中国传统文学的跨境传播开创了一条特殊的文化地理轨迹。入台遗民既是郑氏家族治理台湾社会的中坚力量，也是播迁中华文化的拓荒者。

参考文献

典籍

（宋）欧阳修，宋祁等编：《新唐书》，中华书局 2003 年版。

（清）彭衍堂、袁曦业修，陈文衡等纂：道光本《龙岩州志》，成文出版社 1967 年版。

（南朝·宋）范晔：《后汉书》，中华书局 1965 年版。

福建晋江《檗谷黄氏族谱》，檗谷村村委会藏清光绪二十六年长房家乘钞本复印本。

福建师范大学图书馆古籍组编：《福建地方文献及闽人著述综录》，福建师范大学图书馆古籍组 1985 年版。

戴瑞坤：《鹿港镇志》，台湾鹿港镇公所 2000 年版。

（清）邓之诚编：《清诗纪事初编》，中华书局 1965 年版。

（清）杜登春：《社事始末》，中华书局 1991 年版。

（清）李清馥：《闽中理学渊源考》，文渊阁《四库全书》，台湾商务印书馆 1986 年版。

（明）李世熊：《寒支集》，四库禁毁书丛刊编纂委员会编：《四库禁毁书丛刊》，第 89 册，北京出版社 2000 年版。

（明）李世熊：《寇变记》，陈支平主编：《台湾文献汇刊》，厦门大学出版社 2004 年版。

（清）连横：《台湾诗乘》，《台湾文献史料丛刊》，台湾银行经济研究室 1960 年版，第 64 种。

（明）林古度：《林茂之诗选》，国家图书馆藏康熙四十九年程哲、殷誉刻本。

（清）刘献廷：《清代史料笔记丛刊》，中华书局1957年版。

（明）卢若腾：《岛噫诗》，孔昭明：《台湾文献丛刊》，台湾大通书局1987年版，第245种。

（明）顾炎武：《顾炎武全集》，上海古籍出版社2011年版。

（清）谷应泰编：《明史纪事本末》，中华书局1985年版。

（清）顾祖禹：《读史方舆纪要》，中华书局2005年版。

（清）郭柏苍：《全闽明诗传》，光绪己丑侯官郭氏闽山沁泉山馆刊本。

（清）郭柏苍：《藏山堂遗篇》，道光十九年刊本。

（清）郭柏苍、刘永松纂辑：《乌石山志》，海风出版社2001年版。

（清）贺长龄、魏源等编：《清经世文编》，中华书局1992年版。

（明）黄道周：《黄道周集》，中华书局2017年整理本。

（明）黄景昉：《自叙宦梦录》，鹭江出版社2020年校注本。

（明）计六奇编辑：《明季北略》，中华书局1984年版。

（明）计六奇编辑：《明季南略》，中华书局1984年版。

（清）江日升：《台湾外记》，台湾省文献委员会编：《台湾历史文献丛刊》，台湾银行经济研究室1995年版。

（清）金鋐修，郑开极、陈轼纂：《福建通志》，清康熙二十三年刻本。

（清）金鋐等修，钱元昌等纂：《广西通志》，文渊阁《四库全书》，台湾商务印书馆1986年版。

（清）钱谦益：《列朝诗集》丁集卷十，清顺治九年毛氏汲古阁刻本。

（清）全祖望：《鲒埼亭外编》，《全祖望集校集注》，上海古籍出版社2000年版。

（明）徐孚远：《钓璜堂存稿》，郭秋显、赖丽娟主编：《清代宦台文人文献选编》，台北：龙文出版社有限公司2012年版。

（明）徐延寿：《尺木堂集》，清顺治十六年刻本。

（清）许友：《米友堂集》，日本内阁文库藏清刻本。

（汉）许慎撰，徐炫校定：《说文解字》，中华书局2013年版。

（清）叶恭绰编：《全清词钞》，中华书局1982年版。

（清）永瑢、纪昀等编纂：《四库全书总目提要》，福建巡抚采进本。

（清）永瑢等纂修：《明诗综》，文渊阁《四库全书》，第1459册，台湾商务印书馆1986年版。

[朝鲜] 佚名：《皇明遗民传》，民国二十五年北京大学影印本。

（明）王夫之：《永历实录》，上海古籍出版社1987年版。

（明）王命璿：《静观山房诗稿》，明刻本。

（明）王忠孝：《惠安王忠孝公全集》，陈庆元等主编，杨天厚点校：《台湾古籍丛编》，福建教育出版社2017年版。

（清）王士禛：《林茂之诗选》，七略书堂校刊本。

（清）王士禛：《渔洋山人精华录》，四部丛刊景林佶写刻本。

（清）曹孟善：《曹石仓行述》手抄本，《福建丛书》，江苏古籍出版社2003年影印本，第三辑。

（明）曹学佺：《石仓诗稿》，《四库禁毁书丛刊》，北京出版社1998年版，集部。

（汉）司马迁：《史记》，中华书局1959年版。

（宋）苏轼：《苏轼文集》，中华书局1986年版。

（清）孙静庵：《明遗民录》，浙江古籍出版社1985年版。

（南朝·梁）沈约：《宋书》，中华书局1974年版。

（明）孙学稼：《鸥波杂草不分卷》，福建省图书馆藏稿本。

（明）张煌言：《张苍水诗文集》，孔昭明等：《台湾文献丛刊本》，台湾大通书局2009年版。

（清）张廷玉等：《明史》，中华书局1974年版。

（清）郑方坤：《全闽诗话》，福建人民出版社2006年点校本。

（清）郑天挺、荣孟源主编：《中国历史大辞典》（清史卷），上海辞书出版社1992年版。

（清）郑杰：《闽中录》，福建师范大学图书馆古籍部藏本。
（清）朱彝尊辑录：《明诗综》，中华书局2007年版。
（清）卓尔堪选辑：《明遗民诗》，中华书局1961年版。
（明）周亮工：《印人传》，《丛书集成续编》，上海书店1994年版。
（清）陈田：《明诗纪事》，上海古籍出版社1993年版。
（清）陈梦雷：《松鹤山房文集》，《续修四库全书》，上海古籍出版社2011年版。
（清）陈轼：《道山堂集》，福建师范大学图书馆古籍部藏清康熙甲戌年闽中陈氏刊本。
（清）陈轼：《道山堂集》，《四库全书存目丛书》，齐鲁书社1997年版，集部，第201册。
（清）陈轼：《道山堂集》，广陵书社2016年点校本。
（清）陈寿祺：《福建通志》，道光十四年刻本。
（清）邵廷采：《明遗民所知传》，清康熙间刻思复堂文集本。
（清）沈德潜等编：《清诗别裁集》，中华书局1975年版。
（明）沈光文撰，龚显宗编著：《沈光文全集及其研究资料增编：纪念沈光文诞辰400年》，台南市政府文化局2012年版。

著作

[美] 爱德华·W. 萨义德：《知识分子论》，单德兴译，生活·读书·新知三联书店2002年版。
步近智、张安奇：《中国学术思想史稿》，中国社会科学出版社2007年版。
孟森：《明清史论著集刊》，中华书局2006年版。
孟森：《明史讲义》，中华书局2009年版。
潘承玉：《清初诗坛：卓尔堪〈遗民诗〉研究》，中华书局2004年版。
马积高：《清代学术思想的变迁与文学》，湖南人民出版社2002年版。

方勇：《南宋遗民诗人群体研究》，人民出版社2000年版。

[美] 蒂姆·克雷斯韦尔：《地方：记忆、想象与认同》，徐苔玲、王志弘译，群学出版有限公司2006年版。

邓长风：《明清戏曲家考略全编》，上海古籍出版社2009年版。

杜桂萍：《清初杂剧研究》，人民文学出版社2005年版。

陶清：《明遗民九大哲学思想研究》，台北：洪叶文化事业公司1997年版。

历代学人编：《笔记小说大观·影印本》，台北：新兴书局有限公司1986年版。

李康化：《明清之际江南词学思想研究》，巴蜀书社2001年版。

李瑄：《明遗民群体心态与文学思想研究》，巴蜀书社2009年版。

李厚基等修，沈瑜庆、陈衍纂：《福建新通志》，《北京大学图书馆藏稀见方志丛刊》，第218册，国家图书馆出版社2013年版。

梁启超：《中国近三百年学术史》，山西古籍出版社2001年版。

梁启超：《清代学术概论》，中华书局2010年校注本。

林立：《沧海遗音：民国时期清遗民词研究》，香港中文大学出版社2012年版。

罗惠缙：《民初"文化遗民"研究》，武汉大学出版社2011年版。

罗宗强：《明代后期士人心态研究》，南开大学出版社2006年版。

高嘉谦：《遗民、疆界与现代性：汉诗的南方离散与抒情（1895—1945）》，联经出版事业股份有限公司2016年版。

龚延明编：《天一阁藏明代科举录选刊》（登科录），宁波出版社2016年版，下册。

孔定芳：《清初遗民社会：满汉异质文化整合视野下的历史考察》，湖北人民出版社2009年版。

[德] 哈拉尔德·韦尔策编，季斌等译：《社会记忆：历史、回忆、传承》，北京大学出版社2007年版。

何冠彪：《明末清初学术思想研究》，台湾学生书局1991年版。

何冠彪：《生与死：明季士大夫的抉择》，联经出版事业股份有限公司 1997 年版。

何宗美：《明末清初文人结社研究》，南开大学出版社 2003 年版。

柯愈春：《清人诗文集总目提要》，北京古籍出版社 2002 年版。

侯外庐等：《中国思想通史》，人民文学出版社 1960 年版。

侯中一编：《近代中国史料丛刊·沈光文（斯庵）先生专集》，文海出版社 1980 年版。

［法］泰纳：《英国文学史》，伍蠡甫主编：《西方文论选》，上海译文出版社 1979 年版。

翦伯赞主编：《中国史纲要》，北京大学出版社 2006 年版。

钱仲联主编：《清诗纪事·遗民卷》，江苏古籍出版社 1987 年版。

钱仲联等编：《元明清诗鉴赏辞典·辽金元明》，上海辞书出版社 1994 年版。

《清代诗文集汇编》编纂委员会编：《清代诗文集汇编》，上海古籍出版社 2010 年版。

全台诗编辑小组编：《全台诗》，远流出版事业有限公司 2004 年版。

谢国桢：《明清之际党社运动考》，中华书局 1982 年版。

谢国桢：《明末清初的学风》，上海书店出版社 2004 年版。

谢明阳：《明遗民的庄子定位论题》，台湾大学出版委员会 2010 年版。

谢正光编著：《明遗民传记资料索引》，新文丰出版公司 1991 年校订本。

谢正光、范金民编：《明遗民录汇辑》，南京大学出版社 1995 年版。

谢正光：《清初诗人与士人交游考》，南京大学出版社 2001 年版。

姚蓉：《明清词派史论》，广西师范大学出版社 2007 年版。

严迪昌：《清诗史》，浙江古籍出版社 2002 年版。

袁行云：《清人诗集叙录》，文化艺术出版社 1994 年版。

杨家骆编著：《史记今释》，北京联合出版公司 2019 年版。

佚名：《传奇汇考》，书目文献出版社 1994 年版。

［美］宇文所安：《追忆：中国古典文学中的往事再现》，郑学勤译，

生活·读书·新知三联书店2004年版。

王德威：《后遗民写作》，台北：麦田出版社2007年版。

王国维：《人间词话》，中华书局2009年校注本。

王钟翰点校：《清史列传》，中华书局2016年点校本。

王重民：《中国善本书提要》，北京图书馆出版社1997年版。

伍蠡甫主编：《西方文论选》下卷，上海译文出版社1979年版。

韦祖辉：《海外遗民竟不归——明遗民东渡研究》，商务印书馆2017年版。

[美]司徒琳著，李荣庆等译：《南明史》，上海古籍出版社1992年版。

赵红娟：《明遗民董说研究》，上海古籍出版社2006年版。

赵园：《明清之际士大夫研究续编》，北京大学出版社2006年版。

张宏生主编：《全清词》顺康卷补编，南京大学出版社2008年版。

张晖：《帝国的流亡——南明诗歌与战乱》，中国社会科学出版社2014年版。

张世斌：《明末清初词风研究》，天津古籍出版社2008年版。

张少康：《中国文学理论批评史教程》，北京大学出版社1999年版。

周焕卿：《清初遗民词人群体研究》，上海古籍出版社2008年版。

周伟民：《明清诗歌史论》，吉林教育出版社1995年版。

赵园：《明清之际士大夫研究》，北京大学出版社1999年版。

郑传寅：《传统文化与古典戏曲》，湖南人民出版社2004年版。

郑珊珊：《明清福建家族文学研究：以侯官许氏为中心》，社会科学文献出版社2016年版。

中国方志丛书编委会编：《中国方志丛书·福建省闽侯县志》，成文出版社1966年版。

周啸天主编：《元明清名诗鉴赏》，四川人民出版社2001年版。

祝秀权：《诗经正义》，上海三联书店2020年版。

朱则杰：《清诗选评》，三秦出版社2004年版。

朱则杰：《清诗史》，江苏古籍出版社1992年版。

朱双一：《闽台文学的文化亲缘》，人民出版社 2013 年版。

陈乃乾、陈洙纂辑：《明徐闇公先生孚远年谱》，王云五主编：《新编中国名人年谱集成》，台湾商务印书馆 1978 年版。

陈庆元：《福建文学发展史》，福建教育出版社 1999 年版。

陈庆元：《文学：地域的观照》，上海远东出版社 2003 年版。

陈庆元：《晚明闽海文献梳理》，人民出版社 2016 年版。

陈旭东：《闽台明遗民传录》，福建人民出版社 2018 年版。

陈祖武：《清初学术思辨录》，中国社会科学出版社 1992 年版。

陈水云、江丹：《清初遗民诗歌的民族立场》，《明清文学与文献》第三辑，社会科学文献出版社 2014 年版。

沈云龙主编：《近代中国史料丛刊续编》，文海出版社有限公司 1983 年版。

陈支平主编，海外散人撰：《台湾文献汇刊·榕城纪闻》，厦门大学出版社 2004 年版。

孙立：《明末清初诗论研究》，中国社会科学出版社 2000 年版。

孙学雷主编：《地方志书目文献丛刊》，北京图书馆出版社 2004 年版。

论文

梁尔涛：《论明清之际中州与吴地的文学互动——以归德府为中心的考察》，《苏州大学学报（哲学社会科学版）》2013 年第 2 期。

陆勇强：《〈四库全书总目提要〉订补》，《暨南学报》2003 年第 6 期。

谷中兰：《园林情结的自足与自解——范成大园林书写与精神超越》，《文学遗产》2019 年第 3 期。

孔定芳：《明清易代与明遗民的心理氛围》，《历史档案》2004 年第 4 期。

孔定芳：《清初明遗民的"云游"行为及其意蕴》，《人文杂志》2005 年第 3 期。

孔定芳：《清初明遗民的身份认同与意义寻求》，《历史档案》2006年第2期。

秦翠红：《〈清史稿·忠义传〉入传标准探析——兼论〈清史稿〉所涉清遗民的忠义观》，《史学史研究》2021年第6期。

王明珂：《历史事实、历史记忆与历史心性》，《历史研究》2001年第5期。

王汉民：《黄周星行实系年》，《浙江艺术职业学院学报》2009年第1期。

王杰：《论明清之际的经世实学思潮》，《文史哲》2001年第4期。

吴可文：《侯官孙氏族谱补正——以入闽第九至十世为主》，《闽台文化研究》2018年第1期。

左东岭：《易代之际研究的学术价值与难点所在——兼及张晖之〈帝国的流亡〉》，《中国文化研究》2014年第1期。

蔡杰、卢珊：《从"君臣之义"到"夷夏之防"：黄道周与吕留良政治伦理观异同》，《山东青年政治学院学报》2021年第6期。

赵园：《经世与救世——关于明清之际士大夫的一种姿态的考察》，《社会科学论坛·学术对话》2005年第6期。

张勃：《精神返乡与历史记忆：易代之际的民俗书写》，《文化研究》2016年第4期。

张兵：《遗民与遗民诗之流变》，《西北师大学报》1998年第4期。

张宏生：《战争书写与记忆叠加——清代的〈扬州慢〉创作》，《复旦学报》2019年第1期。

张宏生：《离散、记忆与家国——论民国初年的香港词坛》，《文学评论》2019年第6期。

张宇：《实学思潮与遗民心态：明遗民李世熊散文研究》，博士学位论文，福建师范大学，2020年。

张宇、张翼：《论明遗民心态与文学创作——以李世熊文学创作为例》，《三明学院学报》2021年第1期。

张之望、张嵋珥：《过云楼秘藏王翚〈晴峦晓别图〉考》，《文物鉴定与鉴赏》2015年第3期。

周银华:《闽籍寓闽明遗民及其著述研究》,硕士学位论文,福建师范大学2015年。

周月亮、李新梅:《略论明清之际悼亡情绪的文化史内涵》,《学术界》2002年第4期。

朱丽霞:《园林宴游与文学的生态变迁——以明清之际云间几社的文学活动为例》,《文艺理论研究》2007年第4期。

朱银花、刘红麟:《气氛营造与民国上海遗民的园林诗文书写》,《湖州师范学院学报》2020年第3期。

陈恩维:《空间、记忆与地域诗学传承——以广州南园和岭南诗歌的互动为例》,《文学遗产》2019年第3期。

外文

Pauline Yu, *The Reading of Imagery in the Chinese Poetic Tradition*, Princeton, NJ: Princeton University Press, 1987.

Paul Gilroy, "Diaspora and the Detours of Identity", in Ed. Kathryn Woodwarded, *Identity and Difference*, London: Sage Publications, 1997.

Edward S. Casey, *Remembering: A Phenomeno logicalStud*, loomington, IN: Indiana University Press, 2000.

Barrara A. Misztal, *Theories of Social Remembering*, Open University Press, 2003.

Cresswell, *Place: A Short Introduction*, MA: Blackwell, 2004.

Rogers Brubaker, "The 'Diaspora Diaspora'", *Ethnic and Racial Studies*, Vol. 28, No. 1, 2005.

后　　记

　　遗民是鼎革之际的政治文化符号。遗民的行为举止、心境姿态与人生态度，能反映出特定时期民族文化的冲突与融合关系。明末清初时期，社会政治境况动荡不安，国力渐衰，统治不力，兵变民乱，内忧外患，甚至危在旦夕，明朝最后灭亡，清朝统治全国，朝代更替，死亡与新生并存并先后更迭。已经习惯于汉族传统文化的遗民士人，面对清朝政治文化的植入，倍感奇变巨劫，天翻地覆，他们的思想文化溃堤感顿生。遗民士人自身的主体意识与传统汉族文化感被剥离，构成他们内心深处缺乏文化依托与安全感的心灵创伤。取代这种被剥离撕碎的，则是当前最具现场感的清朝政治文化。清朝统治者倡导符合自身族群身份与政治统治的文化思想。这种全新的族群统治策略与异质文化发展历程，昭告的是"过去"将要被超越的全新的经验意识。

　　明末社会风云变幻，社会政治、经济产生巨大变化。经济上出现资本主义萌芽，商人贸易往来频繁，商品经济繁荣发展，促进文化思想的极大改变。一批正义之士重新思考余生的生命价值与人生取向。他们跳脱出明朝空谈心性理学的牢笼，由虚返实，倡导实学用世，学习经世之学。明末文化思潮出现经世致用、挽救危亡的趋势。清初福建遗民文人坚守节操、忠于故国的高洁情怀，以及抗节新朝的高贵品质与忠义精神，体现对儒家"立功""立德""立言"传统思想的认同与传承，对后代文人的人生抉择、文学发展，具有模范性与激励性的作用。此后的传统诗文对遗民形象的书写与延续，蕴含的就不仅是作家内心情境的宣泄，而是召唤传统文化诗文的历史场域与群体思想意识的再现。遗民群体的被弃置书写，不是伤残颓废的消极表现，而是叙写历史文化场景的积极主体。

由此带给我们的启发不仅是对遗民志士所具有的家国情怀的崇敬，而且是对自我人生、对人性本质、对人类社会生存状况的认识和反思。这些思考无不来源于遗民志士离散漂泊却不忘故土，家国丧乱却关注民生，遭逢乱世却坚守志节的崇高民族精神。

书山有路，学海无涯。在学习的路上，我们也应以遗民士人坚持不懈的精神勉励自己勤奋刻苦，务实进取。可我见识疏浅，用功不够，书稿语言粗鄙，对福建遗民文人丰富多元的心路历程及其文化思想的剖析仍有待加深。大抵我仍不免急功近利之俗，内心却诚惶诚恐。敬请大方之家不吝指出书中的错讹与纰漏，给予我进步的机会。

树高千尺不忘根，水流万里总思源。本书得以出版，得益于师长们长期以来的化育与指导，得益于单位领导与同事的慷慨支持，得益于同窗好友们的鼓励与厚助，得益于亲人的无限关爱与祈盼。本书的出版有幸得到闽南师范大学的资助，得到中国社会科学出版社宋燕鹏编审的匡正，在此一并致以诚挚的感谢！

张小琴
2024 年 1 月 1 日